Contraste insuffisant

NF Z 43-120-14

Contraste insuffisant

NF Z 43-120-14

LES CONTES

D'ORIENT ET D'OCCIDENT

PREMIÈRE SÉRIE. — Format in-4°.

POITIERS. — TYPOGRAPHIE OUDIN.

Un conteur public en Orient.

NOUVELLE BIBLIOTHÈQUE ILLUSTRÉE DE VULGARISATION

LES CONTES
D'ORIENT ET D'OCCIDENT

PAR

CH. SIMOND

Contes Égyptiens. — Indiens. — Persans.
Arabes. — Russes. — Hongrois.
Serbes. — Roumains. — Scandinaves.
Néerlandais. — Anglais.
Allemands. — Italiens. — Espagnols.

Un volume contenant de nombreuses illustrations de Bouisset
et de Gil Baer.

PARIS
H. LECÈNE ET H. OUDIN, ÉDITEURS
17, RUE BONAPARTE, 17
—
1889

Un conteur public en Orient.

NOUVELLE BIBLIOTHÈQUE ILLUSTRÉE DE VULGARISATION

LES CONTES
D'ORIENT ET D'OCCIDENT

PAR

CH. SIMOND

> Contes Égyptiens. — Indiens. — Persans.
> Arabes. — Russes. — Hongrois.
> Serbes. — Roumains. — Scandinaves.
> Néerlandais. — Anglais.
> Allemands. — Italiens. — Espagnols.

Un volume contenant de nombreuses illustrations de BOUISSET et de GIL BAER.

PARIS

H. LECÈNE ET H. OUDIN, ÉDITEURS

17, RUE BONAPARTE, 17

1889

INTRODUCTION

On a dit : « *Heureux les peuples qui n'ont pas d'histoire !* » Nous ajouterons : « *Malheureux les peuples qui n'ont ni traditions, ni légendes, ni contes, ni conteurs !* » *Le conte et la légende sont, en effet, par excellence les créations de l'imagination ; et l'imagination, la fantaisie, sont les remèdes contre les tristesses de la vie réelle. Aussi presque toutes les nations, en leur enfance comme aux époques de leur plus grande civilisation, de leur berceau à leur déclin, ont-elles pris plaisir à ces récits fictifs, qui, d'âge en âge, se sont perpétués en se transmettant de bouche en bouche. Bien souvent les poètes, les écrivains de génie les ont recueillis, les ont embellis de la magie de leur style, et, suspendant à leurs lèvres leur nombreux auditoire, ont rendu la gaieté aux fronts moroses, qu'ils ont rassérénés, charmant à la fois les enfants, les jeunes gens et les vieillards.*

Ces récits, on les trouve à partir des époques les plus reculées : dans l'Egypte, dont il ne nous reste plus que quelques monuments ; dans l'Inde, où éclate avec tant de magnificence le don de peindre et d'émouvoir ; dans la Perse, si féconde en souvenirs glorieux ; dans l'Arabie, si riche en histoires des Mille et une Nuits. L'Occident n'en possède pas moins que l'Orient. Dans les steppes russes, dans les brouillards de la Scandinavie, dans les brumes de la Hollande, sous le ciel gris de l'Angleterre, sous le climat froid de l'Allemagne, sous le soleil d'Italie ou d'Espagne, dans ces contrées encore si étrangères pour nous de la Hongrie, de la Roumanie, de la Serbie, partout nous n'avons eu aucune peine à en faire une abondante moisson.

Cette moisson, nous l'offrons à nos lecteurs. C'est une première gerbe que nous faisons de nos glanes. Si celle-ci leur plaît, nous leur en présenterons, quelque jour, une autre, car, pour répéter le mot de La Fontaine, « c'est le fonds qui manque le moins. »

Nous nous sommes attaché à ne choisir que des contes d'une réelle valeur littéraire. Les uns, comme le Prince prédestiné, *ont l'attrait de l'antiquité. Il n'est pas sans intérêt de savoir ce que l'on racontait, il y a trois mille cinq cents ans, en cette Égypte où les crues du Nil obligeaient les habitants à s'enfermer pendant plusieurs mois dans leurs maisons bâties sur pilotis, alors qu'ils n'avaient d'autre ressource, pour chasser l'ennui des longues veilles que de redire ou d'écouter les traditions léguées par les aïeux. Les autres, comme* Nala et Damajanti, *comme* Roustem et Sohrab, *comme* Shaled et Djeidah, *font revivre sous les yeux ces civilisations orientales si différentes des nôtres. En Russie, nous avons donné la préférence parmi les modernes, à Tolstoï, qui a, dans son pays, surpassé tous ses contemporains ; en Roumanie, nous avons trouvé ce conte si poétique de la reine Carmen Sylva, qui porte à la fois le diadème royal et la couronne littéraire. En Angleterre, en Allemagne, dans d'autres pays, nous avons choisi de petits chefs-d'œuvre, parlant au cœur autant qu'à l'esprit.*

Toutes les traductions de ces contes sont inédites. La plupart sont publiées pour la première fois en français. Nos jeunes lecteurs et nos jeunes lectrices ont ainsi entre les mains un livre nouveau, instructif et attachant, auquel nous avons apporté tous nos soins. Puisse-t-il leur être agréable ! Nous ne souhaitons pas d'autre récompense.

Charles SIMOND.

ORIENT

CONTES D'ORIENT ET D'OCCIDENT

LE PRINCE PRÉDESTINÉ [1]

CONTE ÉGYPTIEN

Il y avait une fois un roi qui n'avait pas de fils, ce qui le rendait très triste. Il demanda un garçon aux dieux, qui le lui accordèrent, et sa femme mit au monde un prince. Les Hathors [2] vinrent prédire le destin du nouveau-né et dirent :

— Sa mort sera causée par un crocodile, un serpent ou un chien.

Les gens qui entouraient l'enfant l'entendirent et allèrent le répéter au roi.

Le cœur du Pharaon en fut rempli d'amertume. Il fit bâtir sur la

---

[1] Le conte du *Prince prédestiné* est l'un des ouvrages que renferme le papyrus Harris n° 500 du British Museum à Londres, et dont le texte a été publié par M. Maspero dans le *Journal Asiatique* (1877-1878) et dans ses *Etudes Egyptiennes* (T. I, pages 1-47). Le manuscrit était intact au moment de la découverte ; il a été mutilé, quelques années plus tard, par l'explosion d'une poudrière, qui renversa en partie la maison où il était en dépôt, à Alexandrie d'Egypte. M. Ebers, le savant égyptologue, en a reconstitué la fin, grâce aux indications fournies par des contes de même nature qu'on trouve dans d'autres pays. La version que nous donnons ici contient tout le conte. Ce récit date probablement du xvii° ou du xvi° siècle avant notre ère. C'est un des plus anciens monuments de la littérature égyptienne, et c'est un des contes les plus anciens que l'on connaisse dans l'histoire légendaire de tous les peuples.

[2] Les Hathors étaient des divinités égyptiennes, au nombre de sept, qui jouaient le même rôle qu'ont les fées marraines dans nos contes français.

montagne un palais pour le prince, et y installa des serviteurs, hommes et femmes, et toutes les belles choses qui conviennent à une demeure princière. L'enfant ne pouvait jamais sortir de cette habitation ni se trouver en liberté.

Devenu grand, le prince monta un jour sur la terrasse du palais, quand il aperçut un chien courant derrière un homme qui marchait sur la route. Il s'adressa au serviteur attaché à sa personne, qui était à côté de lui, et dit :

— Qu'est-ce donc qui court là-bas derrière cet homme qui suit le chemin?

Et le serviteur répondit :

— C'est un chien.

Alors le jeune prince s'écria :

— Qu'on m'en apporte un tout pareil!

Le serviteur se rendit chez le roi pour lui en faire part, et Sa Majesté dit :

— Qu'on lui donne en mon nom un jeune chien courant, car je ne veux pas que son cœur s'attriste.

Et on lui amena le chien.

Et lorsque bien des jours eurent passé là-dessus, quand le jeune homme se sentit vraiment grand et fort, il envoya un messager à son père, disant :

— Je veux partir. Ai-je donc l'air d'un fainéant? Il est vrai que l'on m'a prédit une destinée fâcheuse, mais j'ai pris ma résolution. Dieu ne fait-il point aboutir irrévocablement, selon sa volonté, ce qu'il a arrêté d'avance?

On lui donna un équipement complet d'armes et d'autres objets nécessaires et on lui laissa son chien pour le suivre; puis on le transporta à la côte orientale (1) et on lui dit:

— Soit; va donc où tu désires aller.

Il s'en alla et son chien était avec lui.

Il dirigea ses pas vers le nord, traversant le pays, comme son cœur le poussait, et vivant du gibier qu'il rencontrait.

---

(1) La côte orientale par rapport à l'Egypte est la Syrie.

A la fin, il arriva chez le prince de Naharanna (1). Or, il se trouvait que le maitre de ce royaume n'avait pas d'autre enfant qu'une fille, et il lui avait fait construire une maison qui avait soixante-dix fenêtres, à soixante-dix coudées de haut au-dessus du sol. Il avait invité tous les fils des princes du pays de Khar (2) et leur avait dit :

— Celui de vous qui atteindra à la fenêtre de ma fille l'aura pour femme.

Bien des jours s'étaient écoulés depuis lors, et les princes de Syrie n'avaient cessé de passer leurs journées à la même occupation, quand le fils du roi d'Egypte arriva chez eux avec son attelage. Ils le conduisirent à leur maison, lui préparèrent un bain, donnèrent du fourrage à ses chevaux et lui prodiguèrent tous les égards que l'on doit à un jeune homme distingué. Ils le frottèrent d'essences parfumées, lui oignirent les pieds, partagèrent avec lui leurs aliments et lui demandèrent, comme il arrive au cours de la conversation :

— D'où viens-tu, beau jeune homme ?

Et il répondit :

— Moi, je suis fils d'un conducteur de chars de guerre du pays d'Egypte. Ma mère est morte, mon père a pris une autre femme, et quand celle-ci a eu des enfants, elle s'est mise à me haïr; mais je suis parti et j'ai pris la fuite.

Ils le serrèrent dans leurs bras et le couvrirent de baisers.

Et après beaucoup de jours, le prince demanda aux jeunes gens :

— Qu'est-ce donc que vous faites ici ?

Alors ils lui racontèrent qu'ils s'essayaient à s'enlever en l'air, ajoutant qu'on leur avait dit :

— Celui qui arrivera jusqu'à la fenêtre de la fille du roi de Naharanna aura la princesse pour femme.

— Si vous le voulez bien, dit-il, je ferai comme vous et je m'exercerai à m'enlever de terre avec vous.

Ils se séparèrent pour reprendre leur vol comme ils faisaient chaque jour ; mais le fils du roi se tint à l'écart pour les regarder, et le visage de la fille du roi de Naharanna plut à son cœur.

---

(1) C'est la Syrie septentrionale, entre l'Euphrate et l'Oronte.
(2) Probablement la Palestine et la Cœlé-Syrie.

Bien des jours étant passés de nouveau, il alla s'enlever en l'air avec les fils des princes, et il vola si haut qu'il atteignit la fenêtre de la fille du roi de Naharanna.

Alors un des assistants courut réjouir le cœur du père de la princesse et lui dit :

— Un homme est arrivé jusqu'à la fenêtre de ta fille.

Le roi de Naharanna demanda :

— Lequel des fils de prince ?

Le messager répondit :

— Le fils d'un conducteur de chars de guerre ; il est venu du pays d'Egypte et a fui sa belle-mère.

A ces paroles, le roi de Naharanna entra dans une grande colère et s'écria :

— Irai-je donner ma fille à un transfuge du pays d'Egypte ? Qu'il s'en retourne à l'instant chez lui.

On alla dire au prince :

— Va, retourne au pays d'où tu es venu.

Mais la princesse, appelant Dieu à témoin, dit :

— Par Phrâ Harmakhouti (1) ! Si celui que je préfère à tous m'est enlevé, je ne mangerai plus, je ne boirai plus, je mourrai sur l'heure.

Le messager alla répéter au père de la jeune fille tout ce qu'elle avait dit. On fit venir des gens pour mettre le prince à mort dans le palais. Mais la fille du roi leur dit :

— Par le dieu Phrâ, si on le tue, je mourrai certainement au coucher du soleil. Je ne lui survivrai pas une heure. Allez dire cela à mon père.

Ils s'acquittèrent de ce message auprès du roi, et celui-ci fit amener en sa présence le jeune homme avec la princesse.

Le fils du roi d'Egypte entra, et il ne s'effraya point, car le roi de Naharanna le serra dans ses bras, le couvrit de baisers et lui dit :

— Apprends-moi enfin qui tu es, car voici : tu seras désormais mon propre enfant.

Le prince répondit :

— Je suis le fils d'un officier conducteur de chars de guerre au pays

---

(1) C'est le nom du Dieu du soleil.

d'Egypte. Ma mère est morte, mon père s'est remarié, et quand ma belle-mère a eu des enfants, elle m'a détesté, et je me suis enfui de chez elle.

Alors le roi de Naharanna lui donna sa fille pour femme et lui fit présent d'une maison avec des esclaves, des champs, du bétail et toutes sortes de bonnes choses.

Après que beaucoup de jours eurent passé sur ces événements, le jeune homme dit à sa femme :

— On m'a prédit trois destins qui s'accompliront par un crocodile, un serpent et un chien.

— Fais donc tuer le chien qui court devant toi, lui dit-elle.

Mais il répondit :

— Je ne tuerai pas mon chien, je l'ai élevé quand il était tout petit.

Alors la princesse craignit beaucoup, beaucoup pour son mari, et ne voulut pas le laisser sortir seul ; mais lorsque, dans la suite, ils entreprirent un voyage sur la frontière du pays d'Egypte, voici que le crocodile du fleuve sortit de l'eau et vint au milieu de la ville où était le prince.

Dans la même ville, il y avait un géant, qui enferma le crocodile dans sa maison et l'empêchait de se promener au dehors. Quand le crocodile était dans l'eau ou dormait, le géant sortait et se promenait jusqu'au lever du soleil. La princesse veilla ainsi sur le prince pendant un mois et deux longs jours.

Et après que bien des jours se furent écoulés, pendant lesquels le prince resta dans la maison pour se divertir, une nuit qu'il s'était étendu sur sa natte, le sommeil l'accabla. Sa femme remplit un vase de lait et le mit à côté d'elle. Un serpent sortit de son trou pour mordre le prince. Mais la princesse ne dormait pas. Elle offrit de ses mains le vase de lait au monstre ; il avala le lait, s'enivra et se coucha le ventre en l'air. Alors elle le tua à grands coups de pique. Le prince s'éveilla au bruit, se leva et demanda :

— Qu'y a-t-il ?

Elle lui répondit :

— Vois : ton dieu a mis en tes mains un de tes sorts, et il te donnera les autres également.

Alors il fit des offrandes au dieu et loua sa bonté pendant toute la durée de sa vie.

Bien des jours après, le prince sortit pour se promener dans le voisinage de son domaine, mais sa femme n'était pas avec lui. Son chien courait à sa suite et quêtait dans la plaine. Le prince s'élança derrière lui, et quand il fut arrivé au fleuve, il tomba dans l'eau en voulant saisir

Alors elle le tua à grands coups de pique (p. 15).

le chien. Alors le crocodile sortit et l'entraina jusqu'à l'endroit même où le géant faisait bonne garde.

— Sache, dit le crocodile, que je suis ton destin qui te poursuit. Ta femme s'est mise en travers de mon chemin et s'est alliée avec le géant. Mais vois: je vais te laisser aller, car j'ai ce pouvoir. Seulement tu vas me jurer de tuer le géant; si tu tâches de le sauver, tu périras (1)............

La terre s'était éclairée et un nouveau jour avait commencé. Le chien accourut et vit que son maître était au pouvoir du monstre.

(1) Ici se termine le texte conservé du papyrus. La suite est la reconstitution d'Ebers.

Le crocodile dit au prince :

— Jure-moi de faire ce que je t'ai demandé.

Mais le jeune homme répondit :

— Comment pourrais je tuer celui qui a veillé sur moi ?

Le crocodile entra dans une grande colère et dit :

— Que ton sort s'accomplisse donc ; pourtant je veux te laisser le temps de réfléchir jusqu'au coucher du soleil. Si alors tu ne fais pas le serment que j'exige, tu verras la mort.

Le chien avait entendu toutes ces paroles. Il courut à la maison de son maitre et trouva la fille du roi de Naharanna en larmes et en deuil comme une femme qui a perdu son mari, car le prince n'était pas rentré chez lui de la nuit.

Et quand elle vit le chien sans son maitre, elle éclata en sanglots, se jeta le front contre terre et se frappa la poitrine. Mais le chien tourna autour d'elle en aboyant, la saisit par ses vêtements, l'entraina jusqu'à la porte et la regarda d'un air suppliant.

Alors elle essuya ses yeux, se leva, prit la pique avec laquelle elle avait tué le serpent et suivit le chien jusqu'au bord du fleuve, à l'endroit où il la conduisit. Là, elle se cacha sous les roseaux, et, sans manger, sans boire, pria les dieux avec ferveur.

Plusieurs heures se passèrent ainsi, et quand le soleil déclina, elle entendit la voix du crocodile, qui disait :

— Si tu ne me jures pas de tuer le géant, je te porterai sur le rivage et tu verras la mort.

Elle courut à la place où était le géant et lui ordonna de la suivre. Et voilà que le crocodile transporta le prince à terre.

Le jeune homme répéta :

— Comment pourrais-je tuer celui qui a veillé sur moi ?

Alors le crocodile ouvrit la gueule pour le dévorer.

Mais la femme s'élança au même instant hors des roseaux, et plongea sa pique dans la gueule du monstre. En même temps le géant se jeta sur lui, le terrassa, et le tua.

La fille du roi de Naharanna embrassa son mari et dit :

— Vois, ton dieu a mis en tes mains le second sort qui te menaçait, il te rendra maitre aussi du troisième.

CONTES D'ORIENT.

Et lorsqu'il eut fait un sacrifice au dieu et eut loué sa bonté, sa femme lui dit :

— Tu as échappé deux fois au mauvais destin ; chasse ton chien loin d'ici, pour que le troisième ne revienne point.

Mais il répondit :

— Je ne veux pas me séparer de mon chien que j'ai élevé et qui a

Elle plongea sa pique dans la gueule du monstre (p. 17).

contribué à me sauver. Dieu ne fait-il point aboutir inexorablement selon sa volonté ce qu'il a arrêté d'avance ?

Il s'écoula encore beaucoup de jours. Alors les ennemis envahirent le pays. C'étaient les fils des princes de Syrie qui s'étaient alliés contre le roi de Naharanna, car ils gardaient rancune au jeune homme qui avait, au lieu d'eux, épousé la princesse. Ils arrivèrent avec beaucoup de guerriers et de chars et mirent en déroute l'armée du roi de Naharanna, s'emparèrent de son pays et de sa ville, et les dévastèrent, puis ils se saisirent de sa personne et l'emmenèrent prisonnier. Et quand ils n'eurent trouvé, ni dans le palais ni dans la ville, le jeune prince et sa emme, ils demandèrent au roi :

— Où donc est ta fille et le fils d'un conducteur de chars de guerre

du pays d'Egypte, à qui tu l'as donnée pour femme, à notre honte ?
Le roi répondit :
— Il est parti avec sa femme à la chasse des animaux de ce pays ; comment saurais-je où il est ?
Alors les fils des princes de Syrie tinrent conseil et dirent :
— Partageons-nous en petites troupes et battons le pays pour retrouver le jeune Egyptien. Que celui qui le retrouve lui fasse voir la mort et traite sa femme en esclave.

Ils partirent, les uns vers l'occident, les autres vers l'orient, le nord ou le sud. Et après que plusieurs jours se furent écoulés, ceux qui s'étaient dirigés vers le sud, arrivèrent à la frontière d'Egypte et au lieu où se trouvait le prince. Mais le géant eut connaissance de leur approche et de leurs discours, et comme il avait le cœur reconnaissant envers le jeune prince, il courut aussitôt le rejoindre et lui dit :
— Sauve-toi, car voici sept fils des princes de Syrie qui sont à ta recherche ; s'ils te trouvent, ils te tueront ; et celui qui t'aura mis à mort fera de ta femme une esclave. Ils sont trop nombreux pour que tu puisses leur résister. Quant à moi, je ne veux pas rester ici, je vais rejoindre mes frères.

Le prince appela sa femme et se cacha avec elle dans une caverne, et il prit son chien avec lui.

Ils restèrent blottis pendant deux jours et deux nuits au fond de la caverne. Quand les fils des princes de Syrie arrivèrent avec beaucoup de guerriers et passèrent devant la caverne, aucun d'eux ne se douta que le prince était là ; mais quand le dernier de tous s'approcha de la retraite, le chien se leva, arracha le lien qui l'attachait et sortit en aboyant. Les fils des princes de Syrie reconnurent l'animal, ils revinrent sur leurs pas et pénétrèrent dans la caverne. Ils étaient armés d'épées et de lances qu'ils dirigèrent contre la poitrine du jeune homme ; mais sa femme se jeta devant lui pour le protéger.

Mais voilà qu'une des lances vint frapper la fille du roi de Naharanna. Elle tomba et baisa la poussière aux pieds de son mari.

Les fils des princes, courroucés, s'élancèrent sur le jeune homme ; mais ils ne purent le vaincre, car il avait aussi une épée, et son chien combattait vaillamment à côté de lui. Il tua lui-même un des assaillants, le chien en terrassa un autre ; mais le troisième arriva à la rescousse avec ses compagnons ; ils tuèrent le chien et frappèrent de leur lance à la poitrine le jeune prince qui tomba.

Ils transportèrent le corps du prince et de sa femme hors de la caverne pour les livrer en pâture aux loups, et se retirèrent pour rejoindre les autres et partager entre eux le pays du roi de Naharanna.

Ils reconnurent l'animal (p. 19).

Mais lorsque le dernier des guerriers eut disparu, le prince rouvrit les yeux et vit près de lui sa femme, livide comme la mort, et le cadavre de son chien. Il poussa un cri déchirant et dit :

— Dieu fait aboutir irrévocablement tout ce qu'il a arrêté d'avance. Les Hathors avaient, quand j'étais enfant, prédit que je serais perdu par le chien, et elles ont dit vrai, car c'est lui qui m'a trahi ! Je suis prêt à mourir ; sans celle que voilà, la vie m'est odieuse.

Puis il leva les mains et s'écria :

— Je n'ai commis aucun péché ; ainsi, qu'on m'accorde une sépulture et qu'on me fasse obtenir justice devant les juges de là-bas, ô dieux éternels !

Et il s'affaissa comme un homme qui se meurt.

Mais les divinités avaient entendu sa prière ; le chœur des neuf dieux vint à lui, et Phrâ Harmakhouti dit à ses compagnons :

— Leur destinée s'est accomplie, mais nous les ferons renaître à une nouvelle existence, car pour tous deux la vie est encore douce, et il est juste que nous récompensions la fidélité de leur attachement.

La mère des dieux les approuva d'un signe de tête et dit :

— Une telle fidélité mérite une grande récompense.

Les autres divinités célestes partagèrent cet avis, et les sept Hathors vinrent à leur tour et dirent :

— Le destin est accompli ; qu'ils revivent !

L'une leur toucha le cœur, qui recommença de battre ; l'autre, les pieds, et ils se levèrent ; l'autre, la bouche, et ils murmurèrent des paroles ; l'autre, les yeux, et ils virent ; l'autre, les bras, et ils s'embrassèrent ; la sixième leur souhaita bonheur et prospérité ; la septième, un grand âge, de belles funérailles et la félicité au delà du tombeau.

Le prince et la princesse rentrèrent dans leur palais ; mais là, le jeune homme dit à sa femme :

— Offrons un sacrifice aux dieux et adorons-les, car les trois sorts qui pesaient sur moi sont maintenant en mes mains, et nous avons rendu hommage aux puissances célestes.

Alors ils firent un grand sacrifice, et quand ils eurent enfin joui de la liberté, le prince dit :

— Je ne suis point ce que tu m'as cru. Je suis le fils du roi d'Egypte. J'ai voulu ne devoir mon bonheur qu'à moi-même, et tu ne m'as pas demandé quelle était ma naissance ; maintenant tu partageras mon trône, car mon cœur t'appartient à cause de ta fidélité.

Tous deux se rendirent alors en Egypte, et le père du jeune homme fut ravi d'apprendre tout ce qui était arrivé à son fils. Il le nomma vice-régent et donna à la princesse le titre de reine et le nom de « Ressuscitée par l'amour. » Puis il leva une grande armée et partit avec des guerriers et des chars pour l'Orient. Le prince était à la tête des troupes égyptiennes ; il s'empara des villes des princes de Syrie et vit tomber entre ses mains les fils de ces princes. Il les traita avec bonté, car il se souvenait qu'ils avaient été bienfaisants pour lui et lui avaient donné une part de leur pain. Il délivra le roi de Naharanna et lui rendit son royaume et ses biens. Quand il fut revenu à Thèbes, il offrit tout son butin à Phrâ-Ammon. Il atteignit avec sa femme l'âge de cent dix ans, et beaucoup de fils et de filles perpétuèrent leur nom.

NALA ET DAMAJANTI [1]

CONTE INDIEN

I

En montant sur le trône de Nischada, le jeune prince indien Nala, successeur de son père, trouva ses Etats dans la plus triste situation. Des bandes de pillards, descendus de la montagne, avaient envahi la vallée florissante, ravagé les champs, détruit les villes et les villages. Nala, n'écoutant que son courage, se mit à la tête de tous les hommes valides qu'il put rassembler, marcha à la rencontre des brigands, et, secondé par la fortune, leur infligea coup sur coup de nouvelles défaites, les dispersant à son approche, comme le vent éparpille les feuilles mortes. Bientôt, aucune bande pillarde n'osa plus franchir les limites du royaume, et l'Inde entière retentit de la gloire du jeune héros.

— Les dieux le protègent, disait-on unanimement; il est leur préféré.

Après avoir assuré la paix et le repos de son royaume, Nala voulut travailler à la prospérité de son peuple; il prodigua à tous aide et conseil; des villes, des villages se fondèrent sur son ordre; des champs furent ensemencés et produisirent des récoltes abondantes, là où l'ennemi n'avait semé que la ruine et l'incendie; en peu de temps, la vallée en-

---

[1] Ce récit, l'un des plus beaux de la littérature indienne, forme un épisode du grand poème sanscrit, le Mahâbharata, que l'on attribue au poète Vyâsa et dont la date de composition remonte très probablement au Xe siècle avant notre ère.

tière fut changée en un riche jardin. Les lois et la morale furent remises en honneur ; les haines et les querelles n'osèrent plus se manifester ouvertement ; on eût dit que le jeune prince avait dompté à jamais les génies du mal en faisant régner partout la concorde.

Aussi était-il adoré de son peuple, et chaque fois qu'il traversait les champs, monté sur son char enrichi de pierreries, et traîné par des chevaux vigoureux, rapides comme l'éclair, de longs applaudissements saluaient son passage avec enthousiasme.

Cependant tout le monde, jeunes et vieux, hommes et femmes, se préoccupait de la destinée de ce prince incomparable, aussi bon conseiller que vaillant défenseur.

— Ah ! se disait-on, que ne choisit-il une compagne, aussi belle et aussi vertueuse qu'il est grand et noble !

Le jeune souverain répondait en souriant à ces vœux, et souvent il disait au conducteur de ses chevaux :

— Les entends-tu, Varsnéja ? Heureux le prince qui est comme moi aimé de ses sujets ! Son trône est inébranlable et sa vie est à l'abri de tout danger. Que manque-t-il à mon bonheur et à celui de mon pays ?

— O bien-aimé des dieux, Punjasloka, répondait le vieillard, puissent-ils te garder de tout malheur ! Mais si tu ne dédaignes point l'avis de ton fidèle serviteur, qui a veillé sur toi depuis ton enfance, qui t'a vu croitre en âge et en noble fierté, suis le désir de ton peuple. Partage ta couronne avec une femme digne de toi, afin que dans ta vieillesse tu ne sois pas seul, que ta maison ne reste pas vide et que tu aies une compagne, une amie dévouée dans le bonheur et aussi — car qui peut dire ce que cachent les desseins des dieux ? — dans le malheur.

Le vieillard avait prononcé ces paroles d'une voix émue ; le char venait de s'arrêter devant le perron du palais ; Nala mit pied à terre en jetant les rênes au conducteur et monta d'un pas rapide les marches qui conduisaient à la salle du trône.

— Ton conseil est sincère, Varsnéja, dit-il ; j'y réfléchirai.

Quand le banquet royal fut achevé, les convives s'éloignèrent, et Nala s'engagea seul, suivant sa coutume, dans les allées du parc.

— L'isolement dans la vieillesse ! dit-il en s'interrogeant lui-même. Etre seul, quand le malheur peut vous frapper ! La vie est encore pour moi inondée des feux du soleil de la jeunesse, et j'ignore ce que l'on appelle les chagrins et les ennuis. Et pourtant ce que ce vieillard vient de dire est vrai. Bien souvent j'y ai pensé.

Perdu dans ses réflexions, il était sorti du parc sans s'en apercevoir et était entré dans la forêt voisine. Pas à pas, il suivait les longs sentiers qui le conduisaient dans les plus épais taillis, jusqu'à ce qu'il se trouvât arrêté par un obstacle.

Devant lui s'étendait un petit lac couvert de fleurs de lotus, qui penchaient leurs têtes, car le soleil était ardent. Près de là, à l'ombre d'un chêne puissant, était une hutte. Dans cette solitude, on n'entendait aucun bruit, pas même un chant d'oiseau, pas même le pas d'un fauve. Nala semblait bien connaître cet endroit

Nala s'engagea seul dans les allées du parc.

paisible. Après un instant d'hésitation, il s'approcha rapidement de la cabane, ouvrit la porte et entra.

La pièce était si petite que le prince ne pouvait s'y tenir sans se courber. Quelques ustensiles de cuisine étaient accrochés au mur; un lit de mousse était étendu sur le sol, et sur cette couche reposait un vieillard. Des cheveux blancs encadraient son front sillonné de rides, sa barbe d'argent descendait jusqu'à sa ceinture.

Nala s'agenouilla près de lui.

— Il dort, murmura-t-il, des rêves heureux bercent son sommeil, il sourit. Navada, toi dont les leçons ont versé la sagesse dans mon cœur, toi qui, loin des passions de la vie humaine, ne vis que pour être digne des dieux, peux-tu m'entendre aujourd'hui comme autrefois ?

A ce moment, le vieillard ouvrit les paupières, son regard se promena avec étonnement autour de lui, et d'une voix faible, presque inintelligible, il dit :

— Qui donc vient troubler le vieillard dans sa solitude par des bruits de la terre ? Les soucis du monde sont vains ; Navada n'a pas besoin de les connaître. Je me suis élevé au-dessus de la poussière terrestre pour atteindre le royaume des sphères célestes, là où se déroulent les jardins de délices, que parcourt le roi Indra. Qui donc me rappelle sur la terre ? Parle ; qui es-tu ? que veux-tu ?

— Navada, mon maître, mon père, reprit le prince toujours à genoux, c'est moi, Nala, que tu appelais jadis ton fils, ton enfant aimé, quand, assis à tes pieds, il écoutait tes enseignements. Ne t'irrite point, si je viens troubler tes rêves par mon apparition. Tes conseils ont toujours servi de guide à ma conduite ; je viens les réclamer aujourd'hui. Veux-tu m'entendre?

Le vieillard s'était soulevé lentement, soutenu par Nala; il fut bientôt debout, appuyé sur un bâton blanc, et dit :

— Les maux ou les plaisirs de la terre n'ont point d'intérêt pour moi ; tout est oublié, tout est disparu pour le vieillard ; pourtant je veux t'écouter ; parle, ô roi Nala !

Alors le jeune prince lui parla de l'amour de son peuple et du vœu exprimé par ses sujets.

— Sans doute, dit-il, je voudrais exaucer leurs désirs, et j'ai vu plus d'un visage de jeune fille qui m'a paru empreint de bonté et de vertu, mais je n'ai pu arrêter mon choix sur aucune d'elles. Il m'a semblé qu'aucune d'elles ne pouvait me promettre le bonheur. C'est pour cela que je suis venu vers toi, mon père, et que je te demande : que dois-je faire ?

Le pieux solitaire hocha la tête et, après un long silence, répondit :

— Tu me demandes conseil, tu veux savoir ce que je pense ; regarde.

Il s'était redressé, son corps semblait avoir recouvré toute la souplesse de ses jeunes ans ; ses yeux, naguère éteints, étaient pleins de flamme ; il avait étendu son bâton vers le mur qu'il toucha légèrement, et au même instant le mur s'ouvrit comme un rideau que l'on aurait tiré.

Aux regards ébahis de Nala s'offrit un spectacle merveilleux. Dans un jardin rempli de fleurs embaumées, de palmiers gigantesques, de sources jaillissantes, se tenait, appuyée contre un bananier, une jeune fille ; des fleurs ornaient ses cheveux retombant en longues boucles flottantes ; des fleurs aussi étaient semées sur sa robe blanche. Autour d'elle voltigeaient des oiseaux. Elle ressemblait à la fille du Soleil, Uscha, l'aurore, qui anime et vivifie toute chose. Elle leva la tête, montra son visage adorable, cherchant quelqu'un ou quelque chose du regard. Le jeune prince fit un mouvement ; la vision enchanteresse disparut et Nala n'aperçut plus que la muraille nue et sombre de la petite pièce.

— Qui est-elle ? s'écria le prince avec impétuosité. Oh ! dussé-je marcher depuis le lever du soleil jusqu'à son coucher, je veux la rejoindre, je veux la voir encore.

— Ecoute-moi avec calme, mon fils, dit Navada, je t'ai promis de te donner un conseil, et je ne t'ai pas déçu dans ton espérance. Mais sois patient, tu la reverras bientôt, car elle t'est destinée. Quand les courriers de Bhima, le prince de Vidarba, t'inviteront au banquet qu'il veut donner, suivant l'antique usage, pour choisir l'époux de sa fille, ne t'attarde point, car celle que tu viens de voir est Damajanti, la princesse de Vidarba. Afin qu'elle ne choisisse que toi pour époux, je veux lui envoyer un message.

Le vieillard souleva pour la seconde fois son bâton et d'une voix forte s'écria :

— Oiseaux d'or, mes serviteurs, envolez-vous au pays de Vidarba et cherchez-y la noble jeune fille que l'on nomme Damajanti, la fille bien-aimée du roi Bhima. Parlez-lui avec louange du roi Nala, dites-lui qu'elle ne peut choisir que lui, et que Damajanti, la belle, doit

Aux regards ébahis de Nala s'offrit un spectacle merveilleux (p. 27).

être la compagne de Nala, le héros, ainsi qu'il est écrit dans le livre du monde.

Alors on entendit un battement d'ailes. Nala vit se presser devant la porte de la cabane un essaim de grands oiseaux aux ailes dorées, qui sortirent du lac, s'élevèrent lentement dans l'air et bientôt disparurent.

— Ton vœu est accompli, dit le vieillard en posant la main sur l'épaule de Nala; va, mon fils, ne parle plus, ne me remercie point, le temps est accompli pour moi. Sois heureux; ne te laisse dominer par aucune passion, afin que Kali, l'esprit du mal, ne trouve aucun abri dans ton cœur.

Nala voulut exprimer sa reconnaissance, mais Navada ne l'écoutait plus. Il lui serra la main en signe d'adieu et, se replongeant dans son rêve, il dit :

— Adieu, ne reste pas davantage ici. Hâte-toi de regagner ton palais. Déjà je vois approcher les compagnons de Navada ; nous allons entrer dans le jardin d'Indra, et Indra accueillera dans sa demeure l'homme pieux.

Puis il ferma la porte, et Nala se trouva seul.

Le soleil était descendu sous l'horizon ; la lune éclairait la forêt, les fleurs de lotus relevaient leur tête parfumée ; de légers murmures, de doux susurrements parcouraient la solitude ; une sensation d'effroi qu'il n'avait jamais connue jusqu'alors s'empara du cœur tremblant de Nala ; il s'empressa de reprendre le sentier qu'il avait suivi. Le lendemain, quand il retourna à la même place, en plein jour, et visita la cabane, il n'y trouva plus Navada : le pieux vieillard avait disparu.

— Il est allé rejoindre Indra, pensa Nala ; il est entré dans les demeures bienheureuses de la paix, comme il disait. Sa vie était consacrée à l'immortel ; las de la terre, il est retourné vers l'éternité. Mais sa bénédiction nous reste ; je veux obéir à ses conseils, garder ses enseignements. Ce qu'un homme bon et généreux a fait et pensé ne peut se perdre ; car sa parole est une semence qui germe dans le pays et dans le peuple.

II

A la cour de Vidarba et dans tout le royaume régnaient le deuil et le chagrin. Damajanti, la fille du roi Bhima, la princesse si belle, si aimable, si aimée, d'ordinaire si gaie, si joyeuse, pareille aux oiseaux de l'air, à la fleur du printemps, Damajanti s'étiolait, et tout à coup la souffrance avait remplacé pour elle le bonheur ; ses chants et ses rires avaient cessé ; ses joues, naguère si fraîches, avaient pâli ; sa marche, d'ordinaire si vive, était maintenant languissante. Personne ne pouvait deviner la cause de son mal. On interrogea ses compagnes : aucune d'elles ne put répondre ; tout ce qu'elles savaient, c'est qu'un soir, dans une promenade, elle s'était égarée et qu'on l'avait trouvée au milieu de la forêt, à l'entrée de la nuit, blême et frissonnante. Depuis ce temps, elle n'était plus que l'ombre d'elle-même.

Sa mère ne put supporter plus longtemps cette cruelle incertitude. Un jour, elle entra dans la chambre de sa fille qu'elle trouva toute en pleurs; elle lui parla avec tendresse, la supplia de lui confier ses peines, d'accepter son aide, s'il en était temps encore.

— Tu es mon unique fille, lui dit-elle ; as-tu quelque désir ? il sera rempli sur-le-champ, s'il est en notre pouvoir. Quelqu'un t'a-t-il offensée ? tu as trois frères, prêts à risquer leur vie pour leur sœur bien-aimée. Parle, mon enfant ; souvent le chagrin s'apaise quand il trouve un cœur auquel il puisse se confier.

Damajanti ne put résister à ces prières ; elle cacha son visage dans le sein de sa mère et dit :

« — Tu as raison, ma mère, et je ne veux rien te dissimuler. Cette confidence me délivrera-t-elle du mal qui me tue ? je l'ignore. Tu te rappelles ce jour où, joyeuse, ne me doutant point de ce qu'était la souffrance, j'allai avec mes compagnes courir à travers champs et bois. Tu sais que dans une prairie nous vîmes de grands oiseaux aux ailes dorées, dont le chant me parut particulièrement mélodieux. Mes compagnes se moquèrent de moi, prétendirent que c'étaient des oies, et s'occupèrent de ramasser les plumes tombées de leurs ailes. Quand ces oiseaux s'envolèrent, je les suivis, seule, dans le bois, jusqu'à ce que l'un d'eux s'abattit et d'une voix que je comprenais distinctement se mit à chanter les louanges de Nala, le prince de Nischada, dont j'ai vu un jour le portrait, et qui depuis longtemps occupe, jour et nuit, toutes mes pensées. Il a les cheveux noirs, disait l'oiseau merveilleux ; ses yeux resplendissent comme la lumière des étoiles, son front se dresse avec fierté devant tous les princes, il est aimé de son peuple, et le monde entier est rempli de ses exploits. J'écoutai, hors d'haleine. Le nom de Nala m'était connu ; je l'avais entendu prononcer souvent à la cour de mon père, et j'avais depuis longtemps le désir de le voir lui-même. L'oiseau, poursuivant son chant, toujours également doux, disait :

« — Il est écrit dans le livre des dieux, Damajanti, que tu seras sa compagne ; et telle est la volonté du vieillard qui commande aux esprits.

Adieu, je retourne dans mon foyer où habitent la paix, le repos et le bonheur.

« Le chant avait cessé ; l'oiseau s'envola, rejoignit les autres oies qui décrivaient de larges cercles dans les airs, et disparut avec eux. Je demeurai longtemps immobile ; il me semblait entendre encore la voix si suave du messager des dieux ; mais le silence régnait autour de moi, l'obscurité m'enveloppait. Aucun rayon de lumière ne pénétrait dans le taillis. J'eus peur, car dans les ténèbres les esprits méchants s'éveillent. Je me hâtai de suivre le sentier le plus proche, quand un homme se dressa devant moi et me barra le passage. Il avait la taille d'un géant ; son visage était sombre et sinistre, ses yeux fixes et caves comme ceux d'un mort.

« — Ne crains rien, me dit-il, en essayant de maîtriser sa voix qui retentissait comme le fracas du tonnerre, je suis le dieu Kali. Ma puissance s'étend sur tous les esprits de la terre, et je t'offre de la partager. Je suis tes pas depuis longtemps. Viens avec moi.

« Je poussai un cri et voulus fuir ; mais il leva le bras, et il me sembla que j'étais clouée au sol.

« — Viens avec moi, continua-t-il d'une voix menaçante, ne crains point ; sache que ceux que je tiens ne peuvent m'échapper ; viens avec moi !

« Son bras s'étendit de nouveau, sa main toucha la mienne ; j'éprouvai une sensation glaciale, comme au contact d'un serpent. Dans mon anxiété mortelle, je jetai les yeux au ciel, et les dieux célestes écoutèrent ma prière muette. Le soleil, rayonnant comme en plein jour, perça le feuillage des arbres. La main qui voulait me saisir, s'abaissa ; j'étais libre, mais le dieu du mal me poursuivait de ses cris :

« — Crains ma vengeance pour toi et pour lui ! Ceux que je tiens ne m'échappent point. »

Damajanti s'était levée, pâle, tressaillante, et jetant ses bras au cou de la reine :

— O mère, si ce serment allait s'accomplir ! si cette vengeance atteignait celui dont me parlait le chant de l'oiseau ! Ah ! le malheur m'accable !

— Folle enfant, dit la mère en la caressant tendrement, tu n'as point retenu tout ce que t'a dit l'oiseau. Il est écrit dans le livre de la vie que Nala doit être ton époux ; et si ce dessein des dieux doit s'accomplir, la puissance de Kali ne pourra rien contre toi. Il n'a aucun empire sur ceux dont le cœur est pur et innocent ; la victoire te restera. Bannis donc le chagrin et les soucis ; ils reviendront d'eux-mêmes avant que tes cheveux aient blanchi ; car aucun mortel ne peut s'en affranchir. Sois heureuse et gaie, tant que la vie est exempte de maux réels. Relève la tête, sèche tes larmes, mets tes plus beaux ornements, car ton père a résolu d'envoyer des courriers à tous les princes, afin que, suivant l'antique coutume, tu puisses choisir ton époux. Nala viendra aussi comme les autres... la prédiction doit se réaliser. Tu trembles ? Rassure-toi. La vengeance de Kali ne peut t'atteindre ; Nala est le favori des dieux qui veillent sur lui.

Damajanti embrassa la reine avec effusion. La paix était rentrée dans son cœur. Comme une fleur après une longue sécheresse relève la tête et brille d'une nouvelle beauté, les joues de la jeune princesse reprirent leur fraîcheur ; le sourire reparut sur ses lèvres, et ses pensées sinistres et tristes s'évanouirent comme les ombres devant les rayons du soleil.

Pendant ce temps, les courriers de Bhima allaient de pays en pays porter les invitations royales aux princes et aux fils de princes conviés à se réunir à la cour de Vidarba. Les plus nobles rejetons des plus illustres races affluaient de toutes les parties de l'Inde ; car tous avaient appris de bouche en bouche les vertus et la beauté de la jeune fille. De l'aurore à la nuit ils arrivaient au palais de Bhima, les uns à pied, d'autres sur des chars, d'autres montés sur des chevaux ou sur des éléphants. Bhima les accueillait tour à tour avec la plus cordiale hospitalité, car le jour du banquet solennel était proche. Pourtant un seul manquait encore au rendez-vous : où était Nala ?

C'était la veille de la solennité : Damajanti était assise dans ses appartements, entourée de ses suivantes. Elle était pensive et rêveuse, tantôt songeant au moment où elle rencontrerait le regard de Nala, où il recevrait de sa main la rose convoitée par tous les prétendants ; tantôt se demandant : viendra-t-il ? ou n'est-ce qu'une vaine espérance ?

Les cris bruyants de ses compagnes l'arrachèrent à ses réflexions. Elle leva les yeux, étonnée, inquiète ; au milieu de la chambre, devant elle, se tenait un homme de haute stature. Il avait les cheveux noirs, les yeux étincelants, la tête haute.

— Un esprit immortel est entré ici, disaient tout bas avec effroi les jeunes filles en se serrant autour du siège de Damajanti.

Elle s'était levée, dans tout l'éclat de sa beauté et de sa jeunesse, et souriante, elle alla à la rencontre de l'étranger dont les yeux ne se détachaient pas d'elle.

— Mes appartements sont défendus par de nombreuses portes et par autant de gardiens, dit-elle ; comment donc es-tu venu ici, étranger ? Quel est ton nom et que veux-tu ?

L'inconnu baissa la tête, comme s'il eût cédé à un sentiment de peine, mais il répondit presque aussitôt d'une voix ferme :

— Je suis venu à toi par la volonté des dieux, je me trouve devant toi par leur ordre ; je suis Nala, le prince de Nischada, et je t'apporte ce message : Indra, Agni, Vacuna et Yama, les immortels, m'envoient vers toi. Séduits par ta beauté, par tes vertus, ils veulent t'élever au rang de déesse ; tu choisiras un d'eux pour époux : voilà ce qu'ils m'ont ordonné de t'apprendre ; j'ai dit ; à toi de décider.

— Je rends grâces aux dieux et je ne suis pas digne de l'honneur qu'ils me font, répondit Damajanti avec un léger tremblement ; mais toi, Nala, toi qui m'as été annoncé, toi que j'ai attendu avec tant de crainte et d'espoir, est-ce là tout ce que tu as à me dire ? Les messagers aux ailes d'or m'ont-ils donc trompée quand ils me chantaient ta venue ? Si ce n'était qu'un rêve, ô prince, par pitié, éloigne-toi d'ici, abandonne-moi à mes souffrances !

— Les messagers n'ont pas menti ; j'avais foi comme toi en l'avenir, et comme toi j'espérais ; mais les dieux m'ont apparu et ont réclamé l'obéissance de celui qui n'est pour eux que la poussière de leurs pieds. Damajanti, ton image n'a cessé de flotter devant mes yeux, mais j'ai promis aux dieux de parler comme je l'ai fait, et quand les dieux prétendent à ta main, comment pourrais-tu arrêter ton choix sur celui qui doit mourir, car la vie éternelle assure le bonheur éternel, et ce qui doit mourir n'a qu'une durée bien vite accomplie ; quand les maîtres de la création la désirent pour compagne, quelle femme pourrait hésiter à répondre à leurs vœux ?

La jeune princesse l'écoutait en silence; quand il eut achevé, elle releva la tête, calme et fière.

— Prince de Nischada, dit-elle, porte aux dieux le message que voici : demain, au banquet donné par mon père, je choisirai mon époux, en présence de tous, et mon choix sera irrévocable.

Dans la salle du festin, magnifiquement ornée, se tenaient debout, serrés les uns contre les autres, tant ils étaient nombreux, les princes indiens, fiers, imposants, le regard impatiemment fixé sur la porte. Alors elle entra, la fille du roi, escortée de ses jeunes suivantes, toutes vêtues de robes blanches garnies de fleurs, et dans leurs chevelures brillaient également des fleurs.

Elle traversa la salle en silence et se rendit à la place qui lui avait été désignée, soulevant un faible murmure sur son passage; puis, quand elle fut assise, le silence se rétablit, un silence profond, que troublait seule la voix du héraut.

— Vous tous, disait-il, qui êtes rassemblés ici au festin donné pour les noces de Damajanti ; celui qu'elle aura choisi elle-même emmènera dans son royaume et dans son palais la plus belle et la plus vertueuse des princesses.

Un nouveau mouvement se produisit dans la vaste salle ; tous les cœurs battaient d'émotion, car la jeune princesse venait de lever les yeux. Lentement ses regards se promenèrent sur les assistants, s'arrêtant un instant sur chacun d'eux et toujours poursuivant leur recherche. A la fin, ils rencontrèrent le visage de Nala. Le prince était adossé à une colonne ; Damajanti, en le voyant, eut un sourire, mais il semblait se dérober. Cependant la princesse hésitait ; cinq ou six prétendants lui apparaissaient tour à tour ; au milieu de son trouble, ses sens s'égaraient, elle était indécise et sentait que la volonté des dieux exerçait sur elle son irrésistible empire.

— O divinités que j'adore, murmuraient ses lèvres tremblantes, montrez-moi celui que vous-mêmes m'avez destiné ; une femme mortelle, dont les espérances sont celles de la terre, ne peut vous suivre dans vos demeures célestes ; ma vie et mon cœur doivent appartenir à la terre.

Alors le nuage qui avait voilé ses yeux se dissipa : elle reconnut Nala, Punjasloka, le sage, debout à quelques pas d'elle, la tête baissée, le visage pâle. Deux autres personnages, d'une stature gigantesque, d'une majesté divine, apparaissaient à ses côtés, mais elle n'y prit pas garde.

Et la rose qu'elle tenait dans sa main tomba......

Elle se leva de son siège, s'inclina vers Nala, et la rose qu'elle tenait dans sa main tomba aux pieds du prince de Nischada, et la salle entière retentit des acclamations :

— Salut et gloire à la fille du roi et à l'époux qu'elle a choisi !

Nala et Damajanti étaient tombés à genoux, adorant les dieux qu'ils voyaient maintenant distinctement et qui leur souriaient avec bonté, en étendant sur eux les mains. Puis les divinités disparurent.

Les fêtes nuptiales durèrent plusieurs jours. Quand elles furent achevées, Nala emmena sa femme dans son royaume.

III

Sept ans de bonheur s'étaient écoulés pour les époux. Le peuple de Nischada élevait Nala et Damajanti aux nues ; les dieux les comblaient visiblement de bienfaits ; deux enfants leur étaient nés : un garçon et une fille, leur joie et leur orgueil.

Un jour, Nala reçut la visite de Pushkara, son frère d'un premier lit, qui habitait une ville lointaine. Ils ne s'étaient pas vus depuis leur enfance, et Nala témoigna toute sa satisfaction de cette surprise ; on donna des fêtes en l'honneur de Pushkara ; on lui fit voir tous les trésors et toutes les beautés du royaume. Damajanti fit à l'ami de son mari l'accueil le plus gracieux ; mais elle ne pouvait s'empêcher, chaque fois que leurs regards se rencontraient, d'éprouver un sentiment d'effroi. Elle se reprochait intérieurement sa folie, sans pouvoir la maitriser, et elle évitait autant qu'elle le pouvait la présence de l'étranger. Quand elle se retrouvait avec ses enfants, elle oubliait ses appréhensions, ses pensées sombres se dissipaient, et elle ne songeait plus à Pushkara.

Un soir qu'elle était assise dans son appartement, elle parlait à son fils et à sa fille d'Indra qui de son bras redoutable enserre l'univers, commande au tonnerre, lance l'éclair, et fait disparaitre dans les abimes de la terre les puissances des ténèbres. Il s'élance au milieu des combats et décide de la victoire. Agni, le dieu bon et doux, préside au feu et bénit les villes et les États où règne la concorde. Au fond des eaux et des airs règne Vacuna, le saint. Il règle l'ordre des choses, châtie les coupables, mais, miséricordieux et compatissant, il pardonne au repentir. Doucement Yama s'approche du pèlerin lassé et le transporte sur son char jusqu'au séjour de la lumière.

Quand la mère eut achevé son récit, elle confia les enfants à la fidèle nourrice Vrihatsène et quitta l'appartement ; car il faisait nuit, et son époux n'était pas encore rentré du festin, comme il avait coutume de le faire ; elle interrogea les serviteurs ; on lui dit que les deux princes étaient assis, l'un devant l'autre, dans la salle du banquet. Elle s'y rendit, ouvrit la porte et demeura stupéfaite.

A la table, d'un côté était Pushkara, poussant des éclats de rire à faire trembler la salle; devant lui, était-ce bien Nala ? Le visage méconnaissable, tant il était bouleversé, les cheveux en désordre, il jetait sur la table des dés qui retombaient avec un bruit sourd. Pushkara se reprenait à rire avec sarcasme, avec dédain. Damajanti, enfreignant les usages de la cour, s'élança vers eux, saisit Nala par la main et d'une voix tressaillante :

— Viens, s'écria-t-elle ; quitte ce jeu maudit.

Viens, quitte ce jeu maudit.

Il ne l'entendait pas.

Les dés roulaient sur la table de marbre, et chacun des coups martelait le cœur de la pauvre reine. Elle pria, supplia, pleura, parla au nom de ses enfants, les fit venir, les présenta à leur père : les dés roulaient toujours ; il ne voyait rien, il n'entendait rien. Le peuple se rassembla devant le palais, appelant le prince ; les dés roulaient toujours, et le jeu n'eut point de relâche durant toute la nuit, jusqu'au point du jour.

Les premiers rayons du soleil vinrent éclairer la table des joueurs. Damajanti pleurait ; Pushkara riait : les dés roulaient, roulaient sans relâche. Nala restait sourd. Alors on vit entrer les sages conseillers du royaume, vieillards aux cheveux d'argent. Damajanti les avait mandés ils conjurèrent le roi, les larmes aux yeux ; ils voulurent le rappeler à ses devoirs de souverain, l'arracher à cette ivresse, à cette passion, qui lui faisait perdre coup sur coup son or, ses villes, ses villages, qu'il jetait à son frère, sans avoir un seul remords. Mais toutes leurs instances étaient vaines ; il ne répondait point. Il jouait, il jouait ; et les jours et les nuits et les semaines se passèrent, et le roi perdait, à chaque fois qu'il lançait les dés.

Les vieillards s'éloignèrent en frémissant.

« — Un démon a égaré l'esprit de notre roi, dirent-ils au peuple qui attendait leur retour ; Nala n'est plus notre prince dévoué.

Damajanti était restée seule auprès des joueurs. Les larmes ruisselaient sur ses joues qu'elles brûlaient. Elle songeait au parti à prendre. Elle fit appeler Vrihatsène, la nourrice, et Varsnéja, le conducteur des chevaux.

« — Attelle le coursier du roi, Varsnéja, commanda-t-elle ; choisis ceux qu'il aime à conduire lui-même.

« Toi, Vrihatsène, fais monter les enfants sur le char, et conduis-les chez mon père à Vidarba, avant que le malheur ne les frappe. Va, ne tarde point. »

Les fidèles serviteurs suivirent ses recommandations ; et quand tout fut prêt pour le départ, elle retourna dans la salle, épiant en silence l'issue du jeu. Les dés roulaient ; le soleil baissait. La nuit était sombre, le tonnerre grondait, l'éclair sillonnait les nues. Dans le fond de la salle, elle vit s'agiter des ombres gigantesques, qui se rassemblèrent en une même figure colossale et sinistre.

Le spectre s'approcha du siège de Pushkara, les yeux fixés sur la reine, pâle et effarée, et d'une voix plus retentissante que le roulement du tonnerre :

« — Ma vengeance vous atteint, toi et celui que tu aimes ; mon serment s'est accompli ; celui que je tiens ne m'échappe point.

« Roulez, roulez, dés vengeurs ; c'est Pushkara qui triomphe. Perdus les trésors, perdue la couronne ; il ne reste plus rien au malheureux roi, plus rien que toi. Les dés roulent encore ; Damajanti, tu es à moi ! »

Une main énorme, immense, voulut la saisir ; mais, calme, sans trembler, les bras croisés sur la poitrine, les regards au ciel, elle se tint debout à côté de son mari, et la main s'abaissa.

Nala s'était levé en sursaut, comme au sortir d'un rêve effroyable.

— Perdu ! s'écria-t-il, perdu ! J'ai tout joué : ma couronne, mon honneur, mon peuple !

— Il te reste encore un bien, répondit Pushkara en riant : Damajanti, ta femme ; joue-la, si tu veux, j'y consens.

Un silence de mort succéda à ces paroles ; le tonnerre continuait à gronder dans le lointain. Tout à coup, jetant un regard de désespoir sur son frère, Nala s'élance au dehors dans les ténèbres ; une ombre le suivit dans la nuit, partout où il allait, dans chaque sentier, jusqu'au matin. Exténué, épuisé, il s'affaissa sur le sol. Une main douce et caressante se posa sur son front brûlant ; des paroles tendres frappèrent ses oreilles ; il ouvrit les yeux, il vit le visage de sa femme penché sur lui, et il écarta Damajanti en sanglotant.

— Laisse-moi, ne t'attache point aux pas d'un maudit, que le démon a vaincu, qui s'est perdu lui-même avec tout son royaume. Désormais ma destinée est d'errer sous le poids de la misère. Ah ! comme il a su m'envelopper, le perfide, en me parlant de notre enfance, en me rappelant notre attachement d'autrefois. « Viens, disait-il, jouons, comme nous le faisions jadis, mais jouons de l'or, des villes et des villages. » Il me fit voir des dés, il les posa sur la table ; ils m'attirèrent, me charmèrent ; il me sembla qu'ils me faisaient signe : je ne pus résister, je les pris, je les jetai. Ils tombèrent sur la table avec un bruit qui me fit tressaillir. Je voulus les ramasser. Pushkara se prit à rire ; je les jetai de nouveau ; je jouai, je perdis ; je perdis tout, ma couronne, ma raison, moi-même. Va, laisse le maudit, toi qui es née pour le bonheur. Retourne dans ta patrie auprès de ton père. Vois, ce chemin t'y conduira : tu ne peux t'égarer, laisse-moi, je mérite mon malheur.

Damajanti lui prit la main, l'attira à elle, la serra sur son cœur.

— Non, dit-elle avec fermeté, je ne t'abandonnerai point ; tu es mon seul appui, tu es mon époux. Partons, allons trouver mon père ; mais si tu ne veux pas me suivre, ne me répudie point ; soyons unis dans le malheur comme nous l'avons été dans le bonheur.

Nala essaya vainement de la décider à se retirer seule ; elle resta inébranlable dans sa résolution, déterminée à le suivre, n'importe où.

— Tu es ma lumière, dit-elle ; sans toi je ne puis avoir autour de moi que la profonde nuit.

Ils errèrent trois jours sans trouver d'asile, ne trouvant nulle part un toit hospitalier, car le nouveau roi avait défendu, sous menace de mort, de recevoir les exilés. Les archers de Pushkara faisaient bonne garde partout, et les fugitifs furent obligés de chercher un refuge dans les bois. Ils se nourrissaient d'herbes et de racines, et s'abritaient sous les arbres. Damajanti supportait ses souffrances sans aucune plainte, sans aucun murmure, voulant, comme elle l'avait promis, consoler son époux et lui rendre le courage.

Un soir, ils trouvèrent une cabane déserte, sans doute quelque demeure de solitaire ; et pour la première fois, ils purent se reposer, à l'abri du vent et de l'orage, sur un lit de mousse. Damajanti, accablée de fatigue et de souffrances, s'endormit ; mais le sommeil bienfaisant fuyait les paupières de Nala. Il ne cessait de voir sa couronne perdue, d'entendre les reproches de son peuple ; son infortune voulue le torturait d'indicibles remords ; et une voix lui répétait : « Pourquoi condamner ta femme à partager des maux qu'elle n'a point mérités ? Elle ne sera heureuse que lorsque tu lui auras rendu la liberté ; quitte-la et va reconquérir ton royaume.

Il écouta, ne sachant qui lui parlait ainsi.

— Quitte-la, répétait la voix avec insistance ; elle trouvera dans ton frère un époux plus digne que toi.

Il se leva, se promena pour chasser ces idées importunes, pour échapper au conseil persistant, mais au fond de son cœur la voix parlait toujours. Exaspéré, il ouvrit la porte, il sortit, marchant devant lui, sans savoir où.

Et dans la cabane, Damajanti dormait, le sourire sur les lèvres, bercée par un rêve.

IV

Il erra, inconscient, dans les sables brûlants du désert. Son visage sombre était ravagé par la souffrance. Ses yeux roulaient dans leurs orbites, hagards, éperdus. Le soleil dardait sur sa tête découverte. Il leva le front, fixant les regards sur la lumière éternelle.

— O Suga (1), dit-il, dieu de lumière, toi qui pénètres le monde de tes rayons, qui dissipes les ombres de la nuit sinistre, ne m'accables-tu de tes ardeurs que parce que j'ai commis la faute d'unir ma destinée à celle que j'aime et qui m'a suivi dans l'exil et le malheur? Elle est seule, dans la forêt silencieuse et solitaire, tourmentée par la faim et la soif. Le tigre et le serpent convoitent leur proie et s'apprêtent à la dévorer..... Qu'ai-je entendu? quel est ce rire? Arrière, esprit des ténèbres! Pushkara est assis sur mon trône et Damajanti est près de périr. Ah! que ne puis-je arracher de mon âme ce corps misérable et échapper à tous les regards, à mes propres yeux!

Il reprit sa course dans le sentier brûlant, avançant toujours, jusqu'à ce qu'une colonne de feu lui barra le passage. Alors une voix lui cria :

— Où donc es-tu, roi Nala? quand viendras-tu à mon secours? viens; délivre-moi de ceux qui m'enchaînent, et tu seras délivré toi-même.

Nala considérait avec stupéfaction la flamme rutilante, sifflante, dressée devant lui comme un mur ardent. Pourtant il répondit sans crainte :

— Qui es-tu? où es-tu? que veux-tu?

— Je t'appelle du sein des flammes, répondit la voix ; as-tu assez de courage pour y pénétrer et venir jusqu'à moi? Accours, traverse ce foyer de feu; ou bien as-tu peur?

— Je ne crains rien, et je n'ai plus à redouter la mort, maintenant que tout est perdu pour moi, s'écria Nala; et, sans hésiter, il s'élança dans la mer de feu.

Au milieu des flammes, il trouva sur une pierre embrasée un serpent replié sur lui-même. Les écailles de reptile ne pouvaient le garantir, car il était comme enseveli dans un brasier.

(1) Soleil.

Il souleva sa tête et dit :

— Ne me touche point, mais écoute-moi d'abord ; ne crains pas le feu ; il te purifiera. Je suis Kartobaka, le roi des serpents. Dans mon audace, j'ai trompé Navada, le sage et pieux solitaire, mais ma témérité a été presque aussitôt châtiée. La colère de Navada m'a enchaîné ici. « Toi qui as voulu commettre le mal en te servant de la ruse, de la fausseté, de la tromperie, dit-il, et faire usage de la perfidie pour perdre ce qui est bien et salutaire, tu resteras couché sur cette pierre, enveloppé de flammes, pour expier ta faute ; mais, un jour, viendra ici un roi torturé par des chagrins plus dévorants que les flammes ; il ne craindra point ce feu, et alors l'heure de ta délivrance sera proche. S'il t'écoute et t'emporte hors de ce foyer de feu sur son doigt, tes maux cesseront et les siens disparaîtront au bout d'une année. Le nom de ce roi est Nala. »

Ainsi parla Navada, et il me laissa seul ici. Vois : du sol, de toutes parts, sortent des flammes, augmentant de violence d'instant en instant. Elles montent parfois jusqu'au ciel, et il y a sept ans que je gémis ici. Je n'ai cessé de t'appeler, et quand tu m'as entendu, j'ai compris que tu venais à mon secours. Les serpents, mes sujets, m'ont apporté la nouvelle de ton approche, et je sais par eux tout ce que tu as éprouvé. Je sais quel a été ton attachement pour Damajanti ; je sais qu'elle t'a préféré à tous, et qu'ensemble vous avez eu sept années de bonheur. Je sais aussi, ce que tu ignores : Kali, le dieu du mal, dont le sage Navada t'a conseillé de te défier, a prétendu à la main de la fille de Vidarba ; il a voulu l'enlever, elle lui a échappé, et il a juré de se venger. Il n'a pu s'emparer d'elle, à cause de son innocence ; mais il a pu te saisir, toi, roi Nala, car tu es coupable, et il n'y a pas de plus grand coupable sur la terre que toi. C'est lui qui a donné à Pushkara ces dés pipés ; c'est lui qui guidait la main de ton vainqueur, et qui dirigeait le jeu. C'est par lui que tu as perdu ton royaume. C'est lui qui t'a parlé dans la forêt et t'a poussé à délaisser Damajanti ; mais, quelque mal qu'il te veuille, il n'a pu éteindre en moi l'espérance de te sauver, ô roi Nala, toi dont la présence ici m'annonce mon salut. Viens, ô roi, approche-toi, sans crainte ; délivre-moi.

Le reptile s'enlaça autour du doigt de Nala, qui l'emporta d'un pas ferme. Les flammes le poursuivirent quelque temps encore, puis elles s'éteignirent d'elles-mêmes, et à leur place s'élevèrent des arbres chargés de feuilles et de bourgeons, en même temps qu'au lieu de flammes une source jaillissait du sol. Le serpent déroula ses anneaux, se détacha du doigt de Nala, rampa vers la source et s'y abreuva. Peu à peu son corps s'enfla, ses écailles brillèrent du plus vif éclat; il redressa la tête et dit :

Nala et le serpent.

— Je te remercie, ô mon sauveur, et avant de me séparer de toi, je veux te secourir, comme tu m'as secouru; écoute donc : la passion du jeu t'avait aveuglé, elle t'avait fait perdre la raison, et c'est grâce à ton aveuglement et à ta folie que Kali, le mauvais dieu, a pu exercer sa puissance sur toi. Il a obscurci ta vue, il a égaré ton cerveau, afin que tu fusses incapable de discerner le faux d'avec le vrai; les dés roulaient, et tu ne voyais pas le démon qui les faisait rouler; tu as ainsi perdu ton royaume et tu as perdu ta femme; mais si tu parviens à recouvrer ce que tu as perdu, le calme de l'esprit, la sérénité du regard, le démon sera vaincu à son tour et s'éloignera de toi; ton but sera atteint. Suis donc ton chemin pendant dix jours et dix nuits, et tu arriveras dans Ajadia, la grande ville ; là règne le roi Situperu, homme habile et sage en bien des choses. Pourtant il ignore l'art de dominer les chevaux. Il prend des conducteurs de tous les pays, pour diriger ses chars. C'est chez lui que s'est retiré Varsnéja, ton fidèle serviteur. Va le trouver, et pour que ton vœu s'accomplisse, donne-moi ta main.

Nala avait avancé la main sans hésiter, mais il la retira avec un cri de douleur : le roi des serpents l'avait mordu au doigt.

Sans prendre garde au mouvement du prince déchu, le serpent continua :

— Maintenant, ce que tu as voulu est fait. Regarde-toi dans cette source. Tu es changé au point de ne pouvoir être reconnu par personne. Hâte-toi de te rendre chez le roi Situperu et dis-lui : « Je suis Vahuka, le conducteur de chevaux ; les coursiers que je mène font cent lieues par jour sans s'arrêter, et je connais d'autres choses qui peuvent être utiles. » Il te prendra pour guide de son char, et aucun des dons que les dieux t'ont accordés ne sera perdu pour toi. Reste sans te plaindre et sans t'impatienter dans Ajadia, souffre tout ce que l'on te fera souffrir, quelque dure que puisse être la souffrance. Mais si le roi te dit un jour : « Vahuka, tu es habile, sage et expérimenté, mais aucun mortel ne peut tout savoir. Vois cet arbre, il a des feuilles, des fruits, des branches, des rameaux. D'un seul regard je puis t'en faire le compte, car je possède l'art des nombres et des dés ; » alors, ô roi Nala, ton heure sera proche. Si tu parviens à te faire enseigner par lui l'art dont il a le secret, si ton œil devient assez perçant pour pouvoir, comme lui, compter les feuilles qui poussent sur les arbres, les herbes qui verdoient dans les prés ; et si d'un seul regard tu peux en calculer le nombre, alors ton expiation aura cessé ; car, de même que l'esprit du mal a exercé sur toi son pouvoir pour te vaincre au jeu de dés, de même la puissance des dés triomphera de lui, quand il obéira à ta volonté. Sois patient jusqu'à ce jour de ta délivrance ; prends cette écaille qui orne mon cou : elle sera pour toi une égide qui te mettra à l'abri de la perfidie et des artifices ; et quand tu seras réuni à ta femme, tes maux auront pris fin.

Ainsi parla Kartobaka, le roi des serpents, et il disparut.

Nala s'éloigna de la source en tremblant, effrayé par l'image qu'il voyait dans les eaux et qui était la sienne, sans qu'il la reconnût lui-même.

Puis, obéissant au conseil, il poursuivit son chemin et, après dix longs jours de marche, il arriva à la ville riche et populeuse d'Ajadia. Le roi Situperu, apprenant qu'il était habile à conduire les chevaux, le prit à son service, et lui donna pour aide le vieux Varsnéja, qui ne reconnut point en lui son prince et son ancien maître. Et Nala, sous le nom et la figure de Vahuka, resta pendant des mois et des années à la cour de Situperu.

V

Dans la cabane, au milieu de la forêt silencieuse, Damajanti dormait. Les étoiles suivaient en paix leur voie, et leurs rayons tombaient à l'intérieur de l'habitation par la porte ouverte ; les arbres agitaient doucement leurs feuilles au souffle du vent et leurs voix disaient :

— Salut à toi, salut, ô belle Damajanti ! que le sommeil te soit léger et bienfaisant dans le calme de la nuit. Les esprits qui habitent cette forêt mettent en fuite les démons, tes ennemis.

Et Damajanti souriait dans son rêve.

Peu à peu les étoiles pâlirent, la nuit céda lentement sa place au jour, le soleil monta dans les nues rayonnant et superbe, et sa lumière inonda le visage émacié de la princesse endormie.

Elle se réveilla, promena autour d'elle ses yeux éblouis, puis se leva en sursaut, effrayée, car elle ne voyait pas Nala. Elle sortit, chercha, appela ; l'écho lui renvoya ses cris désespérés, mais en vain : personne ne lui répondit. Inconsciente, elle courut plus loin, plus loin encore, déchirant ses membres aux broussailles, aux ronces, aux pierres, mais avançant toujours dans l'épaisseur de la forêt. Des bêtes féroces accoururent vers elle, la gueule ouverte et menaçante.

Elle allait toujours, sans trembler, sans avoir peur, répétant tout bas :

— Toi qui planes au-dessus des montagnes et qui connais tous les sentiers de la forêt, ô roi des animaux, viens à mon aide, dis-moi quel chemin a pris mon époux.

Et les lions, les tigres, les léopards secouaient leur tête monstreuse ; les serpents disparaissaient dans les taillis. La princesse poursuivait sa route, mais d'endroit en endroit le sentier devenait plus ardu. Au loin se dressaient des montagnes, semblables à des géants sinistres, des rochers dentelés hauts comme des tours d'où tombaient des torrents rugissants, tandis qu'à ses côtés s'ouvraient d'affreux précipices ; harassée, mourant de fatigue, elle se trainait, les pieds en sang. Près d'une saillie de rocher, elle s'affaissa, la nuit l'enveloppa, elle appuya sa tête contre la pierre froide et nue.

— Ayez pitié de moi, divinités célestes, supplia-t-elle, dites-moi où je dois le chercher ; je ne le trouve point. O Nala, mon bien-aimé, tu m'as abandonnée, et tu as emporté tout mon bonheur. O rochers, ô montagnes, dites-moi où est mon époux, mon maitre, mon roi. Répondez, oh ! répondez !

Mais les montagnes et les rochers demeuraient muets et impassibles, et le vent continuait à mugir dans les arbres.

— O vent, toi qui viens de loin, dis-moi où est Nala, sanglota la princesse.

Mais le vent poursuivit sa course sans donner de réponse.

Alors, à travers les crevasses des rochers, sur l'herbe rare, elle vit briller d'innombrables étoiles. Et elle entendit des voix qui murmuraient :

— Ne désespère pas, les dieux veillent sur toi ; tu triompheras, car tu es pure de toute faute.

Et le vent souffla avec moins de violence ; de doux effluves embaumèrent les airs ; Damajanti se leva et regarda autour d'elle, étonnée. Tout était changé. Elle s'était agenouillée sur le rocher aride ; maintenant elle foulait une mousse tendre et des chants d'oiseaux charmaient ses oreilles ; un arbre majestueux étendait ses rameaux puissants au-dessus de son front et un vaste jardin se déroulait devant elle. Une source pure y coulait, riante et babillarde, et des animaux de tout genre, des antilopes, des gazelles, de jolis petits singes, de belles couleuvres venaient prendre leurs paisibles ébats dans la prairie verdoyante. Des fleurs parfumaient les alentours, et de hauts palmiers croissaient, dressant leurs cimes aux nues.

— Serais-je déjà arrivée dans le jardin de délices qu'habite Indra? dit-elle tout bas, pensive et rêveuse.

Un vieillard s'approcha d'elle.

— Repose-toi, dit-il avec bonté ; les soucis et les fatigues du chemin ont dû t'accabler de lassitude. Je t'ai trouvée seule dans la forêt, et je t'ai amenée ici ; tu y trouveras la paix et la sécurité. Vois cet arbre qui te donne son ombrage ; il s'appelle Azatoka ; il dissipe le chagrin de ceux qui se reposent sous son branchage. Demeure auprès de nous, oublie tes souffrances, tes douleurs terrestres, vis heureuse parmi les dieux, et tu jouiras d'un bonheur divin et éternel.

Mais Damajanti lui répondit :

— Non, je ne puis prendre aucun repos : je cherche mon époux, le roi Nala. Dis-moi où il est, où je puis le trouver. Tu secoues la tête. Tu ne peux me donner de réponse. Adieu donc. Je vais par les monts, par les vallées, sans trêve, sans halte, suivre ma route, n'ayant pour guide et pour compagnon que mon malheur. Adieu, noble vieillard, et toi, bel arbre à l'ombre duquel j'ai trouvé un instant de repos.

— Je ne veux point te retenir, dit le vieillard avec douceur ; va, suis ta route ardue ; mais sache ceci : puisque tu as traversé sans crainte la forêt des tigres, marche devant toi et ne redoute rien ; l'avenir est souriant pour toi ; tu retrouveras ton époux, si tu lui restes fidèle et si ta fidélité triomphe de toutes les épreuves.

Il dit, et son bras s'étendit vers l'horizon. Au même instant tout avait disparu, les arbres et le jardin, et Damajanti se retrouva seule, entourée de rochers.

— N'était-ce donc qu'un rêve ? demanda-t-elle.

Mais elle gravit avec courage le sentier de pierre, puis s'engagea dans des forêts sans fin, et elle marcha pendant des jours, des nuits et des mois, se nourrissant de racines et d'herbes. Elle arriva enfin dans une grande plaine. Un grand fleuve y baignait des prairies verdoyantes ; des cygnes et d'autres oiseaux y nageaient, et sur les bords paissaient des vaches et des chevaux. Un peu plus loin, sur sa route, elle aperçut une grande caravane en marche.

Joyeuse, elle courut de ce côté ; mais elle fut accueillie par des paroles grossières, des sarcasmes, des regards de défiance ; pourtant le chef de la caravane vint à sa rencontre, et lui demanda avec bonté quel était son nom et vers quel endroit elle se dirigeait. Elle lui décrivit son long pèlerinage, et lui demanda s'il n'avait point vu Nala ; mais personne ne put lui répondre. Cependant, à sa prière, on lui permit de se joindre à la caravane, qui se rendait à Ischedi, la capitale du roi. Elle avait traversé seule ce désert, elle resta seule au milieu de cette foule d'inconnus. On s'éloignait d'elle. Parfois elle entendait dire : C'est un démon, un esprit mauvais, qui ne peut que nous nuire; et une nuit que la caravane avait été attaquée par une troupe d'éléphants, la colère générale éclata contre elle : on l'accabla de menaces et de malédictions. Dans sa douleur et sa honte, elle prit la fuite et se perdit au milieu de la forêt voisine de la route. Elle n'osait plus rester avec la caravane et se contenta de la suivre de loin, jusqu'à ce qu'elle atteignit enfin la ville.

Les vêtements en lambeaux, les cheveux défaits, amaigrie par les souffrances, pâle, épuisée, elle suivit la rue ouverte devant elle. On s'attroupait sur son passage, on se montrait avec des gestes railleurs cette femme qui ressemblait à un spectre ; à peine quelques regards compatissants faisaient diversion au mépris de toute la population. A ce moment, la mère du roi, debout à l'entrée du palais, aperçut la malheureuse créature, et elle eut pitié d'elle.

— Va, dit-elle à une de ses esclaves, amène-moi ici cette pauvresse que tu vois dans la foule. Elle ne me semble point née dans cette misérable condition ; son visage est noble, et sa beauté trahit même l'indigence de son costume.

— Pauvre enfant, dit la bonne reine, quand Damajanti se trouva en sa présence, tu dois venir de loin. Tes vêtements sont couverts de poussière et déchirés, tes pieds doivent être lassés ; mais quelque chose me dit que tu n'as pas toujours été seule et sans amis en ce monde, que tu es issue d'une race illustre, comme le révèle ton regard. Dis-moi la peine qui t'afflige ; j'ai eu beaucoup de malheurs dans ma vie ; j'ai vu verser beaucoup de larmes, j'ai beaucoup souffert moi-même. Les soucis et les chagrins ne me sont pas étrangers : peut-être pourrai-je te venir en aide.

—Tu es bonne, ô reine, répondit Damajanti, et il n'y a que ceux qui ont souffert qui puissent comprendre mon malheur, auquel nul tourment sur la terre ne peut être comparé.

Alors elle lui raconta qui était son époux, elle lui parla de la gloire passée de Nala, de ses enfants, privés de la vue de leur père et de leur mère. Elle lui dépeignit la perte de son royaume, sa fuite avec le roi, son abandon, seule dans la forêt déserte.

— Je l'ai cherché jour et nuit, dit-elle, et, quoique lasse, je dois poursuivre ma route.

— Non, dit la reine, renonce à ce dessein. Reste ici, tu seras mon enfant, et Sunande, ma fille, sera ta compagne. J'enverrai des courriers à la recherche de ton époux. Qui sait? Peut-être ses pas le conduiront-ils ici.

Ainsi parla la reine, et sa sollicitude impressionna le cœur de Damajanti, qui se laissa emmener dans les appartements du palais, où on la combla d'égards. Plusieurs semaines s'écoulèrent. Damajanti n'avait pas encore quitté le palais hospitalier où la reine et sa fille s'efforçaient d'adoucir le chagrin de la malheureuse princesse. Elle ne cessait de demander des nouvelles de Nala, d'interroger tous ceux qui venaient à la cour; mais toutes ses questions étaient vaines, et les courriers dépêchés dans toutes les directions revenaient sans pouvoir lui apporter aucun renseignement.

Un jour, dans une fête donnée au palais, Damajanti, vêtue de noir, comme de coutume, en signe de deuil, la tête presque entièrement enveloppée d'un voile noir, se tenait debout à côté de Sunande, la jeune fille de la reine. Elle laissait indifféremment passer les convives étrangers. Tout à coup elle tressaillit : là-bas, au milieu de la foule, elle avait aperçu un visage connu, un ami de ses frères. Elle se hâta de fermer son voile pour cacher entièrement ses traits, mais lui aussi l'avait remarquée; il courut à elle et salua la fille de son roi. Il lui donna des nouvelles de ses parents, de ses proches qui étaient inquiets d'elle, et l'avaient chargé de la retrouver et de lui dire combien ses enfants étaient impatients de la voir, de l'embrasser. Elle écouta son récit sans répondre : il lui semblait qu'un rêve depuis longtemps oublié parlait vaguement à son souvenir. Il y avait donc quelqu'un qui pensait à elle ? Des larmes brûlantes mouillèrent ses yeux; elle demanda à la fin tout ce que son cœur lui dicta, et voulut savoir tout ce qui se rapportait à son fils, à sa fille.

Sunande, la fille du roi, vit avec étonnement la profonde émotion de l'étranger et s'empressa d'aller chercher sa mère. La reine voulut d'abord savoir le nom du visiteur, que Damajanti ne lui avait pas encore fait connaître.

— Je vais vous le dire, répondit-il.

Et, d'une voix vibrante, il leur raconta l'histoire si triste de la princesse de Vidarba, ajoutant qu'il l'avait reconnue à l'étoile imprimée sur le front de Damajanti par Brahma lui-même.

La reine et sa fille l'écoutaient en silence, et elles versaient d'abondantes larmes.

— Tu vas donc nous quitter ? sanglota Sunande.

— Tu as été pour moi une seconde fille, ajouta la reine, et je ne m'étais pas trompée en te donnant ce nom, car ta mère est ma sœur. Nous nous sommes séparées quand nous nous sommes mariées, le même jour, et depuis je ne l'ai plus revue. Tu m'es aujourd'hui encore plus chère. J'aurais voulu te garder ici, mais je cède à tes désirs. Va, mon enfant, et que nos vœux t'accompagnent dans ta route.

Damajanti prit congé de ceux qui lui avaient témoigné tant de bonté et, accompagnée de l'ami de son frère, elle se rendit au pays de son enfance. Elle y fut accueillie avec les plus chaleureuses démonstrations de joie par ses parents. Sa mère la couvrit de baisers, son père la serra affectueusement dans ses bras. Ses enfants se suspendirent à son cou. Pendant plusieurs jours il y eut des fêtes, des réjouissances à la cour du roi Bhima, car, maintenant qu'il avait retrouvé sa fille, sa colère s'était apaisée ; il ne songeait plus qu'aux moyens de découvrir la retraite de Nala, et de rendre sa chère Damajanti aussi heureuse qu'elle l'était avant son départ de Vidarba.

VI

Cependant les jours, les semaines, les mois s'écoulaient. Damajanti, plus souriante en présence de son père, et au milieu de sa famille, restait silencieuse et absorbée. Elle ne se plaignait pas. Mais sa pâleur ne faisait qu'augmenter. Sa mère comprenait la souffrance qui la minait, bien qu'elle s'efforçât de la cacher.

— Ma fille, lui disait-elle sans cesse avec un doux reproche, notre affection et l'amour de tes enfants ne te suffisent-ils donc point pour te rendre la paix du cœur ?

— Ne sois point fâchée, répondait Damajanti en pleurant, ne sois point fâchée de me voir récompenser vos bontés avec si peu d'empressement. Je lutte avec la douleur, je voudrais l'étouffer en moi; je n'y puis parvenir. Quand mes yeux s'arrêtent sur ceux de mes enfants, quand leurs lèvres innocentes me demandent ce qu'est devenu leur père, je sens que toute ma vie est liée à la sienne. Les années viennent, les années passent, mais mon espérance ne s'évanouit point. Je veux revoir mon époux, je le reverrai, si la fidélité et la patience ne faiblissent pas en moi, et les dieux sont témoins de ma fermeté et de ma constance. Je le reverrai, je le retrouverai. On me l'a prédit. Je serai patiente et fidèle jusqu'au bout. Je vous en supplie donc, mon père et ma mère, exaucez ma prière : donnez-moi des messagers intelligents et dévoués qui puissent, en tous les pays du monde, partout où la voûte du ciel s'étend au-dessus de la terre, lui porter mon message.

Le roi s'empressa d'acquiescer à ce désir, et bientôt de sages brahmanes se trouvèrent en présence de l'infortunée princesse.

— Allez, dit-elle, parcourez tous les royaumes du monde, sans relâche, sans repos, avec zèle, avec soin, et partout où vous rencontrerez un homme, récitez ces vers :

>O joueur oublieux de tes serments passés,
>Ta femme, tes enfants, où les as-tu laissés ?
>As-tu souvenir d'eux, as-tu souvenir d'elle ?
>Elle t'attend toujours, dévouée et fidèle !

Et si quelqu'un vous répond, accourez, revenez ici sur les ailes du vent, dites-moi ce que vous aurez entendu, car celui qui vous aura parlé ne pourra être que mon époux.

Ils obéirent ; et par tous les pays, par toutes les terres, par tous les océans, par les forêts, les montagnes et les vallées, ils cherchèrent sans trêve. Damajanti les attendait avec impatience, avec crainte. Ils revinrent : ils n'avaient rien appris. Mais Damajanti les renvoya : des semaines, des mois, des années disparurent dans le sein de l'éternité; et pas un des brahmanes n'apportait des nouvelles du prince disparu, quelque zèle qu'ils missent en œuvre pour s'acquitter de leur tâche.

— Renonce à cette espérance insensée, dirent le roi et la reine, tes démarches sont vaines et ne font qu'ajouter à tes souffrances.

Mais elle répondait :

— Laisse-moi, mon père, la seule consolation qui me reste : l'espérance. Si je la perds à jamais….

Elle ne put achever et se retira en sanglotant dans ses appartements.

Le soir du même jour, un messager arriva en grande hâte. Il fut, sur sa demande et par ordre de la reine, conduit en présence de Damajanti.

— Je vous apporte, ô princesse, dit-il, une étrange nouvelle; mais j'ai obéi à vos ordres et je suis accouru pour vous annoncer ce que j'ai vu. Dans ma course errante, je me suis arrêté au milieu du désert brûlant, près de la ville d'Ajadia, où règne le roi Situperu. J'ai récité les vers que vous nous aviez fait apprendre, et le roi les a entendus, et son peuple s'est attroupé autour de moi dans la rue; mais personne n'y a donné de réponse, quand, au moment où j'allais me retirer, un palefrenier est sorti des écuries royales. C'est un homme d'un aspect hideux; on m'a dit qu'il s'appelle Vahuka; il est habile à conduire les chevaux, et peut les mener sans fatigue d'une seule traite à cent lieues de loin, plus vite que le vent, comme les chevaux de Matali qui conduit le char du roi des dieux. Vahuka vint à moi et me dit tout bas :

— Qui que tu sois, porte à celle qui t'a chargé de ce message les paroles que voici :

> Sous le poids du remords, mon âme
> Subit son juste châtiment ;
> Mais elle garde son serment.
> Pourquoi me rappeler, ô femme ?

A peine Vahuka avait-il dit ces mots qu'il disparut.

Damajanti récompensa richement le messager.

— O ma mère, s'écria-t-elle, il vit! c'est lui qui m'a envoyé ces paroles.

Hâtez-vous, vous tous qui m'aimez. Mandez auprès de moi Sudava, qui m'a amenée ici.

Le brahmane parut bientôt.

— Sudava, lui dit-elle, ne m'interroge point, ne me réponds pas, fais ce que je te commande. Va, pars à l'instant, pars pour Ajadia, la ville du roi Situperu. Dix journées de marche t'y conduiront ; le roi t'accueillera avec bonté, on te pressera de questions, et à chacune d'elles tu trouveras une réponse conforme à la vérité. Tu diras à la fin : « De grands événements vont se passer. Bhima, le roi de Vidarba, marie sa fille en secondes noces. Les princes de tous les pays sont convoqués, et déjà se rendent en foule à la cour ». Et si tu vois Situperu surpris, ajoute : « Quoi! tu n'apprends cette nouvelle qu'aujourd'hui même ? Demain il sera trop tard ; mais tu peux franchir cette distance, si le conducteur de ton char fait cent lieues en un jour ; car aux premiers rayons de l'aurore, Damajanti aura choisi un nouvel époux ».

Le brahmane se mit aussitôt en route. Quand la troisième journée arrivait à son déclin, Damajanti, brûlant d'impatience, se promenait d'un pas fiévreux dans ses appartements. Sa mère l'invitait vainement au calme. Tout à coup il y eut grand bruit dans la cour du palais; les oies, les paons s'envolèrent en battant des ailes; on entendit des hennissements, des piétinements : Damajanti reconnut le pas des chevaux de Nala, de ces mêmes chevaux qui, sous la conduite de Varsnéja, avaient mené ses enfants chez leurs grands parents.

— Mère, s'écria-t-elle, le voici ; il approche. C'est son char dont le roulement est semblable à celui du tonnerre.

Elle prêta l'oreille.

— Ce sont ses chevaux, ceux qu'il conduisait jadis lui-même ! Les entends-tu hennir ? Ils reconnaissent la main qui les guide. Ah! tout est oublié, mon chagrin, ma souffrance! Tout est oublié. Voici Nala, Nala, mon roi, mon époux.

Elle monta sur la terrasse du palais. Dans la cour, le char s'était arrêté. Bhima salua avec bonté l'un des voyageurs : c'était le roi Situperu; derrière lui se tenait Varsnéja, que, malgré son grand âge, on pouvait encore reconnaitre ; l'autre, le troisième, le cocher, était là aussi; mais ce n'était pas Nala.

Elle redescendit dans sa chambre, muette, triste, consternée. Ses enfants lui tendirent les bras ; elle ne les vit point; sa mère lui parla, tâchant de calmer son immense douleur; elle ne l'entendit point. A la fin elle se leva.

— Faites venir Varsnéja, dit-elle, et laissez-moi seule avec lui. Va vite, mère, je t'en conjure, exauce ma prière, emmène mes enfants ; va, laisse-moi seule avec le vieillard.

Varsnéja parut devant la princesse, qu'il n'avait vue jadis qu'entourée d'éclat et d'honneur. Il s'inclina respectueusement, et les yeux pleins de larmes, se laissa prendre la main.

— Varsnéja, dit-elle, toi qui étais autrefois le plus fidèle de mes serviteurs, où est ton maitre ? Ne l'as-tu jamais revu ? ne t'es-tu pas informé de lui, depuis que tu nous as quittés ?

— O reine, répondit le vieillard, j'aurais fait le sacrifice de ma vie pour le retrouver; mais je ne l'ai découvert nulle part, et je n'ai rien appris de lui, depuis que j'ai amené vos enfants ici. Je suis entré au service de Situperu, et mes souvenirs n'ont fait que rendre mon chagrin plus amer. Aujourd'hui j'ai reçu une nouvelle incroyable. Le roi Situperu nous a fait venir, Vahuka et moi. Ce Vahuka est un homme d'une laideur repoussante, mais personne ne conduit mieux les chevaux que lui. « Attelez, a dit le roi, la meilleure bête de l'écurie, car nous devons faire hâte, et avant la fin de la journée nous trouver à Vidarba, où la princesse Damajanti se remarie demain. » Je vis les yeux de Vahuka rouler dans sa tête; mais il ne dit pas une parole, fit les préparatifs du départ, amena le char devant le palais un instant après. Le roi y monta et, sur son invitation, Vahuka et moi, nous primes place à côté de lui. Alors Vahuka s'écria d'une voix de tonnerre :

— Allez, mes fidèles compagnons, allez comme le vent; je veux qu'avant la nuit vous nous ayez menés à Vidarba.

Ils partirent, les naseaux fumants, brûlant la route, les yeux en feu; les roues du char faisaient jaillir des étincelles des cailloux sur lesquels elles roulaient.

Son manteau tomba. Je le lui fis remarquer et l'engageai à faire halte :

— A quoi bon ! dit-il; nous avons fait une lieue depuis que mon manteau s'est détaché de mes épaules et nous en avons bien d'autres à faire.

Le char roulait toujours, comme emporté par un vent d'orage. J'étais interdit, ô reine, car je voyais en Vahuka la force irrésistible de Nala, et pourtant son visage affreux n'avait rien de la noble physionomie de mon prince.

A ce moment entra Kesini, l'une des suivantes de la reine :

— O maîtresse, dit-elle, il se passe d'étranges événements. Ecoutez : j'avais pris les enfants pour les mener jouer dans le jardin, ils sautaient de joie, riaient en babillant. Devant nous passa le palefrenier du roi étranger. Il eut un mouvement de terreur, comme s'il avait été frappé d'un coup de foudre. Il prit les enfants dans ses deux bras, les couvrit de baisers, de caresses, et ne voulut plus les lâcher ; mais, à ma vue, il s'empressa de se retirer et s'en alla en parlant de ses propres enfants, qui, disait-il, leur ressemblaient.

Puis il se rendit à l'écurie, et au moment où il se baissait pour passer sous la porte basse, celle-ci s'éleva d'elle-même, et il put entrer sans avoir à fléchir la tête. Je le suivis, étonnée et curieuse ; il alla chercher de l'eau à la fontaine, qui est tarie, comme vous le savez.

Mais lorsqu'il s'en approcha, elle se remit à couler. Dans la cuisine, le feu était éteint. Vahuka le vit, leva la main, les flammes dansèrent dans le foyer, et les servantes poussèrent, à ce spectacle, des cris d'épouvante et de stupéfaction.

Une fleur gisait, toute fanée, à ses pieds ; il la ramassa, et au contact de ses doigts elle recouvra sa fraîcheur et son parfum. Je ne pouvais croire à ces prodiges, et pourtant ils s'étaient opérés sous mes yeux.

Je suis venue vous rapporter ces faits, ô reine ! Mais qui donc est cet homme que l'on appelle Vahuka ? de quel pays vient-il ? pourquoi est-il doué d'une puissance qui n'appartient qu'aux dieux?

— Ne poursuis pas, Kesini, interrompit Damajanti, et cours ordonner à ce Vahuka de se présenter ici, je veux le voir. Retire-toi, Varsnéja, mon doute va prendre fin. Cet inconnu ne peut être que Nala lui-même, car ce sont là les dons qu'il tient des dieux.

Vahuka, le conducteur de chevaux, était dans la cour, près du char, appuyé sur une des roues. Il suivit l'esclave, et monta lentement, derrière elle, les marches du palais. Il arriva ainsi à la porte, que l'esclave ouvrit, et il entra. Au fond de la salle, à la même place où elle lui était apparue autrefois rayonnante de beauté, de joie, de bonheur, Damajanti attendait, vêtue de deuil, enveloppée d'un voile noir, plus belle que jamais, mais plus pâle qu'une fleur qui se meurt au contact du vent d'hiver.

— Vahuka, dit-elle d'une voix faible et tremblante, on m'a parlé de ton habileté, de ton savoir; je voudrais te demander comment il s'est fait que mon époux, Punjasloka, oubliant ses devoirs, a délaissé sa femme à qui il a juré fidélité à la face des dieux lorsqu'elle l'a choisi et préféré à tous les princes, et lorsqu'elle l'a suivi dans le malheur et le danger. Hélas! il m'a laissée seule dans la forêt déserte, où j'ai souffert la faim et la soif, et pourtant il est roi, il est noble et grand, et son cœur est celui d'un héros.

Elle se tut, et lentement les larmes ruisselaient sur ses joues.

Sombre, le regard baissé, Vahuka demeurait immobile.

— Sa faute était grande, répondit-il, si grande qu'elle ne méritait point de pardon, et pourtant il n'aurait pu croire à la trahison de celle qu'il n'a cessé d'aimer. Mais, hélas! demain, à la première aurore, Damajanti aura choisi un autre époux.

Il ne put achever; une grosse larme brillait sous sa paupière, et ses lèvres affreusement pâles se crispaient avec douleur.

Damajanti avait cloué ses prunelles sur les siennes.

Ce n'était point la figure de Nala qu'elle voyait, mais cette voix, cette attitude, ce geste ne pouvaient être que ceux du roi de Nischada.

— J'ai voulu, dit-elle, voir de mes yeux celui qui a répondu aux vers que j'ai dictés au brahmane. Damajanti ne se remarie point; son cœur est resté fidèle à celui à qui elle l'a donné. O toi qui es entré ici sous un déguisement, tu ne peux te cacher à mes regards, aux regards de celle qui n'a cessé de t'aimer.

Et elle étendit les bras vers lui.

Au même instant on entendit dans la salle un concert mélodieux, pareil à celui de la brise quand elle se joue dans les grands arbres de la forêt :

>Le crime est expié! Victoire, enfin, victoire!
>O reine, ô roi, séchez vos pleurs,
>Voici la fin de vos malheurs!

> Reprends, Nala, reprends ta couronne et ta gloire.
> Kali, le dieu méchant, à jamais est vaincu.
> Damajanti, Nala par les dieux t'est rendu.

Quand les chants eurent cessé, Damajanti, un moment interdite, ouvrit les yeux. Vahuka avait disparu. Mais au même instant elle sentit un bras qui l'enlaçait d'une douce étreinte; un baiser s'imprima sur son front. Elle leva la tête, et une voix dont elle n'avait pas oublié le son, malgré tant d'années de séparation, murmura à son oreille :

— Pardonne-moi, Damajanti, j'ai été bien coupable.

ROUSTEM ET SOHRAB[1]

CONTE PERSAN

Écoutez le récit du combat de Sohrab contre Roustem; il n'en est point de plus émouvant, quoiqu'il ait fait couler bien des larmes.

Les royaumes voisins de Touran et d'Iran étaient depuis longtemps en guerre. Les Touraniens n'avaient cessé d'avoir le dessous, grâce au Pehlevan de Perse, le héros Roustem, fort comme un géant, courageux comme un lion, l'orgueil de l'Iran et le plus ferme soutien du trône de Kaï-Kaous, le grand roi.

Partout où résonnait le nom de Roustem, le visage des Touraniens se couvrait d'une pâleur de mort; le seul frémissement de la corde de son arc faisait tressaillir d'effroi ses ennemis et glaçait le sang dans leurs veines.

Roustem était prince du Zaboulistan, fils de Zal, petit-fils de Sam et arrière-petit-fils de Nériman, lesquels avaient eux-mêmes été des guerriers fameux. Dès son enfance il avait aimé le danger. A trois ans, il montait à cheval; à huit, il tuait un éléphant blanc qui s'était échappé dans les rues. A vingt, il avait déjà accompli les plus nobles exploits.

Monté sur son fidèle cheval Rakush, dont l'intelligence et la vaillance

---

[1] Ce récit est un épisode du grand poème persan le *Shah-Nameh* ou *Livre des Rois*, dont l'auteur, Firdousi (Aboul-Kasin-Mansour), naquit aux environs de Tûs en 939 de notre ère et y mourut en 1020. Le *Shah-Nameh* est l'Iliade de la Perse, et Roustem en est le héros.

étaient incomparables, il courait au-devant du péril, se jetait au cœur des mêlées, tenait tête aux hommes et aux dragons, et quelque combat qu'il entreprît, en sortait vainqueur.

Un jour, le roi de Perse tombe dans un piège que lui ont tendu les dragons, serpents soumis au dragon blanc, leur maître. Roustem est chargé d'aller délivrer le roi ; mais, avant de parvenir jusqu'à la prison

Roustem tue un dragon-serpent.

où les dragons retiennent ce souverain, il doit surmonter sept obstacles. Rakush, en cette circonstance, sert admirablement le Pehlevan. Ils traversent une contrée aride. Roustem tue un dragon-serpent long de huit toises et qui avait le pouvoir de se rendre invisible. Mourant de faim et de soif, il arrive dans une contrée délicieuse où il trouve un excellent repas, des boissons fraîches, des instruments de musique pour se réjouir. Il célèbre les hauts faits des Iraniens, quand tout à coup paraît devant lui une jeune femme d'une beauté merveilleuse. Comme Circé, elle veut entraîner le guerrier par ses paroles séduisantes. Mais Roustem ne tarde pas à découvrir l'artifice. Il reconnaît dans la beauté perfide un dragon déguisé. Pour conjurer le charme, il lui offre une coupe remplie de vin et l'invite à la vider en l'honneur de Dieu. A cette invocation, le dragon expire.

Roustem poursuit sa marche en combattant tout ce qui s'oppose à son passage et parvient enfin à délivrer le roi.

Le royaume est pacifié; les Touraniens sont réduits à l'impuissance ; aucun danger ne menace plus l'Iran et son roi. Seul, Roustem supporte alors avec peine l'inactivité à laquelle ses triomphes l'ont condamné Rakush hennit et piaffe, aussi lassé que son maître de cette longue oisiveté.

Cependant le héros se souvient des plaisirs de son enfance, de ces chasses aventureuses qui jadis faisaient ses délices. Bientôt il prend une résolution : il suspend à son épaule son carquois rempli de flèches, tend la corde de son arc qu'aucun autre bras que le sien ne pourrait courber, et fait sortir Rakush de l'écurie. Le noble animal fait un bond de joie, et l'écho porte au loin dans la vallée ses hennissements. Il croit que son maître s'apprête à de nouveaux combats, et déjà se montre impatient de s'élancer à la rencontre des ennemis.

Roustem saute en selle, tourne la tête de son brave compagnon vers la frontière du Touran et franchit la vaste plaine, en quête de l'élan fugitif. Là-bas, sur la bruyère, toute une troupe de ces animaux prompts à s'effaroucher pait l'herbe savoureuse. Avec la flèche et l'arc d'abord, puis avec le kamound (1) et la massue, l'habile chasseur frappe et manœuvre sans relâche. Avant que le soleil ait atteint le milieu de sa course, douze élans blessés à mort et pantelants deviennent sa proie. Roustem s'arrête alors pour recueillir son butin. Il met pied à terre et allume un grand feu. Il choisit le plus beau des élans abattus pour le faire rôtir. Quatre hommes vigoureux auraient eu de la peine à porter la bête ; il la jette sur ses épaules et, sans chanceler, se dirige vers un jeune arbre qu'il arrache d'une main pour en faire une broche. Il fait ensuite tourner l'élan au-dessus du feu, après l'avoir dépouillé de la peau et des cornes. Quand le fumet pénétrant de la chair dorée par les flammes monte dans les airs en effluves odorants, Roustem s'asseoit et dévore l'élan tout entier, sans oublier la moelle des os, qui donne la force. Rassasié, il se

(1) Espèce de lasso.

lève et se rend au bois voisin, où coule une source d'eau pure et fraîche ; il y étanche sa soif, puis s'étend à l'ombre et se livre à un sommeil peuplé de rêves riants.

Pendant ce temps, Rakush, laissé en liberté, cherchait les meilleurs pâturages. De pas en pas, insconscient du danger, il s'éloigne de son maître. Tout à coup il s'arrête, l'oreille tendue. Sur le chemin s'avance une troupe de sept Touraniens, stupéfaits de renconter sur leur territoire ce superbe cheval sans cavalier. Ils s'écrient : « Prenons-le ». L'entreprise n'est pas facile. Déjà, il est vrai, le nœud coulant du kamound lui serre le cou, mais lorsqu'ils veulent s'approcher de lui, il saisit le premier par la nuque dans ses mâchoires de fer et l'étrangle. Deux coups de pied assénés avec vigueur le débarrassent de deux autres agresseurs ; mais un quatrième réussit à sauter sur la croupe du fougueux batailleur et l'oblige à obéir à sa volonté : il succombe au nombre. Le ravisseur se promet de tirer un bon prix de sa capture.

Roustem s'éveille et aussitôt il appelle Rakush. Surpris de ne pas voir accourir son compagnon d'ordinaire si docile à sa voix, il se lève et parcourt la bruyère. En vain il redouble ses cris. Il voit bien dans l'herbe tendre la trace des pas de l'intelligent étalon, mais rien ne lui indique le chemin que celui-ci a pris. Dans sa colère il s'écrie :

— Jamais Rakush n'a déserté son maître. On l'aura volé ; mais alors les voleurs ont dû être en nombre, car ce n'est point un homme seul qui aurait pu venir à bout de lui.

Le cœur plein de rage, il reprend sa course. Il cherche dans toutes les directions. Rakush reste invisible, introuvable. Roustem n'a plus qu'un parti à prendre : celui de marcher à pied jusqu'à la ville voisine. Mais le héros n'a pas coutume de faire route sans monture. En outre, il doit porter la lourde selle de son cheval. Les yeux fixés sur la piste de Rakush, qu'il a enfin reconnue, il s'avance à pas comptés, s'arrêtant par instants pour interroger l'horizon. Il arrive ainsi au coucher du soleil, devant la ville de Sémengan, où l'empreinte des pas de son compagnon disparait tout à coup.

— C'est là qu'est mon fidèle ami, s'écrie Roustem, là, sur la frontière de la Perse et du Touran. Le roi de ce pays prend tour à tour le parti du Touran et celui de l'Iran, comme un fléau de balance incline tantôt

à droite, tantôt à gauche. Quels sont aujourd'hui ses alliés ? Qui le sait ? Mais il ne peut ignorer le nom de Roustem, et ce nom est un talisman qui ouvre toutes les portes. Je lui réclamerai mon cheval volé ; il ne peut tarder à me le rendre.

II

D'un pas ferme, la tête haute, le Pehlevan se dirige vers le palais. Des gardes qui l'ont aperçu de loin courent avertir le roi de Sémengan.

— Voici venir Roustem. Il a chassé dans les bois du Touran, et son cheval Rakush s'est égaré ; le guerrier iranien est à pied, il porte un lourd fardeau ; que faut-il faire ?

A ces paroles, le roi se lève avec colère :

— Ce qu'il faut faire ? vous le demandez ? La perle de la couronne d'Iran se trouve aux portes de Sémengan, et vous ne savez pas quel accueil il convient de réserver au plus noble des héros ! Debout, grands de mon royaume ! Que tous ceux dont le front peut porter un casque se rendent au-devant de notre illustre visiteur.

Alors une troupe brillante de guerriers s'avance à la rencontre du plus glorieux des vainqueurs. Ils l'entourent comme, au déclin de la journée, les nuages environnent le soleil ; ils conduisent la lumière de l'Iran au palais royal et l'y introduisent au moment même où s'éteint le dernier rayon du jour. Le roi lui-même attend le vaillant Pehlevan sur le pas de la porte ; il s'incline devant lui et dit :

— Sois le bienvenu ici, héros dont la gloire brille d'un éclat impérissable ; mais d'où vient que tu daignes nous honorer d'une visite inattendue, seul, sans escorte, à pied ? Les fatigues de la chasse auraient-elles quelque empire sur toi, ou bien viens-tu chercher ici un toit hospitalier ? Entre, mon palais t'appartient, et nous sommes impatients de connaître tes désirs. Ordonne, Pehlevan, et nous obéirons. Quoi que tu puisses réclamer, ta volonté s'accomplira sur-le-champ.

Mais Roustem ne se laisse pas tromper par ces paroles flatteuses.

— Cet empressement, se dit-il, me prouve la crainte que j'inspire.

Puis d'une voix impérieuse :

— On m'a volé mon cheval. J'ai suivi sa trace jusqu'à l'entrée de cette ville. Il doit être ici. Ce que j'exige, ô roi, c'est qu'on me rende Rakush. Si tu cèdes à cette prière, tu pourras compter sur ma reconnaissance. Si tu refuses, mon épée saura bientôt retrouver mon compagnon, et Rakush nagera dans une mer de sang, lorsque je sortirai avec lui de Sémengan.

Le roi, blême de terreur, s'écrie :

— O lumière de l'Iran, qui donc a eu la témérité de mettre la main sur ton coursier ? Si Rakush est ici, il ne peut rester longtemps caché pour nous. Compte sur ma promesse, nous te le rendrons. En attendant, accepte notre hospitalité, et passe la nuit avec nous à boire du vin généreux.

Harassé de fatigue, le chasseur se laisse convaincre. Il prend place sur le siège d'honneur qu'entourent les grands dignitaires du royaume. La table est servie avec autant de promptitude que de somptuosité. Ce ne sont que plats d'argent et d'or, mets exquis, vins pétillants versés dans des coupes de jade venues de Chine.

Roustem cède à l'entrain de la jeunesse. Il boit et un sourire joyeux éclaire ses traits animés. Les convives applaudissent à chacune des paroles et le proclament le plus brave, le plus fort, le plus beau des guerriers de l'Iran. Les ténèbres s'épaississent. Le Pehlevan s'étend sur une couche parfumée de musc et de roses. Le roi se retire et déclare une fois de plus qu'au point du jour on retrouvera Rakush.

Déjà les étoiles pâlissaient sur l'azur du firmament, quand la porte de la chambre où repose Roustem s'entr'ouvre sans bruit. Des chuchotements s'entendent au dehors. Une esclave entre dans l'appartement. Elle porte une lampe parfumée d'ambre. Une femme voilée la suit. Toutes deux s'approchent. Quelque légers que soient leurs pas, ils éveillent le héros. Il se redresse, contemple avec étonnement l'apparition et s'écrie :

— O reine des fleurs, ô Péri ! quel est ton nom, et que viens-tu faire ici, dans l'obscurité de la nuit ?

— Je suis Tahmineh, dit-elle, la fille du roi de Sémengan, de la race du lion et du léopard. Aucun prince de la terre n'est digne de ma main, aucun homme n'a vu mon visage. Mon cœur est rempli d'angoisses et de désirs. J'ai appris tes exploits. Je sais que tu ne crains ni les dévas, ni les lions, ni les léopards, ni les crocodiles; je sais que ton bras est prompt à frapper, je sais que tu n'as pas hésité à pénétrer dans le Mazinderan et que les élans sont tombés sous tes flèches, que la terre gémit sous tes pas, que tes ennemis tombent sous les coups de ta massue, que l'aigle lui-même n'ose fondre sur sa proie quand il aperçoit ton épée. Tous ces hauts faits sont venus jusqu'à moi, et mes yeux étaient impatients de te voir. Les dieux t'ont conduit dans ce palais : c'est moi qui ai fait voler le cheval Rakush pour t'obliger à venir le réclamer ici. Je suis venue ici pour te dire : « Demande ma main à mon père, et je te suivrai. Si tu refuses, nul autre que toi ne m'épousera. Sache, ô Pehlevan, que moi seule je puis te rendre Rakush, et que si tu ne rejettes ma prière, je mettrai à tes pieds le royaume de Sémengan et l'empire du monde. »

Roustem la contemple. Il admire la beauté de ses cheveux ondoyants et à travers le tissu de son voile la flamme de ses yeux. La promesse de revoir Rakush le décide. Il appelle un mubid et le charge de prévenir le roi. Celui-ci accourt, et en apprenant que le Pehlevan veut épouser sa fille, son cœur est rempli de joie. Il y consent avec bonheur, et l'alliance est conclue selon les rites du pays. Les courtisans accueillent cette nouvelle avec des transports d'enthousiasme et appellent la bénédiction des dieux sur les glorieux fiancés.

Alors Roustem détache de son bras un onyx qu'il donne à Tahmineh.

— Garde ce bijou, dit-il, comme le plus précieux des trésors. Si le ciel te donne une fille, attache ce talisman sur son front; il la sauvera de tout mal. Mais s'il t'accorde un fils, mets-lui cet onyx au bras, afin qu'il le porte comme son père. Il sera fort comme Nériman, beau et grand comme Sam, fils de Nériman, et éloquent comme Zal, mon père.

Plusieurs jours s'écoulèrent au milieu des réjouissances et des festins. Un matin, le roi vint annoncer à Roustem qu'on avait découvert Rakush et que bientôt le noble coursier serait ramené dans la ville. Roustem le remercie avec effusion, et s'élance hors du palais pour voler au-devant de son compagnon. A peine l'a-t-il aperçu, qu'il court à lui, enlace le cou du fidèle animal de ses deux bras, l'étreint avec passion, le couvre de baisers. Puis il attache lui-même la selle, et rend grâces à Ormuzd ou mieux Ahouramazda, dieu suprême dans le mazdéisme ou culte du feu, dont la fondation est attribuée à Zoroastre, à qui il doit ce bienfait.

— L'heure du départ est venue, dit-il à Tahmineh; mon peuple d'Iran m'attend. Adieu; n'oublie point mes recommandations. Bientôt je te reverrai.

Il l'embrasse tendrement, et elle répond à ses témoignages d'affection par des larmes.

Roustem monte à cheval. Il salue les assistants, et bientôt le cavalier et le coursier ont disparu dans la plaine.

Tahmineh reste longtemps à la même place, interdite, les yeux fixés sur l'horizon, le cœur serré; et tandis que Roustem regagne la route du Zaboulistan, il éprouve lui-même une profonde tristesse; mais il s'est promis de ne parler à personne de son alliance avec la Touranienne, car il craint que son peuple ne l'accuse de lâcheté.

Quand la neuvième lune parut dans le ciel, Tahmineh donna naissance à un fils, beau comme Roustem, et si souriant qu'on l'appela Sohrab. A peine âgé d'un mois, il parut en avoir douze, et quand il ne comptait que cinq ans, il était déjà expert au maniement des armes. Cinq ans plus tard, on n'aurait pu trouver dans tout le royaume de Sémengan personne qui le surpassât en force, en adresse et en intelligence. Alors il vint à sa mère et lui dit avec assurance :

— Puisque je l'emporte sur tous en courage, apprends-moi quelle est ma race et quel est mon père. Si tu refuses de répondre à ma demande, tu périras.

Tahmineh ne s'émut point de cette menace. Elle reconnut que cette fougue était celle du héros à qui il devait le jour.

— Ecoute-moi, mon enfant, dit-elle, et réjouis-toi en ton cœur, sans y laisser entrer la colère, sache que tu descends de Roustem et de ses illustres devanciers Sam et Zal, que Nériman fut ton grand-père. Sache aussi que depuis que les dieux ont créé le monde, aucun héros n'a égalé Roustem.

Alors elle lui montra une lettre écrite par le Pehlevan et lui donna l'or et les bijoux que lui avait envoyés le guerrier iranien.

— Conserve ces présents avec gratitude, ajouta-t-elle, car ils viennent de ton père. Mais rappelle-toi, mon fils, que tu ne dois confier à personne le secret de ta naissance, car le Touran gémit sous le joug d'Afrasyab, qui est l'ennemi mortel du glorieux Roustem. Si le roi Afrasyab venait à connaître ton existence, il te ferait périr pour assouvir sa vengeance contre ton père. Si Roustem apprenait que tu es l'héritier de son courage, peut-être t'appellerait-il auprès de lui, et ton départ briserait le cœur de ta mère.

— Rien ne peut demeurer caché sur la terre, répondit Sohrab. Tout le monde est instruit des exploits de Roustem, et puisque ma naissance est illustre, pourquoi la cacherais-je ? Je veux réunir une armée de Tartares et les conduire dans le royaume d'Iran ; avec eux je renverserai Kai-Kaous de son trône : je donnerai à Roustem la couronne des Kaianides, et ensemble nous soumettrons le pays de Touran. Afrasyab périra de ma main. Je monterai sur son trône. Tu seras reine d'Iran, car le fils de Roustem ne peut souffrir que l'empire du monde appartienne à une autre race que la sienne. Mon cœur brûle de commencer le combat et de soumettre l'univers à ma loi ; mais, pour accomplir ce dessein, j'ai besoin d'un cheval hardi et fier, qui puisse, comme moi, écraser les ennemis sous ses pieds.

Tahmineh laissa déborder sa joie. Aussitôt elle fit venir les gardiens des écuries royales, et ordonna de faire passer tous les chevaux sous les yeux de Sohrab. Le jeune homme les regardait d'un œil avide. Il les faisait plier sous sa main comme faisait jadis son père, et aucun de ces milliers de coursiers ne pouvait le satisfaire. Plusieurs jours se passèrent ainsi dans de vaines recherches. Mais, un jour, on lui amena un poulain issu de Rakush. A la vue de ce bel animal, les yeux de Sohrab étincelèrent. Il le sella, le brida, d'un bond sauta dessus, l'étreignit entre ses genoux d'acier et s'écria :

— Maintenant le monde apprendra que Roustem n'est pas le seul héros digne de gloire.

Dès le lendemain, il rassembla les principaux guerriers du royaume et leur annonça qu'il allait partir en guerre contre l'Iran ; et les plus vaillants se rangèrent sous ses ordres. Puis il se présenta devant son grand-père, lui demanda ses conseils et son aide, et lui déclara qu'il voulait s'emparer de l'Iran et aller retrouver son père. Le roi de Sémengan approuva cette résolution, ouvrit sans hésiter la porte de son trésor et donna sans compter une large part de ses richesses à son petit-fils pour qui il avait autant de tendresse que pour sa fille. Il conféra en outre à Sohrab tous les honneurs royaux et le combla des marques de sa faveur.

Cependant Afrasyab ne tarda pas à être informé des projets de Sohrab. Il sut bientôt qu'une armée se dirigeait vers l'Iran avec l'intention de détrôner Kai-Kaous. Le messager qui apporta cette nouvelle, ajouta que le jeune guerrier passerait sans transition des menaces à l'exécution. Afrasyab, persuadé que cette entreprise se faisait à son profit, ne dissimula point son contentement et appela sur-le-champ ses conseillers, Human et Barman. Il leur donna ordre de lever une armée et de se joindre à celle de Sohrab. En même temps il leur confia ses desseins secrets.

— C'est à nous que doit appartenir l'empire du monde. Je sais que Sohrab est né du Pehlevan Roustem, mais il faut que Roustem lui-même ignore quel est celui qui menace l'Iran ; peut-être périra-t-il sous les coups de ce jeune roi, et alors l'Iran, n'ayant plus Roustem pour le défendre, tombera fatalement en mon pouvoir. Il nous sera facile de soumettre Sohrab, et le monde sera à nous. Si au contraire Sohrab périt de la main du Pehlevan, la douleur de celui-ci sera si grande, en apprenant le trépas de son fils, que la mort les réunira bientôt dans le même tombeau.

Ainsi parla Afrasyab dans sa fureur, et quand il eut dévoilé la noirceur de son âme, il ordonna aux guerriers de partir pour Sémengan. Ils emportaient des présents de grand prix qu'ils devaient étaler sous les yeux de Sohrab. Afrasyab, dans un message écrit de sa main, comblait le jeune prince d'éloges, lui disant que, grâce à sa bravoure, l'Iran ne pouvait manquer d'être subjugué, que la paix serait ainsi rendue à l'univers, et que le Touran, l'Iran, Sémengan ne formeraient plus qu'un seul royaume, dont la couronne serait placée sur la tête du vainqueur.

Quand Sohrab eut lu cette lettre et vu les présents qu'on lui envoyait, il en témoigna ouvertement son contentement, car c'était pour lui une preuve que personne ne pouvait résister à sa puissance. Il fit sonner les cymbales du départ, et l'immense armée s'ébranla pour se mettre en marche.

Sohrab pénétra dans le pays d'Iran, semant sous ses pas la désolation et la destruction, l'incendie et la mort. Ils avancèrent ainsi sans relâche jusqu'à la forteresse Blanche, qui était la clef de l'Iran.

Le gardien de cette forteresse s'appelait Hujir ; avec lui demeurait Gustahem le brave, qui jadis était la terreur des Touraniens, mais dont la vieillesse avait maintenant paralysé le bras. Gustahem avait une fille, Gurdafrid, habile à dompter les chevaux et accoutumée à prendre part aux combats.

Hujir, voyant de loin arriver une troupe de guerriers, pareille à un nuage noir, se porta à leur rencontre. Sohrab, l'apercevant, tira son épée, lui demanda son nom, et lui cria de se préparer à mourir. A cette fière menace il ajouta qu'un insensé seul pouvait être assez téméraire pour oser s'opposer au passage d'un lion. Mais Hujir répondit avec calme qu'il n'avait aucune peur de ces bravades, et il jura d'abattre la tête de Sohrab et de l'envoyer comme un trophée au Shah. Sohrab sourit avec mépris en entendant ces paroles, et sonna Hujir de s'approcher. Le combat s'engagea ; il fut acharné ; de part et d'autre les coups pleuvaient, aussitôt rendus que portés : à la fin Sohrab, quoiqu'il ne fût qu'un enfant, l'emporta sur Hujir, le garrotta et l'envoya captif à Human.

Ceux qui étaient restés dans la forteresse assistaient de loin à cette lutte. Quand ils virent leur chef au pouvoir de l'ennemi, ils se répandirent en lamentations. Gurdafrid, apprenant la cause de leurs alarmes, et craignant d'avoir le même sort que Hujir, revêtit une cotte de mailles, cacha sa chevelure sous un casque, monta sur son cheval de bataille, et se présenta devant les murailles de la ville comme si elle avait été un champion. Elle poussa un cri formidable, que les échos portèrent au milieu des rangs des Touraniens avec le fracas du tonnerre, et elle défia les chefs ennemis en combat singulier. Aucun d'eux n'osa s'avancer, car ils ne savaient point qu'ils avaient devant eux une femme, et ils étaient saisis de terreur. Alors Sohrab éperonna son cheval, qui se rapprocha des murs de la forteresse.

— J'accepte le défi, s'écria-t-il avec orgueil, et bientôt une seconde capture se trouvera en mes mains.

Il voulut s'élancer, mais la jeune fille fit pleuvoir sur lui une grêle de traits qui l'enveloppèrent de toutes parts et si rapidement, tournoyant autour de sa tête et de son corps, que Sohrab ne put se défendre. Furieux et confus, il lança son Kamound ; Gurdafrid l'évita avec adresse. Il s'élança à sa poursuite, mais Gurdafrid, à son approche, baissa le bras et porta à Sohrab un coup si violent que peu s'en fallut qu'il ne vidât les étriers. Sohrab, hors de lui, exaspéré, bondit avec rage sur son adversaire, saisit les rênes de la monture de Gurdafrid, la prit elle-même par le pied, lui arracha son armure et la terrassa ; mais, avant qu'il eût pu lever la main pour la frapper, elle s'était relevée, d'un coup de massue avait brisé la lance de Sohrab, et se jeta de nouveau en selle. Puis, contente de sa victoire, elle regagna au galop l'entrée de la forteresse ; mais Sohrab ne lui laissa pas le temps d'arriver jusque-là. Il la rejoignit, la saisit, lui enleva son casque, impatient de savoir qui pouvait résister au fils de Roustem. Quelle ne fut point la surprise du héros quand les boucles de la chevelure de l'intrépide guerrière retombèrent sur ses épaules et quand il vit que son adversaire et son vainqueur était une femme ! La rougeur lui monta au front :

— Si les filles d'Iran te ressemblent toutes et font la guerre comme toi, personne ne peut s'emparer de ce pays, s'écria-t-il.

Alors il la garrotta en disant :

— Ne cherche point à t'échapper, car jamais une proie aussi belle n'est tombée en mes mains.

Gurdafrid le regarda avec fierté :

— Héros invincible, dit-elle, as-tu bien réfléchi à ce que tu feras en m'exposant aux yeux de ton armée comme ta captive ? Tes guerriers n'ont-ils pas été témoins de notre combat et n'ont-ils pas vu qui de nous l'a emporté ? Que diront-ils quand ils sauront que tu n'as pu résister à une femme ? Mieux vaudrait pour toi leur cacher cette aventure, de peur que tu n'aies à en rougir. Faisons la paix. Je te livrerai cette forteresse avec tout ce qu'elle contient ; suis-moi et tu en prendras possession.

Sohrab, trompé par l'assurance de cette offre, répondit :

— Tu agis sagement en capitulant, car la forteresse n'aurait pas tardé à m'appartenir.

Il lui fit signe de marcher devant lui, et ils gravirent ainsi les hauteurs de la citadelle. Gustahem, qui suivait du regard tous leurs mouvements, ouvrit la porte ; mais à peine Gurdafrid fut-elle entrée que la porte se referma. Sohrab, se voyant déçu, accabla l'audacieuse traîtresse de malédictions ; mais il n'avait pas encore eu le temps de revenir de sa surprise, qu'elle parut sur les remparts et se railla de lui en lui conseillant de retourner d'où il venait, puisqu'il se laissait vaincre et tromper par une femme. Elle ajouta qu'il serait une proie facile pour

Gurdafrid évita le kamound (p. 69).

Roustem, quand le Pehlevan apprendrait qu'une bande de pillards du Touran avait envahi le pays. Chacune de ces paroles attisait la fureur de Sohrab. Il s'éloigna des murs de la forteresse, et, pour assouvir sa colère, mit tout à feu et à sang dans les environs. Et il jura de s'emparer de la perfide et de la faire périr dans les plus cruelles tortures.

Pendant ce temps, le vieux Gustahem avait chargé un scribe d'écrire au roi Kai-Kaous tout ce qui s'était passé et de l'informer de l'invasion d'une armée de Touraniens conduite par un jeune chef, grand et fort comme un lion, quoiqu'ayant l'âge d'un enfant. Il ajouta que Hujir avait été emmené en captivité, et que la forteresse ne pouvait tenir longtemps, car il n'y avait pour la défendre que lui et sa fille et une poignée d'hommes. Il suppliait, en terminant, le Shah de venir à leur secours. Le scribe partit à la faveur de la nuit, porteur de ce message.

Le lendemain, à la pointe du jour, Sohrab commanda l'assaut de la forteresse; mais lorsque les troupes s'en approchèrent, ils trouvèrent la porte ouverte et la citadelle déserte. Sohrab, ignorant que les assiégés avaient pris la fuite par un chemin secret, fit opérer partout des recherches, espérant découvrir Gurdafrid pour la châtier; mais quand il eut la certitude qu'elle s'était dérobée à son courroux, il fit de nouveaux serments de vengeance encore plus terribles.

Lorsque Kai-Kaous reçut le message de Gustahem, il en fut vivement affligé; il réunit les grands seigneurs de sa cour et leur demanda conseil :

— Qui donc me délivrera de ce Touranien,? s'écria-t-il. Car Gustahem m'écrit qu'il égale Roustem en courage et qu'il semble être issu de la race de Nériman.

Alors les conseillers s'écrièrent tous d'un commun accord :

— Tant que nous aurons Roustem pour défenseur, l'Iran n'a rien à redouter.

Kai-Kaous donna ensuite l'ordre d'écrire au Pehlevan, et, invoquant pour lui les bénédictions des dieux, il lui apprit les graves événements qui venaient de se produire, les nouveaux dangers qui menaçaient l'Iran, et le secours que l'on attendait de lui. Il lui rappela tous les services que le pays lui devait déjà et le supplia de ne point abandonner la couronne en péril.

— Quand tu recevras cette lettre, disait-il, ne t'attarde point à prononcer la parole qui vient sur tes lèvres, et si tu as des roses dans les mains, ne t'attarde pas à les respirer, mais hâte-toi de nous venir en aide.

Il donna ce message au plus fidèle de ses courriers, Giou, lui commandant de ne point s'arrêter en route, avant d'avoir trouvé Roustem, « et, dit-il, quand tu auras rempli cette mission, ne t'arrête point dans le Zaboulistan, ni à la cour du Pehlevan, mais reviens ici, car j'ai hâte de savoir la réponse du héros ».

Giou s'acquitta de son devoir avec la plus entière fidélité. Il ne donna point de repos à sa monture, et en quelques jours il arriva aux portes du palais de Roustem. Le Pehlevan l'accueillit avec bonté, et quand il eut lu le message, il le pressa de questions au sujet de Sohrab.

— Je ne serais pas étonné que ce héros fût originaire de l'Iran, dit-il, car je ne puis admettre que les Touraniens aient parmi eux un guerrier de cette bravoure. Mais tu dis que personne ne sait d'où il vient, qu'il n'est guère qu'un enfant. J'ai moi-même un fils de cet âge, mais sa mère m'écrit qu'il s'occupe des jeux de l'enfance, et quoiqu'il soit appelé à devenir un héros, quand il aura l'âge d'homme, il ne pourrait aujourd'hui commander une armée. Et tout ce que tu viens de m'apprendre n'est assurément pas l'œuvre d'un enfant; mais entre dans mon palais, repose-toi, en attendant que j'aie fait préparer un banquet.

Giou ne put refuser ces marques d'hospitalité. Il craignait d'ailleurs de mécontenter le Pehlevan, et ainsi s'écoulèrent quatre jours dans les plaisirs, tandis que le roi attendait avec impatience le retour de son courrier.

Le quatrième jour, quand Roustem arriva, avec Giou, à la cour de Kai-Kaous, le Shah, exaspéré, était en proie à une indicible colère. Lorsque le Pehlevan se présenta devant lui, il l'accueillit avec des paroles de menaces :

— Qui donc, s'écria-t-il, qui donc, fût-il Roustem, ose braver ma puissance et mépriser mes commandements ? Si j'avais une épée sous la main, je fendrais la tête à ce misérable; qu'on le saisisse, qu'on le pende au plus proche gibet, et que jamais son nom ne soit prononcé en ma présence.

Giou, en entendant cet ordre, trembla de tous ses membres, et d'une voix suppliante :

— O maître tout-puissant, dit-il, vous oubliez que vous parlez de Roustem.

Mais le Shah, outré de colère, ne se possédant plus, commanda d'attacher Giou et Roustem à la même potence. Et il chargea Tus de l'exécution. Tus se disposait à les emmener, espérant que la fureur du roi s'apaiserait; mais Roustem s'arracha de ses mains et se planta devant Kai-Kaous. A ce spectacle, tous les courtisans furent terrifiés. Le Pehlevan accabla le roi de reproches, lui rappelant toutes les folies qu'il avait commises et ajoutant que, sans lui, il serait encore prisonnier des dragons.

— Je suis un homme libre, s'écria-t-il, non un esclave ; je n'ai à attendre de commandements que des dieux ; sans Roustem, Kai-Kaous n'est rien. Le monde est soumis à ma volonté; Rakush est mon trône, mon épée mon sceau, et mon casque ma couronne. Sans moi tes yeux n'auraient jamais osé s'arrêter sur ce trône, et si je l'avais voulu, j'aurais pu y prendre place moi-même. Mais maintenant je suis écœuré de tes folies, j'ai résolu de quitter l'Iran, et quand ce Touranien t'aura mis le pied sur la gorge, je ne m'en inquiéterai point.

Il sortit de la salle, se jeta sur Rakush, qui l'attendait au dehors, et bientôt il disparut aux regards des seigneurs, qui demeuraient muets, les yeux baissés à terre, la poitrine oppressée, le cœur plein de pressentiments sinistres, s'interrogeant du regard pour prendre un parti, car Roustem était leur sauvegarde, et ils savaient que sans lui ils ne pouvaient opposer aucune résistance sérieuse aux Touraniens. Ils blâmèrent hautement Kai-Kaous, lui représentèrent tous les exploits que Roustem avait accomplis pour lui, et parlèrent et discoururent longtemps. A la fin, ils résolurent d'envoyer un message à Kai-Kaous et ils choisirent pour leur délégué le vieux Gudarz. Ils le supplièrent de se présenter devant le Shah, et le vieillard se rendit à leurs prières. Il parla sans crainte, énumérant toutes les actions de Roustem, accusant le Shah d'ingratitude, disant que le Pehlevan était le berger et que le troupeau ne pouvait être conduit sans pasteur. Kai-Kaous l'écouta jusqu'au bout, sachant bien que ce langage était celui de la raison et de la vérité, et il eut honte de ce qu'il avait fait, et il eut peur quand il vit les conséquences de sa colère irréfléchie. Il s'humilia devant Gudarz et dit :

— Tout ce que tu viens de me dire est vrai.

Alors il engagea Gudarz à se mettre à la recherche de Roustem, à le conjurer d'oublier les paroles du Shah, et à revenir au secours de l'Iran. Gudarz s'empressa d'exécuter ce désir ; il en informa les grands dignitaires de la cour; tous se joignirent à lui, et ils partirent sur-le-champ. Quand ils eurent trouvé Roustem, ils se prosternèrent devant lui en baisant la poussière, et Gudarz lui rendit compte de sa mission et le supplia de se rappeler que Kai-Kaous était un homme emporté, irréfléchi, sans raison, dont les pensées débordaient comme le vin nouveau qui fermente.

— Quelle que soit la légitimité des ressentiments de Roustem contre le roi, ajouta-t-il, le Pehlevan sait bien que le pays d'Iran n'a aucun tort envers lui, et qu'il ne peut condamner la patrie à périr. Si Roustem ne la sauve pas, elle succombera sous les coups du Touranien.

Mais Roustem répondit :

— Ma patience est à bout, et je ne crains que Dieu ; que m'importe la colère de ce Kai-Kaous ? Et qu'ai-je besoin de m'occuper de lui ? Je ne mérite pas les paroles qu'il a lancées contre moi, je ne veux pas m'en venger, je refuse d'y songer même et je veux éloigner toutes mes pensées de l'Iran.

Quand les seigneurs entendirent ces mots, ils pâlirent affreusement, et la crainte glaça leur sang dans leur cœur. Mais Gudarz, en homme plein de sagesse, reprit :

— O Pehlevan, le pays, quand il apprendra ta résolution, croira que Roustem a fui à l'approche de l'ennemi, et quand on sera persuadé que tu as peur, on jettera bas les armes, et l'Iran sera soumis sans résistance. Ne répudie donc point à cette heure la fidélité que tu dois au Shah, ne ternis point ta gloire par cette retraite, et ne veuille point que le malheur de l'Iran retombe sur ta tête. Oublie les paroles de Kai-Kaous, chasse-les de ton esprit et conduis-nous au combat contre les Touraniens, car il ne doit pas être dit que Roustem ait reculé devant un enfant.

Roustem écouta ces paroles et les pesa en son esprit, car il savait qu'elles étaient sincères. Pourtant il dit :

— Jamais la crainte n'a eu d'empire sur moi, jamais Roustem n'a évité le choc des armes. Je me suis retiré, non parce que j'ai peur de Sohrab, mais parce que mon dévouement n'a obtenu d'autre récompense que l'insulte et le dédain.

Cependant, après avoir réfléchi longtemps, il comprit qu'il ne pouvait se soustraire à l'obligation de retourner auprès du Shah. Il fit donc ce qui lui sembla juste, et il arriva, à cheval sur Rakush, aux portes de la ville où résidait Kai-Kaous, et se présenta devant lui, la tête haute. Le Shah, l'apercevant, courut à sa rencontre et lui demanda pardon de tout ce qui s'était passé. Et Roustem répondit :

— Le monde appartient à Kai-Kaous, tu es le maître et tu as fait ce que tu as voulu. Jusqu'à mon extrême vieillesse, je ceindrai mon épée pour toi. Que ta puissance et ta majesté soient éternelles !

— O Pehlevan ! s'écria Kai-Kaous, que le ciel bénisse tes jours à jamais !

Il fit préparer un grand festin, et tous deux se livrèrent à de copieuses libations jusqu'à la nuit, tout en délibérant sur le parti à prendre, tandis que des esclaves répandaient de riches trésors aux pieds de Roustem, dont tous les seigneurs et le peuple célébraient les louanges.

Au lever du soleil, les trompettes de bataille retentirent dans toute la ville et les hommes se préparèrent à marcher en armes contre l'ennemi. Les légions de la Perse se rassemblèrent au commandement de leur souverain et leurs milliers sans nombre couvraient la surface du sol, tandis que leurs lances obscurcissaient le jour. Et quands ils furent réunis dans la plaine où était située la forteresse d'Hujir, ils dressèrent leurs tentes selon leur coutume. Les sentinelles postées sur les remparts les aperçurent et poussèrent de grands cris que Sohrab entendit. Lorsqu'on lui eut appris que les Iraniens arrivaient, il en fut réjoui, demanda une coupe de vin et la vida à leur destruction. Puis il appela Human, lui montra l'armée de Kai-Kaous et lui dit de se rassurer, car, ajouta-t-il, « je ne vois dans leurs rangs aucun guerrier qui puisse se mesurer avec moi ». Il invita ses compagnons à un banquet et les engagea à se livrer aux plaisirs de la table, en attendant l'heure du combat. Tous suivirent son avis.

Cependant, quand la nuit eut jeté son manteau sur la terre, Roustem demanda au roi la permission de se rendre aux avant-postes du camp pour voir de plus près quel était ce jeune audacieux qui venait affronter la lutte avec lui. Kai-Kaous y consentit, et le Pehlevan, déguisé sous le costume d'un Touranien, pénétra dans la forteresse et entra dans la salle du banquet. Et, ayant vu Sohrab, il vit que le jeune guerrier avait les bras forts et noueux comme les flancs du chameau, et la stature d'un héros. Il le vit entouré d'hommes robustes, au regard hardi, au visage empreint de courage.

Des esclaves remplissaient sans relâche les coupes, et tous buvaient sans trêve et sans souci du lendemain.

Or, tandis que Roustem les épiait, un d'entre eux, Zindeh, changea de place et se rapprocha de l'endroit où était caché le Pehlevan. Zindeh était le frère de Tahmineh ; elle l'avait chargé d'accompagner son fils et de désigner à Sohrab le héros qui était son père. Elle avait pris cette précaution afin d'éviter une rencontre entre les deux guerriers. Zindeh, découvrant l'étranger aux aguets, sortit précipitamment, courut vers Roustem et lui cria :

— Qui es-tu ? montre-toi à la lumière, pour que je reconnaisse ton visage, et.....

Il ne put achever ; Roustem avait levé le bras, et d'un seul coup de poing l'avait étendu raide mort.

Sohrab, s'étant aperçu de la disparition de Zindeh, voulut savoir quelle en était la cause. Il envoya deux esclaves à sa recherche. On le trouva baignant dans son sang. Les esclaves vinrent rapporter à Sohrab ce qu'ils avaient vu ; mais Sohrab refusa d'ajouter foi à leur récit ; il se leva, et, escorté par les autres guerriers avinés portant des torches, il sortit de la salle. Quand il fut en présence du cadavre de Zindeh, il éclata en sanglots ; mais il ne voulut pas qu'on mit fin au banquet, car il craignait que cette scène ne troublât les esprits de ses compagnons. Tous retournèrent donc dans la salle, où les libations continuèrent.

Entre-temps Roustem avait repris le chemin du camp touranien. Comme il s'en approchait, Giou, qui faisait la ronde, le découvrit et, voyant un homme portant le costume touranien, tira son épée ; mais Roustem l'arrêta d'un geste, en souriant. Le Pehlevan prononça quelques paroles et Giou demeura interdit. Le héros lui apprit alors pourquoi il avait revêtu ce costume, et lui recommanda la discrétion.

Le jour paru, Sohrab, ayant revêtu son armure, alla se poster sur une hauteur d'où son regard pouvait plonger dans le camp iranien. Il avait pris avec lui Hujir et dit au prisonnier :

— Ne cherche pas à me tromper, ni à t'écarter du chemin de la vérité. Si tu réponds à mes questions avec sincérité, je te rendrai la liberté et te comblerai de présents ; mais si tu mens, tu resteras chargé de chaines jusqu'à la mort.

— Je dirai ce que je sais, répondit Hujir.

— Je veux savoir, reprit Sohrab, quels sont ceux dont les tentes s'éparpillent à nos pieds ; tu me les nommeras, à mesure que je te les désignerai. Vois-tu cette tente de brocart d'or, recouverte de peaux de léopard, et à la porte de laquelle se trouvent cent éléphants de guerre? A l'intérieur j'aperçois un trône de turquoise, et au-dessus flotte un étendard violet portant une lune et un soleil au centre. Dis-moi quel est celui dont la tente occupe ainsi le milieu du camp.

— C'est le Shah d'Iran, répondit Hujir.

— Je vois à droite une autre tente dont les draperies ont la couleur du deuil; à son sommet flotte un étendard sur lequel est brodé un éléphant.

— C'est la tente de Tus, fils de Nuder, car il a un éléphant pour armes.

— Quelle est cette tente devant laquelle sont attroupés plusieurs guerriers couverts d'une riche armure? Une bannière d'or avec un lion tissé dans l'étoffe s'aperçoit à son faîte.

—C'est la tente de Gudarz, le brave; et ceux qui se tiennent à sa porte sont ses quatre-vingts fils et petits-fils.

— A qui, continua Sohrab, appartient la tente drapée de vert ? A l'entrée est plantée la bannière de Kawah. Je vois sur un trône un Pehlevan, d'aspect plus noble que ses compagnons, et d'une stature qui dépasse de beaucoup celle de tous les autres. Près de lui se tient un cheval grand et fort, et sur son étendard je découvre un lion et un dragon qui se débat dans des contorsions.

Hujir hésita un instant à répondre.

— Si je découvre, pensa-t-il, à ce jeune lion quels sont les signes auxquels il peut reconnaitre le Pehlevan Roustem, il brûlera d'impatience de se mesurer avec lui, et étant le plus jeune des deux, il pourrait le tuer. Il vaut donc mieux que je garde le silence et que je ne parle point de notre héros.

— C'est, reprit-il après un instant de silence, quelque allié venu au secours de Kai-Kaous de la région lointaine du Cathay (1), et son nom ne m'est pas connu.

Sohrab, voyant qu'il ne pouvait découvrir Roustem, avait le cœur

---

(1) C'est le nom sous lequel on désignait communément la Chine au moyen âge.

affligé ; il lui semblait reconnaître les signes que sa mère lui avait plus d'une fois retracés, mais les paroles de Hujir ne s'accordaient point avec ce que lui disaient ses yeux. Pourtant il demanda le nom de ce guerrier, et Hujir lui répéta avec assurance que ce nom lui était inconnu. Mais Sohrab ne se lassait point de le presser de questions :

— A qui est l'étendard portant une tête de loup ?

— A Giou, le fils de Gudarz, que les hommes appellent Giou le vaillant.

— Quel est ce trône surmonté d'un dais de brocart qui resplendit au soleil ?

— C'est le trône de Frabourz, le fils du Shah.

— Le fils d'un si grand souverain doit en effet s'entourer d'une splendeur exceptionnelle, commenta Sohrab.

Puis, désignant une tente ornée de jaune et entourée de drapeaux de toutes couleurs, il demanda qui l'occupait.

— C'est, dit Hujir, celui que l'on appelle Gouraz au Cœur-de-Lion.

Sohrab, voyant qu'on ne lui parlait point de son père, interrogea pour la troisième fois le prisonnier sur la tente verte. Mais Hujir s'obstina à répéter qu'il n'en connaissait pas le maitre. Et quand Sohrab lui demanda enfin où était la tente de Roustem, il répondit que le Pehlevan était en ce moment dans le Zaboulistan, où il célébrait la fête des roses ; mais Sohrab ne voulut pas admettre que Kai-Kaous fût parti en guerre sans avoir à ses côtés Roustem, à qui personne ne pouvait résister.

— Si tu ne me fais pas voir la tente de Roustem, dit-il avec colère à Hujir, je ferai rouler ta tête à mes pieds, et tes yeux cesseront de voir la lumière du jour. Choisis : la vérité ou la vie.

Alors Hujir pensa :

— Quoique Roustem, quand il est excité par la furie guerrière, puisse sortir vainqueur d'un combat contre cent hommes, je crains qu'il n'ait trouvé son égal en ce jeune héros. Et, puisque celui-ci a pour lui l'avantage de la jeunesse, il pourrait maitriser le Pehlevan. Que m'importe la vie quand il s'agit du bonheur et du salut d'Iran ! J'aime donc mieux remettre mon sort aux mains du plus redoutable de nos ennemis et ne point lui découvrir à quels signes il peut reconnaître Roustem.

— Pourquoi, dit-il à Sohrab, voulez-vous savoir où est Roustem ?

serait-ce pour vous battre avec lui? Vous ignorez donc que d'un seul de ses coups il mettrait fin à votre jeunesse? Par amour pour vous, je ne vous le montrerai point.

Sohrab avait levé son épée et la laissa tomber sur la tête de Hujir, qui s'abattit comme une masse : le prisonnier était mort.

Ensuite le héros touranien se prépara à la bataille, monta sur son cheval de combat, et se dirigea seul vers le camp des Iraniens. Arrivé là, il rompit la barrière d'un coup de lance, et quand les gardes virent ce guerrier d'une stature imposante, ils furent saisis de peur. Sohrab les interpella, et sa voix, qui avait des éclats de tonnerre, retentit jusqu'aux dernières limites du camp. Il parlait avec autorité, provoquant le Shah en combat singulier, et jurant de venger le meurtre de Zindeh. Aucun de ceux qui entouraient le trône de Kai-Kaous n'osait relever le défi pour lui. D'un commun accord, ils déclarèrent que Roustem était leur seul appui, et que son épée seule pouvait faire pleurer le soleil. Tus pénétra dans la tente du Pehlevan, et Roustem lui répondit :

— C'est toujours à moi que Kai-Kaous réserve la tâche la plus rude.

Mais les guerriers iraniens ne lui laissèrent pas perdre le temps en paroles; ils bouclèrent son armure, lui jetèrent une peau de léopard sur les épaules, sellèrent Rakush et supplièrent le héros de ne pas s'attarder.

— Hâte-toi! hâte-toi, crièrent-ils, le combat qui t'attend est un combat suprême. Peut-être est-ce avec Ahrinan lui-même que tu vas entrer en lutte.

Quand Roustem se trouva en présence de Sohrab, il fut frappé de la jeunesse, de la bravoure, de la force de son adversaire, et il lui dit :

— Sortons de la limite des camps.

Il y avait en effet entre les deux camps une zone de démarcation que personne ne pouvait franchir de part et d'autre sans s'attirer d'immédiates représailles. Sohrab acquiesça par un geste silencieux et hautain à cette invitation, et tous deux entrèrent dans l'espace de délimitation et s'apprêtèrent au combat. Mais au moment où Sohrab allait s'élancer sur lui, le cœur de Roustem se remplit de compassion, et il lui vint la pensée d'épargner un enfant, si vaillant et si beau.

— O jeune homme, lui dit-il, l'air est chaud et doux, mais la terre est froide. J'ai pitié de toi et je ne voudrais point te priver des bienfaits de la vie. Si nous poursuivons ce combat singulier, tu succomberas assurément, car personne n'a pu me vaincre, ni les dévas (1), ni les dragons. Renonce donc à cette entreprise, et quitte les rangs des Touraniens, car Iran a besoin de héros comme toi.

Tandis que Roustem parlait, Sohrab se sentait irrésistiblement entraîné vers lui. Il le regarda pensivement et lui dit :

— Je veux, ô guerrier, t'adresser une question, et je te conjure de me répondre la vérité. Dis-moi ton nom, afin que mon cœur puisse se réjouir, car il me semble que tu n'es autre que Roustem, fils de Zal, fils de Sam, fils de Nériman.

Mais Rousten répondit :

— Tu te trompes, je ne suis pas Roustem, je ne suis pas issu de la race de Nériman. Roustem est un Pehlevan ; mais je ne suis qu'un esclave, et je n'ai ni trône, ni couronne.

Roustem usait de ce subterfuge, parce qu'il espérait que Sohrab, dès le premier engagement, s'effraierait de sa présence et se dirait que dans le camp des Iraniens, il y avait d'autres guerriers encore plus forts que lui. Mais Sohrab fut pris d'une grande tristesse en entendant ces paroles, car l'espérance qu'il avait conçue se dissipait, et le jour qui s'était annoncé si beau se couvrait de ténèbres.

Ils commencèrent donc le combat ; bientôt leurs lances volèrent en éclats ; et le tranchant de leurs épées était dentelé comme la lame d'une scie. Et quand leurs armes furent ployées, ils saisirent des massues et poursuivirent la lutte jusqu'à ce que les massues elles-mêmes fussent mises en pièces ; alors ils luttèrent jusqu'à ce que leurs cottes de mailles fussent arrachées et leurs chevaux épuisés de fatigue ; mais toujours le combat continuait avec le même acharnement ; ils s'étaient enlacés corps à corps et la sueur et le sang ruisselaient sur leurs membres. Leurs gorges se desséchaient, leurs bras se lassaient ; mais aucun des deux ne pouvait se flatter d'avoir remporté la victoire. Ils s'arrêtèrent un instant pour se reposer, et Roustem pensa que, depuis qu'il vivait, il n'avait point rencontré un antagoniste pareil à ce héros. Le combat qu'il avait livré au Dragon blanc n'était rien auprès de celui-ci.

(1) Les démons.

Roustem, se jetant sur les Touraniens, en fit un effroyable carnage (p. 83).

CONTES D'ORIENT.

Ils en revinrent bientôt aux mains, et combattirent avec leurs flèches ; mais ni l'un ni l'autre ne pouvait triompher de son adversaire. Roustem s'efforça d'arracher Sohrab de son cheval ; mais, quoi qu'il fît, il n'y put parvenir, et ne réussit pas plus à l'ébranler qu'il aurait fait d'un rocher ancré dans le sol. Alors ils prirent d'autres massues, et Sohrab, visant Roustem, lui asséna un coup terrible qui fit ployer le héros iranien. Le Pehlevan se mordit les lèvres ; Sohrab, fier de cet avantage, insulta son rival et l'engagea à se mesurer avec ses égaux, car sa force, quelque grande qu'elle fût, ne pouvait se comparer à celle d'un jeune homme. Ils se séparèrent, et Roustem, se jetant sur les Touraniens, en fit un effroyable carnage, tandis que Sohrab, fondant sur les Iraniens, répandait la mort dans leurs rangs, abattant sous ses coups les hommes et les chevaux. Roustem était accablé de dépit. Il revint vers les siens, le cœur plein de rage, et voyant le massacre qu'avait fait Sohrab, il provoqua à son tour le jeune guerrier ennemi. Mais le jour ayant depuis longtemps cessé, il fut convenu que ce second combat n'aurait lieu que le lendemain.

Alors Roustem alla trouver Kai-Kaous et lui parla de la valeur de cet enfant ; il supplia Ormuzd de le rendre assez fort pour vaincre son ennemi ; mais, craignant de succomber, il envoya un message affectueux à son père Zal et à sa femme Tahmineh.

De son côté, Sohrab, rentré dans son camp, vanta le courage de son adversaire, racontant à tous les péripéties du combat et comment l'issue en avait été, au dernier instant, favorable pour lui-même. Cependant il ajouta :

— Je ne cesse de penser à ce vieillard, car il me semble reconnaître en sa stature quelque ressemblance avec la mienne et découvrir en lui les signes dont m'a parlé ma mère, et mon cœur m'attire vers lui, comme s'il était mon père. Aussi ne me laissez point dans l'incertitude.

Mais Human lui dit :

— J'ai vu souvent dans les combats Roustem face à face et j'ai été témoin de ses hauts faits de valeur ; mais l'homme avec qui vous vous êtes battu ne lui ressemble en rien, pas même dans la manière de brandir une massue.

Human ne disait point la vérité, mais il obéissait à l'ordre que lui avait donné Afrasyab, et il voulait laisser Sohrab courir au-devant de la mort.

Sohrab garda le silence, et son cœur demeura rempli d'angoisse et de doute.

Quand le jour commença à éclairer la plaine et à chasser les ombres, Roustem et Sohrab s'avancèrent l'un vers l'autre dans l'espace laissé libre entre les deux armées. Sohrab était armé d'une formidable massue, et son premier succès lui donnait un aspect encore plus redoutable. Cependant il avait l'air souriant, et il aborda Roustem en lui demandant comment il avait passé la nuit.

— Pourquoi, ajouta-t-il, recommencer le combat ? Jette loin de toi cette épée et ces armes de vengeance. Quittons nos armures et asseyons-nous l'un à côté de l'autre, comme des amis, pour apaiser nos colères par des libations, car il me semble que cette lutte est injuste, et si tu veux m'écouter, mon cœur te parlera avec affection, et mes paroles feront naitre des larmes dans tes yeux. Je te renouvelle ma prière, dis-moi ton nom, ne me le cache pas plus longtemps, car je vois que tu es d'une race illustre. Et il me semble que tu es Roustem, l'élu entre tous, le prince du Zaboulistan, le fils de Zal, fils de Sam le héros.

— O jeune héros, répondit Roustem, nous ne sommes pas venus ici pour discourir, mais pour nous battre, et mes oreilles restent fermées à ton langage séduisant. Je suis vieux, tu as sur moi l'avantage de la jeunesse, mais nous sommes armés pour la lutte, et le maitre du monde décidera entre nous.

— O vieillard, reprit Sohrab, pourquoi ne veux-tu pas écouter le conseil d'un enfant ? J'aurais voulu que ton âme ne te quittât qu'étendu sur ta couche ; mais tu préfères toi-même périr dans ce combat. J'obéis à ta volonté, préparons-nous à la lutte.

Ils se regardèrent un instant, mais sans courroux ; puis, éperonnant leurs chevaux, ils s'abattirent l'un sur l'autre, et le choc fut si violent que dans les deux camps on crut entendre un coup de tonnerre. Ils mesurèrent leurs forces depuis le matin jusqu'au coucher du soleil. Et quand le jour fut sur le point de disparaitre, Sohrab saisit Roustem par la ceinture et le jeta à terre ; puis il lui appuya le genou sur la poitrine, tira son épée du fourreau, et allait lui trancher la tête, quand Roustem, sentant qu'il n'avait plus qu'un moyen de salut, arrêta son bras et lui dit :

— Jeune homme, tu ne connais point les usages de nos combats singuliers. Il est écrit dans les lois de l'honneur que celui qui a vaincu une première fois un homme brave, ne doit point le mettre à mort immédiatement, mais le laisser s'essayer avec lui dans une seconde rencontre, et c'est alors seulement qu'il a le droit de tuer son adversaire.

Sohrab se laissa persuader par ces paroles adroites ; il abaissa son arme et se leva, donnant au vaincu la liberté ; et comme le jour était achevé, ne pouvant reprendre la lutte, il alla chasser le daim toute la nuit. Quand il revint dans sa tente, Human lui demanda ce qui s'était passé, et Sohrab lui raconta sa victoire et sa clémence. Human lui reprocha sa folie.

— Tu n'as point compris, jeune homme, lui dit-il, que l'on se raillait de toi, car la coutume invoquée par ton adversaire n'existe point. Et demain peut-être tu tomberas sous ses coups.

Sohrab fut stupéfait en entendant ces paroles.

— Ne t'alarme point, dit-il, bientôt nous reprendrons la lutte, et il est probable que pour la troisième fois il cédera à ma force.

Tandis que Sohrab était ainsi plein de confiance, Roustem était allé se laver à une source voisine, et dans son désespoir il avait supplié Ormuzd de le rendre indomptable et de lui donner la victoire. Ormuzd exauça sa prière et le rendit si fort que le rocher sur lequel il se tenait céda sous le poids du Pehlevan. Roustem, craignant pour son adversaire, conjura le dieu de lui enlever la moitié de cette force irrésistible, et pour la seconde fois Ormuzd l'exauça.

Quand l'heure du combat fut arrivée, le Pehlevan se rendit au-devant de son rival ; mais il avait l'âme pleine de soucis et l'effroi se lisait sur ses traits. Sohrab, pareil au géant dont la vigueur s'est retrempée dans le repos, se précipita vers Roustem comme un éléphant furieux :

— Imposteur, qui as craint la mort et déserté le combat, pourquoi reviens-tu ici ? Sache que cette fois tes paroles perfides ne te serviront de rien.

Roustem, en l'entendant et le voyant, fut pris de doute ; il eut peur et supplia Ormuzd de lui rendre toute sa force. Mais il dissimula sa frayeur aux yeux de Sohrab, et ils se préparèrent à un nouveau combat. Le Pehlevàn, appelant à son aide la protection du dieu, tomba sur Sohrab avec tant d'impétuosité que le jeune héros, malgré toute sa vigueur, recula. Alors Roustem le saisit par sa ceinture, le fit tournoyer un instant et le jeta sur le sol, en le ployant comme il eût fait d'un roseau. Puis il tira son épée. Sohrab comprit que c'en était fait de lui ; il poussa un profond soupir, et se débattant vainement, il dit :

— Ce qui m'arrive est ma faute ; et ma jeunesse ne sera plus qu'un sujet de dérision parmi les Touraniens. Je n'étais point parti pour acquérir de la gloire, mais pour chercher mon père, et ma mère m'avait dit à quel signe je le reconnaitrais. Je meurs sans l'avoir trouvé. Toutes mes peines ont été inutiles ; il ne m'a pas été donné de voir son visage ; mais sache ceci : quand tu deviendrais un poisson pouvant se cacher dans la profondeur de l'Océan ; quand tu serais changé en une étoile pouvant trouver un refuge dans les cieux les plus lointains, mon père t'arrachera de ton refuge et vengera ma mort, lorsqu'il apprendra que je repose sous terre — car mon père est Roustem le Pehlevan, et on lui apprendra comment son fils a péri.

L'épée de Roustem tomba de ses mains et un tressaillement secoua tout son corps. Un rugissement s'échappa de sa poitrine, et la terre s'obscurcit à ses yeux, et il tomba inanimé à côté de son fils ; mais quand il rouvrit les paupières, il s'écria :

— As-tu quelque signe auquel je puisse reconnaitre la vérité de ta parole ? car je suis Roustem, l'infortuné, et puisse mon nom être rayé de la liste des mortels !

Sohrab, à ces mots, dit d'une voix expirante :

— Si tu es mon père, tu as souillé ton épée du sang de ton fils, et c'est ton obstination qui en est cause, car je t'ai adressé des paroles d'amitié ; je t'ai imploré de me dire ton nom, car j'avais bien cru voir en toi les signes dont m'a parlé ma mère ; mais j'ai vainement fait appel à ton cœur, maintenant il n'est plus temps. Défais mon armure et vois le bijou que je porte au bras. C'est un onyx que m'a donné mon père, comme un signe auquel il pourrait me reconnaitre.

Roustem d'une main tremblante défit la cotte de mailles et le brassard du jeune guerrier, et quand il eut reconnu l'onyx, il lui sembla que son cœur se brisait.

Mais Sohrab d'une voix râlante lui dit :

— Il est trop tard, ne pleure point, ceci était écrit.

Le soleil était couché et les nobles d'Iran, ne voyant pas revenir

Mort de Sohrab.

Roustem, crurent qu'il avait succombé et se mirent à sa recherche ; et quand ils eurent fait quelques pas, ils rencontrèrent Rakush, qui venait au-devant d'eux, seul, la tête baissée, et ils laissèrent éclater leurs sanglots, car tout leur faisait croire que Roustem avait péri. Ils rebroussèrent chemin et se rendirent auprès de Kaï-Kaous.

— Envoie Tus avec son armée au camp ennemi, dirent-ils, et si Roustem est mort, que les tambours appellent tous nos hommes au combat pour infliger un cruel châtiment aux Touraniens.

Sohrab, voyant venir les Iraniens, dit à son père:

— Je n'ai qu'une prière à t'adresser et je supplie ton amitié de l'exaucer. Détourne le Shah du dessein de tomber sur les Touraniens, car ils n'ont marché contre lui qu'à ma demande, et c'est moi seul qui dois porter la responsabilité de cette expédition. Il ne faut point qu'ils périssent, maintenant que je ne puis plus les défendre. Pour moi, je suis venu sur cette terre comme la foudre et je la quitte comme le vent.

Roustem promit de remplir les désirs de Sohrab. Il alla au-devant des guerriers d'Iran, et quand ils le virent encore vivant, ils poussèrent des cris de joie ; mais lorsqu'ils aperçurent ses vêtements déchirés, son visage bouleversé et empreint de douleur, ils le pressèrent de questions. Alors il leur raconta comment il avait de sa propre main frappé à mort le plus vaillant, le plus noble des fils. Et ils partagèrent son affliction.

Puis il pria l'un d'entre eux de se rendre au camp de Touran et de dire à Human :

— Laisse reposer l'épée de la vengeance dans le fourneau. Tu n'es pas le chef des Touraniens ; retourne d'où tu viens et gagne l'autre rive du fleuve ; pour moi, je renonce aux combats ; jamais tu n'entendras un mot de ma bouche, car tu as trompé mon fils, et c'est ta vilenie qui l'a conduit à la mort.

Roustem retourna ensuite auprès de son fils. Les Iraniens l'accompagnèrent, et ils virent Sohrab agonisant. Le Pehlevan s'agenouilla auprès de lui et plusieurs fois il chercha son épée pour se donner la mort à lui-même ; mais ses compagnons arrêtèrent son bras. Alors Roustem se souvint que Kai-Kaous possédait un baume précieux et puissant. Il supplia Gudarz de porter au Shah un message ainsi conçu :

— Si jamais ce que j'ai fait t'a été utile, ô roi, si jamais mon bras t'a été de quelque secours, rappelle-toi mes services à cette heure suprême et aie pitié de ma détresse. Envoie-moi le baume que tu possèdes dans ton trésor et je te devrai le salut de mon fils.

Gudarz vola plus vite que le vent, mais le cœur de Kai-Kaous était endurci ; il ne se souvint pas de tout ce qu'il devait à Roustem, et il ne parla que de la fierté avec laquelle le Pehlevan s'était présenté devant lui ; il craignait d'ailleurs que Sohrab, uni à son père, ne voulût le détrôner, et il resta sourd aux supplications du héros. Gudarz revint avec cette réponse auprès de Roustem.

— Le cœur de Kai-Kaous, lui dit-il, est donc impitoyable ; et sa nature méchante est comme la courge qui ne perd jamais son amertume ;

pourtant je te conseille d'aller toi-même le trouver, peut-être amolliras-tu ce roc.

Roustem, dans sa douleur, fit ce que lui conseillait Gudarz, mais il n'était pas arrivé au camp qu'un messager lancé au galop le rejoignit et lui apprit que Sohrab avait rendu le dernier soupir. Alors Roustem poussa un rugissement comme la terre n'en avait jamais entendu ; il se reprocha d'avoir été lui-même l'auteur de cette calamité, et il ne cessa de verser des larmes sur ce fils qui était tombé sous ses coups.

— Je suis le vieillard qui ai tué mon fils, je suis celui qui ai arraché le cœur de mon enfant, et fait ployer la tête d'un Pehlevan.

Alors il fit un grand feu, et y jeta sa tente, sa selle, sa peau de léopard, son armure de combat et tous les ornements de son trône et de sa puissance. Il assistait à leur destruction et il se réjouissait de les voir réduits en cendre. Il labourait sa chair avec ses ongles et s'écriait :

— Mon âme est triste jusqu'à la mort.

Il commanda d'ensevelir le corps de Sohrab dans un drap d'or ; et quand il eut appris que les Touraniens s'étaient retirés, il donna l'ordre à son armée de reprendre le chemin du Zaboulistan. Tous les guerriers, baissant la pointe de leurs armes, marchaient devant le cercueil, la tête couverte de cendre et les vêtements déchirés. Les peaux des tambours étaient crevées, les cymbales brisées, les queues des chevaux coupées jusqu'à la racine. Tous les visages portaient la marque de la plus profonde désolation.

Lorsque Zal vit revenir l'armée du Pehlevan dans cette attitude, il ne put comprendre quelle était la cause de ce deuil, car Roustem marchait à leur tête : ce n'était donc pas sa perte que l'on pleurait. Roustem le conduisit alors vers la bière ouverte et découvrit le visage du jeune homme, semblable en force à Sam, fils de Nériman. Et il raconta comment ce héros, qui n'était qu'un enfant, avait succombé. Rudabeh, la mère de Roustem, accourut et joignit ses lamentations à celles de son fils.

Alors ils élevèrent à Sohrab un tombeau en forme de fer à cheval. Et Roustem l'y coucha dans un caveau dont les murs étaient d'or et où l'on ne cessait de brûler des parfums. Et il le couvrit de brocart d'or.

Cette cérémonie achevée, le palais même du Pehlevan prit l'aspect d'une tombe. Toute joie en fut bannie. Roustem marcha la tête courbée, et bien des années se passèrent avant qu'il osât la relever.

Entre-temps, la nouvelle de la mort de Sohrab, s'était répandue dans le Touran, et toute la population de ce pays pleura l'enfant si plein de promesses qui avait péri à la fleur de l'âge. Le roi de Sémengan déchira ses vêtements ; mais quand Tahmineh apprit l'affreuse nouvelle, l'irréparable malheur qui la frappait, elle se couvrit la tête de terre noire, elle s'arracha les cheveux et se roula par terre avec désespoir. Des paroles sans suite, entrecoupées de sanglots, s'échappaient de sa bouche. Elle se fit apporter les vêtements de Sohrab, son trône et son cheval ; et elle demeura longtemps muette devant ces souvenirs de celui qui n'était plus. Elle caressa le coursier, et couvrit ses sabots de larmes ; elle baisa les vêtements, comme si ces baisers se fussent adressés à son enfant, et elle étreignit la tête du cheval avec passion et la serra sur son cœur, comme si c'eût été la tête de son fils. Pendant toute la journée, ses lèvres ne cessèrent de se coller sur le casque du jeune héros. Puis elle fit couper la queue du cheval et mit le feu au palais de Sohrab, après avoir distribué son or et ses bijoux aux pauvres.

Quand l'année eut achevé son cours, l'âme de Tahmineh quitta son corps, et elle alla rejoindre Sohrab.

CHALED ET DJÉIDAH [1]

CONTE ARABE

Mouharrib et Sahir étaient deux frères, nés du même père et de la même mère, et tous deux fameux par leur courage. Mouharrib était le chef de la race et son frère lui servait de ministre. Un jour, une violente querelle s'éleva entre eux. Sahir, attristé, irrésolu, se retira sous sa tente.

— Qu'as-tu ? lui dit sa femme. Quelle est la cause de ton trouble ? Que t'est-il arrivé ? Quelqu'un t'aurait-il fait un affront, à toi le plus grand des chefs arabes ?

— Celui qui m'a outragé, répondit Sahir, est un homme dont je n'ai pas le droit de me venger ; je ne puis porter la main sur lui ; il a été le compagnon de mon enfance et il est mon frère. Ah ! s'il s'agissait de tout autre que lui, je lui montrerais avec qui il aurait à croiser le fer, et le châtiment que je lui infligerais servirait d'exemple à tous les autres chefs de tribus.

— Abandonne-le donc, conseilla la femme, laisse-le seul en possession de ses biens. Et pour l'y encourager, elle lui récita les vers d'un

---

[1] Ce récit fait partie du poème d'*Antar*, dû au poète arabe Asmaï, qui vivait au commencement du IXe siècle de notre ère. Ce poème, dont le héros ressemble au Roland Furieux de l'Arioste, au Cid campeador et à l'Amadis de Gaule, est d'une très grande beauté. L'épisode de Chaled et Djéidah est célèbre dans toute l'Arabie, et les Arabes ne cessent de le raconter.

poète du temps, disant que l'on ne doit subir d'insulte de personne, même d'un proche parent.

Sahir suivit l'avis de sa femme ; il fit ses préparatifs de départ, plia sa tente, la chargea sur ses chameaux et se dirigea vers la tribu de Sâd, à laquelle il était allié ; mais, avant de partir, il voulut prendre congé de son frère :

Sahir se dirigea vers la tribu de Sâd.

— J'aime mieux m'éloigner de toi, dit-il, que de donner suite à notre discorde ; mais, pour être loin de toi, je marcherais pendant mille ans et voudrais que chacune de mes journées de voyage fût de mille lieues. Quand les offres que tu me ferais pour rester ici seraient égales à mille Egyptes, et quand il y aurait dans chaque Egypte mille Nils, j'y demeurerais indifférent. Je puis me contenter de peu, maintenant que je n'ai plus besoin de vivre auprès de toi. Loin de ton palais, je répéterai les vers qui sont plus précieux qu'un collier des perles les plus fines :

Quiconque est maltraité par sa propre tribu
La quitte et va chercher une tribu meilleure

O toi, qui m'as offensé si méchamment, tu éprouveras bientôt ce que peut Allah, car lui seul est notre juge immuable et impérissable !

Sahir se mit donc en route et ne s'arrêta que lorsqu'il fut arrivé dans la tribu de Sâd. Il y fut accueilli avec égards, et on l'engagea à y rester. Sa femme allait bientôt être mère. Il lui dit :

— Si Dieu nous donne un fils, qu'il soit le bienvenu ; mais, si c'est une fille, cache son vrai sexe à tous et dis que c'est un garçon, afin que mon frère ne fasse point de cet événement un sujet de raillerie.

Peu de temps après, la femme de Sahir mit au monde une fille. Ils convinrent de l'appeler Djéidah, mais de lui donner devant tous le nom de Djander, afin de faire croire que c'était un enfant mâle ; et pour ajouter plus de crédit à la tromperie, ils célébrèrent des fêtes pendant plusieurs jours.

Vers la même époque, l'autre frère, Mouharrib, eut un fils qui reçut le nom de Chaled, c'est-à-dire fortuné, pour témoigner de la prospérité de la tribu depuis que Sahir l'avait quittée.

Les deux enfants ne tardèrent pas à faire parler d'eux parmi les Arabes. Sahir avait appris à sa fille à dompter un cheval et à exceller dans tous les arts que doit connaître un guerrier hardi et vaillant. Il l'avait accoutumée à affronter les plus grands dangers ; quand il allait en guerre, il voulait qu'elle l'accompagnât, à la tête des autres Arabes de la tribu, et dans toutes les rencontres elle se faisait remarquer par sa bravoure. Elle était d'un héroïsme sans égal et attaquait les lions jusque dans leur antre.

Bientôt son nom inspira l'effroi à tous les ennemis de Sahir ; et chaque fois qu'elle avait vaincu un adversaire, elle ne manquait point de s'écrier :

— Je suis Djander, le fils du grand Sahir.

De son côté, le fils de Mouharrid se distinguait par son intrépidité, et sa renommée ne le cédait point à celle de sa cousine. Son père avait, en chef habile et sage, fait établir des caravansérails où les étrangers qui venaient les visiter trouvaient une cordiale hospitalité. Tous les guerriers y étaient accueillis avec empressement. Chaled fut élevé au milieu d'eux et, grâce à cette éducation virile, il apprit lui-même le métier des armes, ainsi que l'équitation, et eut bien des fois l'occasion de faire preuve de courage. On reconnut, au bout de peu de temps, qu'il avait une âme à la fois généreuse et indomptable.

Chaled entendit un jour parler de Djander, dont on lui racontait les exploits. Il brûlait d'impatience de voir « son cousin », d'assister à l'une de ces brillantes passes d'armes que Sahir donnait fréquemment en l'honneur de son fils ; mais il ne pouvait contenter son désir, car il savait combien l'animosité de Mouharrib contre son frère était profonde. Aussi ne fit-il part à personne de ses sentiments, jusqu'à la mort de Mouharrib, qui le laissa en possession du pouvoir. Chaled fut le digne héritier des vertus de son prédécesseur ; comme lui, il offrit l'hospitalité aux étrangers, il secourut les faibles et les malheureux. Il se plaisait à parcourir le territoire de sa tribu à cheval à la tête de ses guerriers, trouvant dans cet exercice un aliment à son activité et à sa bravoure.

Quelque temps après, il rassembla de magnifiques trésors et se mit en route avec sa mère pour aller voir son oncle. Il ne s'arrêta point qu'il ne fût arrivé chez Sahir, qui lui fit donner une belle demeure, tant il était ravi de cette visite de son neveu dont la valeur et les mérites lui étaient connus. Chaled alla au-devant de Djander, qu'il salua en lui donnant, selon la coutume arabe, un baiser sur le front entre les deux yeux, car il croyait que Djander était, comme lui, un jeune homme. Il se montra extrêmement heureux de se trouver en sa compagnie et resta dix jours chez son oncle, qui donna des tournois auxquels assistèrent les plus illustres guerriers arabes. Djéidah, voyant la beauté et le courage de son cousin, éprouva pour lui le plus vif attachement. Le sommeil fuyait ses paupières, elle ne mangeait plus, et bientôt elle reconnut que cette sympathie s'était emparée de toute son âme. Un jour, elle dit à sa mère :

— Si mon cousin s'en va et si je ne puis le suivre, je mourrai.

La mère eut pitié d'elle et ne lui fit point d'objections, sachant qu'elles seraient inutiles.

— Djéidah, lui dit-elle, cache tes sentiments, mais ne t'afflige point. Tu n'as rien fait que l'on puisse te reprocher. Ton cousin est le préféré de ton cœur qui ne peut appartenir à un plus digne que lui ; comme lui tu es belle ; comme lui tu es vaillante. Demain, quand sa mère viendra nous voir, je lui dirai tout. Tu épouseras Chaled, et nous retournerons ensemble dans notre patrie.

La femme de Sahir attendit le point du jour avec impatience. La mère de Chaled vint, comme elle l'avait promis. Djéidah lui fut présentée et, sur l'ordre de sa propre mère, défit sa chevelure qui tomba en boucles ondoyantes et soyeuses sur ses épaules.

A la vue de cette merveilleuse beauté, la veuve de Mouharrib s'écria avec stupéfaction :

— Quoi ! n'est-ce point là ton fils Djander ?

— Non, c'est Djéidah, et je vais tout vous révéler.

Alors la femme de Sahir rapporta la résolution qu'elle avait prise avec son mari, à la naissance de sa fille, et pourquoi et comment ils avaient jusqu'alors caché à tous le vrai sexe de leur enfant.

— De toutes les filles d'Arabie, dit alors la mère de Chaled, de toutes celles dont on vante la beauté, elle est assurément la plus gracieuse que j'aie vue. Quel est son nom ?

— Djéidah, je vous l'ai déjà dit ; et en vous découvrant ce secret, j'ai eu pour dessein de vous faire l'offrande de ces charmes si éblouissants, car je voudrais de tout mon cœur unir ma fille à votre fils, et, après cet hymen, nous reprendrions tous le chemin de votre tribu, qui a été aussi la nôtre.

La mère de Chaled donna son consentement à cette proposition en disant :

— Djéidah fera sans aucun doute le bonheur de mon fils.

Elle se leva ensuite et se retira. Puis elle se rendit auprès de Chaled, à qui elle raconta ce qu'elle venait d'apprendre, tout en lui faisant un éloge enthousiaste de la beauté de Djéidah.

— Jamais, ajouta-t-elle, je n'ai vu de jeune fille qui puisse rivaliser avec ta cousine. Les plus belles ne sauraient lui être comparées. Il n'y a rien de plus parfait, de plus gracieux, de plus aimable. Va, mon fils, hâte-toi, cours chez ton oncle, demande-lui la main de sa fille. Aucun bonheur ne saurait être plus grand pour toi, s'il acquiesce à ta demande. Va, ne perds pas un instant, et puisses-tu revenir bientôt auprès de moi avec son consentement !

Quand Chaled entendit ces paroles, il baissa les yeux à terre et demeura quelque temps plongé dans de sombres réflexions.

— Je ne puis rester plus longtemps ici, ma mère, dit-il. Je veux rejoindre mes guerriers. Je ne parlerai plus à ma cousine ; je sais maintenant qu'elle a l'âme irrésolue et le caractère sans fermeté. J'ai été élevé au milieu des guerriers, j'ai toujours vécu avec eux, j'ai conquis ma gloire dans les combats ; j'aimai et j'admirai le mâle courage, l'intrépidité de Djander, je ne puis avoir que dédain pour l'amour et la faiblesse féminine de Djéidah.

Il revêtit son armure, monta à cheval, fit ses adieux à son oncle et annonça son intention de partir sur-le-champ.

— Pourquoi ce départ précipité ? demanda Sahir avec étonnement.

— Je ne puis rester plus longtemps ici, répondit Chaled.

Et donnant de l'éperon à sa monture, il se perdit rapidement dans le désert. Sa mère, après avoir rapporté à Djéidah l'entretien qu'elle avait eu avec son fils, reprit sur sa chamelle la route de sa tribu.

Djéidah avait ressenti jusqu'au fond de l'âme cet affront ; elle en perdit le sommeil et l'appétit. Lorsque Sahir, quelques jours après, se prépara à marcher en quête de butin contre des guerriers ennemis, il embrassa Djéidah et remarqua combien elle était changée, pâle, abattue ; mais il s'abstint de toute réflexion à haute voix, espérant qu'elle se remettrait de son trouble.

A peine Sahir se fut-il éloigné de sa tente, que Djéidah, se croyant en danger de mort, et ne pouvant maîtriser son tourment, dit à sa mère :

— O mère, je sens que ma fin est proche, et Chaled vit encore. Je veux, si Dieu m'en donne la force, avant de succomber moi-même, lui faire éprouver toute l'amertume du châtiment.

Et, bondissant comme une lionne, elle revêtit son armure et s'élança sur son coursier.

— Où vas-tu ? lui demanda sa mère.

— A la chasse.

Au galop, sans s'arrêter un instant, elle franchit les rochers et les monts. Sa perplexité augmentait à mesure qu'elle se rapprochait de la tribu de son cousin. Sous un déguisement qui la cachait à tous les regards, elle entra dans le caravansérail où l'on recevait les visiteurs étrangers. Elle avait baissé la visière de son casque, selon la coutume des guerriers de l'Hedjaz.

Des serviteurs et des esclaves la reçurent avec toutes les marques de l'hospitalité et lui prodiguèrent les égards et la déférence qu'on témoignait d'ordinaire aux personnages du plus haut rang. Djéidah se livra cette nuit-là au repos, mais le lendemain elle parut au tournoi, provoqua plusieurs champions et fit preuve d'une telle adresse et d'une telle bravoure qu'elle se fit admirer par les assistants. L'heure de midi n'avait

Djéidah avait appris à dompter un cheval (p. 93).

pas encore sonné, que déjà tous les combattants étaient forcés de reconnaitre sa supériorité. Chaled résolut alors de se mesurer avec un si redoutable adversaire. Djéidah accepta le défi, et tous deux employèrent tous les secrets de l'attaque et de la défense jusqu'à l'approche de la nuit. Quand ils se séparèrent, ni l'un ni l'autre n'était blessé, et l'on ne savait lequel des deux était le vainqueur. Le dépit des autres combattants s'en trouva amoindri ; car ils devaient avouer que leur chef lui-même n'avait pu vaincre son rival. Chaled donna l'ordre de traiter le vaillant chevalier avec tous les honneurs qui lui étaient dus, puis il se retira sous sa tente, le cœur violemment troublé.

CONTES D'ORIENT. 7

Djéidah resta trois jours chez son cousin. Tous les matins, elle paraissait dans le champ clos et reprenait avec Chaled son combat sans issue. Elle en éprouvait une grande joie ; mais elle se gardait bien de se faire reconnaître. D'ailleurs, Chaled, de son côté, usant d'une extrême discrétion, ne lui adressait aucune question et ne cherchait pas à savoir quelle était sa tribu.

Le matin du quatrième jour, comme Chaled passait dans la plaine, suivant son coutume, et s'approchait des tentes réservées aux étrangers, il vit Djéidah s'apprêter à monter à cheval. Il la salua, et elle lui rendit son salut.

— Noble Arabe, dit Chaled, je voudrais vous faire une prière ; jusqu'ici j'ai manqué aux devoirs de l'hospitalité envers vous ; mais, au nom d'Allah, qui vous a doué de tant de perfections et de tant d'habileté dans le métier des armes, dites-moi qui vous êtes, à quelle race de princes vous appartenez, car jamais je n'ai rencontré chevalier vaillant qui puisse vous être égalé ; je vous en conjure, ne me laissez ignorer ni votre naissance, ni votre rang, car je brûle d'envie de l'apprendre.

Djéidah, soulevant la visière de son casque, répondit :

— Chaled, je suis une femme et non un guerrier ; je suis ta cousine Djéidah, qui t'a donné son cœur et que, dans ton orgueil, tu as repoussée.

Et faisant faire volte à son cheval qu'elle éperonna, elle retourna au grand galop vers sa tribu.

Chaled, interdit, ne savait que résoudre : il s'était senti tout à coup épris de sa cousine et regrettait maintenant de s'être conduit envers elle comme il l'avait fait. Sa passion des combats, ses penchants pour le métier des armes, qui naguère étaient les seules aspirations de son âme impétueuse, ne lui inspiraient plus qu'une sorte de remords. Il manda sa mère à qui il confia son chagrin.

— Mon fils, dit-elle, tout ce que tu m'apprends me prouve que ton cœur n'aura de repos que lorsque tu auras mis ta main dans celle de Djéidah ; sois patient et attends que j'aie revu sa mère.

Elle monta sur sa chamelle et se mit à la poursuite de Djéidah dans le désert. La fille de Sahir avait instruit sa mère de ce qui s'était passé. Quand la veuve de Mouharrib arriva dans la tribu de Sâd, la femme de Sahir la serra dans ses bras. Alors la mère de Chaled demanda pour son fils la main de Djéidah, et elle dut se borner à adresser sa demande à la mère de la jeune fille, car Sahir n'était pas encore de retour de son expédition. Mais Djéidah, en apprenant les paroles de la mère de Chaled, s'écria :

— Jamais ce mariage n'aura lieu, dût mon refus me coûter la mort. Je ne me suis rendue dans sa tribu et je n'ai combattu en champ clos avec ses guerriers et avec lui que pour leur prouver l'injustice de leurs accusations et pour apaiser mes tourments.

La mère de Chaled, comprenant qu'elle s'était trompée dans ses espérances, retourna auprès de son fils qui l'attendait avec la plus vive anxiété. Il courut au-devant d'elle et s'informa de tout ce qui concernait sa cousine ; mais lorsqu'il eut appris la réponse de la jeune fille, son cœur se brisa, car ce refus ne faisait qu'augmenter son attachement pour Djéidah.

— Que me reste-t-il à faire, ma mère? s'écria-t-il.

— Je ne vois qu'un seul moyen, mon fils, repartit-elle, pour triompher de la résistance de ta cousine, c'est de convoquer tous les guerriers et tous ceux avec lesquels tu es allié. Attends que ton oncle soit revenu de son expédition, et alors, escorté de tes compagnons, va lui demander, en présence de tous les guerriers arabes, la main de sa fille. S'il te dit qu'il n'a pas de fille, raconte-lui tous les faits que nous connaissons et insiste pour qu'il te donne son consentement.

Ce conseil et ce plan apaisèrent la douleur de Chaled. Dès qu'il eut connaissance du retour de son oncle, il rassembla les chefs de tribu et leur conta son aventure. Tous l'écoutèrent avec stupéfaction, et Mahdi Kereb, un des plus braves compagnons de Chaled, ne put s'empêcher de lui dire :

— Voilà, certes, un singulier événement. Nous avions toujours cru que ton oncle avait un fils, appelé Djander, mais maintenant que la vérité est connue de tous, personne n'a plus de droits que toi d'épouser la fille de Sahir. Nous avons donc l'obligation de nous présenter devant lui, pour le supplier de revenir dans le sein de sa famille et de ne pas donner sa fille à un étranger.

Chaled, suivant cet avis, choisit cent des plus braves guerriers qui, dans leur jeunesse, avaient été élevés avec Mouharrib et Sahir, et après avoir emporté des présents encore plus riches que ceux qu'il avait déjà offerts à son oncle et à sa cousine, il se mit en route et arriva d'une seule traite à la tribu de Sâd. Il félicita son oncle de son heureux retour; mais Sahir ne fut pas peu surpris de cette seconde visite de son neveu, surtout en le voyant entouré de tous les chefs de sa famille. Il ne lui vint point à l'esprit que cette démarche se rapportait à sa fille et s'imaginait que l'on venait simplement le complimenter et l'engager à retourner dans sa patrie. Il fit l'accueil le plus hospitalier à tous les visiteurs, leur donna les meilleures tentes de la tribu et les traita aussi magnifiquement qu'il le put. Il fit abattre des chameaux, des brebis, prépara un banquet solennel, et se montra pendant trois jours l'hôte empressé des compagnons de Chaled, à qui il prodigua tous les soins.

Le quatrième jour, Chaled alla prendre congé de son oncle, le remercia de toutes ses bontés et lui demanda la main de sa fille, en l'invitant à revenir dans sa tribu d'origine. Sahir répondit qu'il n'avait pas d'autre enfant que son fils Djander; mais Chaled révéla tout ce qu'il savait et lui dit ce qui s'était passé. Sahir baissa la tête et resta quelques instants absorbé dans ses réflexions ; puis, comprenant la gravité des circonstances, il parla en ces termes aux assistants :

— Je ne veux pas, mes parents, différer plus longtemps de vous dévoiler tout ce mystère, et pour y mettre fin, nous célébrerons le plus tôt possible le mariage de ma fille avec son cousin, car de tous les guerriers arabes elle n'en saurait choisir de plus digne.

Il tendit la main à Chaled, qui lui donna la sienne en présence des chefs, témoins du contrat. On fixa la dot de la mariée à cinq cents chameaux rouges aux yeux noirs, et à mille autre chameaux chargés de tout ce que le Yémen produit de plus rare et de plus précieux. La tribu de Sâd, chez qui Sahir avait trouvé l'hospitalité pendant tant d'années, ne pouvait croire à cet événement.

Quand Sahir demanda le consentement de Djéidah, celle-ci voulut d'abord résister à la volonté paternelle, mais quand son père lui eut déclaré qu'elle ne pouvait différer plus longtemps de se marier, elle répondit :

— Mon père, si mon cousin veut me prendre pour femme, je n'entrerai sous sa tente que lorsqu'il aura immolé pour mes noces un millier des chameaux qui appartiennent à Gheschm, fils de Mâlik.

Chaled.

Chaled.

Chaled accepta cette condition ; mais les cheiks et les guerriers ne quittèrent point la tribu de Sâd avant d'avoir vu Sahir rassembler ses trésors pour se rendre avec eux dans son pays natal.

Quelques jours après, Chaled, à la tête de mille cavaliers, attaqua la tribu d'Amir et la défit. Gheschm reçut trois blessures et ses plus vaillants défenseurs furent massacrés. Les vainqueurs pillèrent les trésors du vaincu et ramenèrent dans leur camp plus de chameaux que n'en avait demandé Djéidah. Chargés de leur butin et fiers de leur victoire, ils revinrent dans leurs foyers. Mais quand Chaled voulut célébrer les fêtes du mariage, Djéidah se présenta devant lui et lui dit :

— Je ne serai ta femme que si tu remplis tous mes désirs. Voici ce que je veux : le jour de notre union, la bride de mon chameau sera tenue par une jeune fille noble dont le père a le rang de prince, afin que toutes les filles d'Arabie se prosternent devant moi.

Chaled acquiesça à cette demande. Le même jour, il partit avec l'élite de son escorte, il parcourut les plaines et les montagnes, dans la direction de l'Yémen. Il arriva ainsi à Hidjar et aux collines de sable. Là il attaqua la tribu de Moavid, fils de Misal, tomba sur elle comme un ouragan, se fraya un chemin à travers l'ennemi, l'épée sanglante à la main, et s'empara de la fille de Moavid, au moment où elle allait prendre la fuite. Après avoir accompli ces exploits, que les héros de l'antiquité n'auraient pas osé rêver d'exécuter, après avoir mis en déroute toutes les tribus de cette région et enlevé aux Arabes tous leurs trésors, il revint sur ses pas. Mais il ne voulut pas rentrer dans son palais avant d'avoir rassemblé toutes les richesses qui lui étaient tombées en partage.

Les jeunes filles se rendirent au-devant de lui, au son des cymbales et des autres instruments de musique. Dans toute la tribu, on se livrait à une joie sans mélange, et quand Chaled s'approcha de ses foyers, il donna l'ordre de faire habiller de neuf toutes les veuves et tous les orphelins, et invita tous ses amis, ses parents, ses compagnons à son prochain banquet de noces. Les Arabes de la province accoururent en foule immense à son invitation, et il leur fit distribuer en abondance du vin et des mets exquis. Tandis que ses convives se livraient aux réjouissances, Chaled, accompagné de dix esclaves, parcourait les régions désertes et marécageuses, pour attaquer les lions dans leur antre, s'emparer d'eux, de leurs lionnes et de leurs lionceaux, et les emmener dans sa tente, où il les tuait et faisait préparer leur chair pour la servir aux invités.

Djéidah avait été informée de tous ces exploits. Elle revêtit son armure, monta à cheval et quitta la tente. Les fêtes devaient durer

La capture des lions.

encore trois jours. A peine Chaled se fut-il aperçu de la disparition de sa fiancée qu'il se jeta à sa poursuite. Il la trouva dans une caverne. Elle se précipita sur lui avec la rage d'une bête fauve et lui cria :

— Arabe, descends de ton cheval, et dépose ta cuirasse et ton épée, si tu ne veux pas être transpercé de ma lance.

Irrité par cette provocation, Chaled, ne se doutant point que celui qui l'apostrophait ainsi n'était autre que sa cousine, courut sus à son adversaire.

Alors il y eut une lutte acharnée, qui dura plus d'une heure. Chaled avait peine à soutenir le regard flamboyant de son antagoniste; à la fin, il arrêta son cheval sur place et s'écria :

— Sur ma parole d'Arabe, je ne connais point de guerrier qui puisse te résister. Qui donc es-tu, toi dont les coups et l'attaque sont aussi remarquables par la vigueur que par la promptitude ?

— Chaled, répondit-elle, en découvrant son visage, je t'aime autant que tu m'aimes, mais je veux comme toi chasser le lion, afin que les filles d'Arabie apprennent que ce privilège n'appartient pas exclusivement aux hommes.

Chaled rougit :

— Je reconnais, dit-il, que personne ne te surpasse en bravoure; mais qui donc t'a conduite dans cette région déserte ?

— J'y suis venue seule, répondit Djéidah, pour être la compagne de tes périls, et pour prouver à tes guerriers qu'en devenant ta femme, je serai digne de toi.

Elle allait continuer, quand ils entendirent des rugissements. Quelques instants après, un lion apparut, suivi de deux lionnes. Djéidah s'empara d'eux tour à tour.

Alors Chaled appela ses esclaves, qui ne pouvaient revenir de leur stupéfaction, en voyant la triple prouesse de la jeune fille. Sur l'ordre de leur maître, ils emmenèrent les lions enchaînés, et quand ils arrivèrent dans la tribu, ils y furent accueillis par des hourras enthousiastes.

Pendant ce temps, les fêtes se poursuivaient. Les femmes faisaient résonner leurs cymbales, au milieu du cliquetis des cimeterres et du chant des jeunes filles. Alors on célébra le mariage de Djéidah et de Chaled. Et quand le cortège nuptial se rendit au palais de Chaled, Amina, la fille de Moavid, tenait par la bride le chameau de l'épousée, dont toutes les femmes arabes redisaient la gloire et la vaillance.

OCCIDENT

LA PETITE FÉE DES CONTES ET LÉGENDES

CONTE ROUMAIN (1)

On menait grand bruit dans la fondrière de la forêt. D'un rocher à l'autre un ruisseau tombait en fine poussière ; à travers l'épaisse frondaison se glissait à la dérobée çà et là un rayon de soleil qui, se jetant dans l'eau, devenait, sous l'étreinte, arc-en-ciel. Par endroits se formaient de petits lacs sombres où nageait en les contournant une feuille morte jusqu'à ce que, se rapprochant trop du courant, elle allât en tournoyant disparaître dans la plus voisine cascade. Au-dessus de la fondrière se couchaient en travers de grands troncs d'arbre, mais ils ne servaient guère de passerelles, car les mousses et les plantes grimpantes s'y attachaient avec une luxuriante abondance et s'y suspendaient comme pour boire l'eau qui courait dessous avec un bruit sourd. Soudain, entre ces herbes parasites, apparut un beau bras d'une merveilleuse blancheur, et au bout de ce bras une main délicate tenant une baguette en cristal de roche, dont la pointe de diamant jetait des feux si brillants qu'on eût dit que le soleil lui-même descendait de là-haut pour se mirer dans le ruisseau. Puis, au-dessus de l'enchevêtrement des plantes enlaçant le tronc d'arbre, se montra une chevelure blonde, et un instant après un petit visage rose, avec de grands yeux rêveurs, tantôt

---

(1) L'auteur de ce conte est la reine de Roumanie, qui, sous le pseudonyme de Carmen Sylva, s'est acquis de nos jours une renommée universelle par ses poésies, ses contes et ses récits légendaires.

LA PETITE FÉE DES CONTES ET LÉGENDES

CONTE ROUMAIN (1)

On menait grand bruit dans la fondrière de la forêt. D'un rocher à l'autre un ruisseau tombait en fine poussière ; à travers l'épaisse frondaison se glissait à la dérobée çà et là un rayon de soleil qui, se jetant dans l'eau, devenait, sous l'étreinte, arc-en-ciel. Par endroits se formaient de petits lacs sombres où nageait en les contournant une feuille morte jusqu'à ce que, se rapprochant trop du courant, elle allât en tournoyant disparaître dans la plus voisine cascade. Au-dessus de la fondrière se couchaient en travers de grands troncs d'arbre, mais ils ne servaient guère de passerelles, car les mousses et les plantes grimpantes s'y attachaient avec une luxuriante abondance et s'y suspendaient comme pour boire l'eau qui courait dessous avec un bruit sourd. Soudain, entre ces herbes parasites, apparut un beau bras d'une merveilleuse blancheur, et au bout de ce bras une main délicate tenant une baguette en cristal de roche, dont la pointe de diamant jetait des feux si brillants qu'on eût dit que le soleil lui-même descendait de là-haut pour se mirer dans le ruisseau. Puis, au-dessus de l'enchevêtrement des plantes enlaçant le tronc d'arbre, se montra une chevelure blonde, et un instant après un petit visage rose, avec de grands yeux rêveurs, tantôt

(1) L'auteur de ce conte est la reine de Roumanie, qui, sous le pseudonyme de Carmen Sylva, s'est acquis de nos jours une renommée universelle par ses poésies, ses contes et ses récits légendaires.

verts tirant sur le noir, tantôt bleu foncé, suivant les pensées qui s'agitaient sous le manteau de boucles ondoyantes. La ravissante créature s'agenouilla, laissant voir sa ceinture d'or qui serrait son fin corsage à sa taille souple et gracieuse. De l'autre main elle faisait tourner un fuseau taillé dans une seule émeraude et se reflétant dans la verdure du feuillage.

— O petite fée des contes, petite fée des légendes, chanta le ruisseau, ne te baignes-tu pas aujourd'hui ? Quitte donc ton fuseau et ta quenouille et descends vers moi, je ne t'ai pas encore embrassée.

La petite tête blonde s'inclina, puis fit d'un regard le tour de la forêt. Non, il n'y avait personne qui pût la voir, pas même une biche. Elle déposa son fuseau et sa quenouille dans la mousse sur le tronc d'arbre, y joignit sa ceinture, enroula ses cheveux, laissa retomber son vêtement de toile, saisit deux des plantes grimpantes, s'y laissa pendre, puis se balança hardiment, effleurant la surface de l'eau du bout de ses petits pieds. Le ruisseau ne cessait de chanter, de redoubler ses invites. A la fin, la petite fée lâcha les plantes et tomba, comme un bouton de rose au printemps, dans l'onde murmurante.

Bien loin de là, il y avait une fondrière isolée. Des rochers y dressaient leurs cimes plus hautes que des tours, et le ruisseau s'y frayait impétueusement un passage. Un homme au visage grave y était assis et regardait la cascade. Son front était chargé de pensées ; sa main, qui s'appuyait sur le roc, était fine, mais presque osseuse. Ses doigts avaient laissé échapper son crayon. Soudain un chant merveilleux s'éleva de l'eau, et le front de l'homme se rasséréna tandis qu'il écoutait. C'était l'instant où la petite fée des contes et légendes avait frôlé le ruisseau ; des formes légères flottant sur les ondes, de mélodieuses chansons, arrivaient au-devant du rêveur solitaire. Il écoutait, enivré de béatitude, et son âme était loin de ce qu'il entendait. Le ruisseau lui-même ne savait point ce qu'il disait, car il tressaillait encore à l'approche de la petite fée, et il exprimait sa joie par ses chants. L'homme s'éloigna, le front serein, d'un pas léger, touchant à peine la terre. Il n'y avait pas longtemps qu'il était parti que la petite fée apparut sur le plus haut rocher, agita sa quenouille en l'air, et la remplit de fils de la vierge qui scintillaient dans la rosée. Puis elle descendit, en sautillant, dans la

Carmen Sylva (la reine de Roumanie).

vallée, arracha une branche de rosier sauvage en fleurs, s'en servit comme d'un lien pour attacher sa quenouille, qu'elle passa dans sa ceinture, et, sautant de pierre en pierre, franchit le ruisseau, et s'engagea dans la profondeur de la forêt. Les oiseaux voletaient autour d'elle et lui contaient des aventures de l'est et de l'ouest, du nord et du sud; les écureuils dégringolaient des arbres, s'accroupissaient à ses pieds, la regardaient avec leurs petits yeux rusés et lui rapportaient ce qui s'était passé dans la forêt ; les daims et les biches l'entouraient ; les orvets eux-mêmes dressaient leur petite tête et du bout de leur langue pointue faisaient leur récit. La petite fée s'arrêtait pour les écouter et de temps à autre portait la main sur sa quenouille, comme pour leur dire : Attention à ceci !

La forêt allait s'épaississant; les fleurs devenaient plus abondantes, envoyant leurs parfums à la rencontre de la petite fée. A la fin, elle fut obligée de ployer les branches pour passer. Alors elle vit un palais avec des fenêtres en ogive où entraient les branches des arbres et d'où sortaient en foule des plantes grimpantes. Le toit et les murs disparaissaient sous les roses qui couvraient tout, et du château partaient des chœurs de milliers d'oiseaux La petite fée monta jusqu'à la porte ouverte et pénétra dans la salle principale, dont le parquet et les murs étaient de marbre et de pierres précieuses. Au milieu se trouvait une fontaine jaillissante ; tout autour se tenaient des centaines de lutins barbus. Ils avaient apporté des escabeaux d'or pur et attendaient avec impatience leur jolie petite reine. Elle leur adressa un sourire bienveillant, les remercia de leurs témoignages d'amitié et prit place au milieu de cette éblouissante magnificence. Elle était si belle, la petite fée, qu'on aurait cru un rayon de soleil tremblotant.

— Voyez comme j'ai rempli aujourd'hui votre quenouille, dit-elle gaiement ; je crois qu'au sein de votre palais réside un aimant qui attire tout à lui. Voulez-vous la remplir davantage ?

Mais les bonshommes firent d'affreuses grimaces qui leur donnaient un air tout comique, et l'un d'eux dit :

— Nous sommes décidés à ne plus rien te raconter, car tu t'en vas babiller tout, comme babille l'eau que voilà. Nous t'avons épiée. Quand tu pars d'ici le soir, tu vas trouver nos ennemis, les hommes, ces abominables voleurs, qui pillent nos trésors, et tu leur livres nos secrets.

— Non, dit la petite fée, je ne vais pas voir tous les hommes, mais je ne m'arrête que chez quelques-uns qui sont vos amis, qui vous aiment comme moi, et je ne leur dis que ce qu'ils méritent d'entendre. Vous n'avez donc pas confiance en moi ?

Alors ils rapprochèrent de la fontaine un des escabeaux d'or et ils dirent leurs histoires à la petite fée, dont les yeux glauques avaient la profondeur de la mer. Quand elle en eut entendu assez, elle chargea la quenouille d'en conserver le souvenir et se retira dans la pièce voisine. Les fleurs y abondaient avec tant de richesse qu'on ne savait où porter les regards. Les murs étaient couverts de toutes les merveilles des tropiques, et du plafond descendaient des orchidées en fleur. Le parquet était tapissé de mousse d'un vert tendre, où s'essaimaient des crocus, des jacinthes, des violettes, des primevères, des campanules. Des colibris et des rossignols saluaient la reine de leurs chants, et du calice des fleurs sortaient des elfes qui lui tendaient les bras avec amour.

La petite fée s'assit dans la mousse et se laissa raconter des légendes et des contes; elle embrassa les jolies petites fleurs, et elle se mit à chanter à l'envi avec les oiseaux. Alors elle entra dans une autre pièce dont les murs étaient de cristal de roche, où se reflétait des centaines de fois son image. Au milieu, sous de hauts palmiers en forme d'éventail, il y avait un grand bain encastré dans de vrais rubis et où se déversaient les eaux d'une cascade. C'est là que reposaient les ondines, elles attendaient leur charmante reine, belle entre toutes, qu'elles n'avaient pas encore vue de la journée. Mais la petite fée ne voulut plus rien entendre; elle avait, comme il sied à une reine, donné audience à tant de monde qu'elle était accablée de fatigue et aspirait au repos. Aussi entra-t-elle dans une troisième pièce, qui était un petit boudoir de verdure, fait tout entier de roseaux et de liserons; le parquet était semé de petites fleurs de pavot, et au milieu se voyait le lit de repos le plus merveilleux que l'on eût jamais vu : une grande rose, isolée. La petite fée s'y coucha et replia les feuilles sur elle.

Alors, dans les roseaux, il se fit un susurrement pareil à l'écho d'un chant lointain; les liserons agitèrent doucement leur clochette, le pavot exhala ses effluves, et la petite fée dormit profondément, tranquillement jusqu'au soir.

Quand le soleil fut à son déclin et, comme un grand œil flamboyant, plongea entre les troncs d'arbres dans l'épaisseur de la forêt, empourprant toutes les feuilles, la fée s'éveilla, se leva, mit la quenouille à sa ceinture, n'oublia pas le fuseau et sortit.

Mystérieux et rêveur, le crépuscule déployait ses ailes sur la forêt. Les oiseaux se taisaient ; seuls les grenouilles et les crapauds dans les fondrières remplies d'eau entonnaient leur chanson monotone. Un bruissement courut dans les frondaisons et dans les feuilles mortes qui jonchaient le sol, car toutes voulaient voir la petite fée et couraient après elle. Alors la lune se leva, envoyant dans tous les sens ses rayons qui se jouaient comme des spectres entre les arbres; elle voulait donner un baiser à la petite reine et l'invitait à s'ébattre avec elle sur ce tapis de mousse de la forêt

— Les elfes t'attendent, lui cria-t-elle.

Mais la petite fée, au lieu de l'écouter, s'échappa d'un pied si léger qu'on l'aurait crue emportée doucement par la brise du soir. Près du ruisseau, à l'ombre des hêtres, il y avait un moulin. A l'intérieur brillait le feu du foyer autour duquel étaient assemblés le meunier, la meunière et leurs enfants. La petite fée entra et appela les enfants; ils coururent à elle, la conduisirent auprès du feu, lui apportèrent un escabeau et regardèrent avec de grands yeux curieux la quenouille pleine.

La petite fée caressa leur tête blondinette, prit son fuseau, y attacha le fil et se mit à le faire tourner. Et tandis que le fuseau montant et descendant pivotait sur lui-même et ronflait, elle raconta ce qu'elle lisait et voyait dans le fil, jusqu'à ce que les enfants, las de l'écouter, sentissent leurs paupières se fermer, ne sachant plus le lendemain s'ils avaient vu la petite fée en rêve ou en réalité. Pendant ce temps, elle s'était glissée au dehors, se coulant entre les troncs d'arbre, jusqu'à ce qu'elle fût arrivée à une prairie qui brillait aux lueurs indécises de la nuit. Il y avait là des milliers de fleurs auxquelles se suspendaient des centaines de milliers de papillons, deux par deux ou quatre par quatre sur une même tige, et dormant si profondément, si lourdement, que les petites fleurs ensommeillées inclinaient leurs têtes sous ce poids. Seuls les grands

phalènes voltigeaient çà et là, étendant leurs ailes sombres et veillant sur les autres.

— Les papillons sont-ils bien endormis? se demanda la petite fée.

Elle s'agenouilla auprès des fleurs et pencha l'oreille sur leur calice. Oui, ils dormaient et rêvaient des voyages qu'ils avaient faits dans la journée; ils rêvaient que leurs couleurs s'étaient embellies et augmentées; qu'ils étaient verts, bleus et rouges comme les fleurs et les feuilles; et le plus terne, le plus insignifiant, songeait d'une robe plus voyante que celle du plus beau perroquet. Les fleurs, elles aussi, rêvaient qu'un vent chaud les caressait et leur apportait un parfum plus doux que celui qu'elles avaient eu jusqu'alors, plus précieux et plus capiteux; c'était le souffle de la petite fée qui berçait leur sommeil.

Bientôt elle arriva devant une jolie maison, près d'une source clapotante, sous de grands hêtres; la source formait un petit étang silencieux où la lune et la maison enguirlandée de lierre se miraient. Les hêtres y plongeaient les pointes de leurs branches, et un rossignol jetait solitaire ses chants dans la nuit. Là-haut, dans la maison, brillait, isolée, comme un ver luisant, une lumière. La petite fée monta jusque-là, comme si elle y était bien connue, poussa tout doucement une porte et entra dans une petite chambre. Dans un fauteuil était plongé un homme, jeune, beau, pâle, effaré, assis à une table, la tête appuyée sur la main, fixant devant lui ses yeux éteints et attachant son regard sur la table à laquelle se tenait cramponnée des deux mains la Souffrance.

— Vois-tu, disait-il, ce matin, près du ruisseau de la forêt, j'ai eu un moment de bonheur; les images traversaient en foule mon cerveau; mais maintenant tout est redevenu mort et vide, et je suis lassé, lassé! Je voudrais mourir; je ne puis pardonner à mon corps de tenir à la vie; et pourtant je sens en moi une force céleste qui me fait vivre et croire que je ne dois pas renoncer à créer. Mais je ne fais plus rien: la lassitude l'emporte sur tout ce qu'il y a dans ce monde odieux.

Je voudrais n'avoir jamais reçu la naissance; je suis de ceux qui doivent réfléchir en eux le monde entier, avec ses souffrances, ses peines et ses mensonges.

J'aime tous les hommes, et c'est pour cela qu'ils n'ont guère pour moi de personnification; je ne vois que leur âme, qui reste belle, malgré toute leur perversité et leur misère. Maintenant je deviens misérable comme eux. Je voudrais me cacher à mes propres yeux, car je suis indigne, absolument indigne. Tout ce que je fais est vain et résonne dans le vide sans être entendu; tout ce que je pense, les autres le savent bien mieux que moi; je sens brûler en moi le feu qui me dévore, tandis que d'autres s'y réchauffent. Je suis comme un noyé, et personne ne me tend la main pour me sauver. Je devrais être homme et me sauver moi-même; mais mes forces sont épuisées, car j'ai trop vécu! J'ai vécu tout ce que les autres ont senti, et ma propre souffrance s'y est ajoutée, et maintenant c'en est trop, vois-tu. Oui, beaucoup trop; je ne puis plus donner au monde tout ce que je lui aurais donné, tout ce qu'il y avait d'original, de grand, d'aimant dans mon cerveau, tout ce que j'aurais voulu dire au monde. Mais le monde n'avait pas le temps de m'écouter. Peut-être, après tout, cela ne valait-il rien, et ne me paraissait-il grand que dans mon cerveau, sans pouvoir supporter la lumière. Je suis lassé! Je veux mourir!

La Souffrance l'écoutait et le contemplait; mais son regard compatissant qu'elle fixait sur lui le rendait encore plus affligé. Tout à coup la petite fée des contes et légendes se trouva devant lui, avec sa quenouille brillante; sa bouche entr'ouverte laissait voir des dents étincelantes; ses yeux étaient rayonnants, une jolie fossette creusait ses joues roses, et dans ses mains tournoyait le fuseau plein de promesses.

Il leva la tête et fut ébloui.

— J'ai voulu lui venir en aide, dit la Souffrance, mais son mal n'a fait qu'empirer.

— Toi, lui venir en aide! dit la petite fée avec un sourire; va, laisse-moi seule avec lui, je l'aurai bientôt guéri.

Elle s'arrêta un instant, puis elle reprit avec douceur :

— Je sais tout : tu es las de la vie et tu veux mourir; tu n'as pas de talent, et tu trouves tous les hommes mauvais, exécrables, infidèles; tu cries qu'ils t'ont délaissé et refusent de te croire. O pauvre enfant humain, sois donc papillon et endors-toi dans une fleur. Lui, du moins, sait qu'il a des ailes, que sa fleur exhale des parfums, et que sa prairie est pleine de senteurs. Que lui importe que les autres ne voient point ce qu'il aime; il le voit, lui. Et maintenant, regarde-moi; je suis revenue vers toi, quoique tu ne le mérites point, ô songeur plein de doutes ! Vois cette quenouille ; elle est toute fournie pour toi ; écoute.

Et la petite fée fila et chanta et conta toute la nuit, et son ami écrivit, écrivit, sans savoir que sa plume courait sur le papier ; il croyait qu'il ne faisait qu'entendre et voir. Il écrivit des pensées, des poèmes, des récits, qui coulaient sur ce papier comme un flot embrasé. Et ce qu'il écrivait fit tressaillir le monde d'émotion. Les hommes ont médité sur ses pensées, redit ses chants et ses poèmes, pleuré en lisant ses récits, et ils ne savaient point que ce poète qui leur a fait ce don était triste jusqu'à la mort, méconnu, répudié de tous, et que la Souffrance le visitait plus souvent que la fée des contes et légendes.

On l'appelait un enfant sublime, un génie, et l'on ne savait point qu'il n'était qu'un homme dont la Souffrance et la petite fée des contes se disputaient le cœur, et qui avait subi tant de douleurs, vu tant de choses merveilleuses, que ses forces étaient brisées. Oui, les hommes de génie doivent beaucoup souffrir sur la terre, et la fée bienfaisante ne visite que ceux qui sont éprouvés, délaissant à jamais ceux qui sont indignes d'elle. Un jour, elle conta au poète ce qui suit :

« Le philosophe et le poète se mirent ensemble en route ; ils voulaient découvrir le trésor du bonheur et s'en emparer. On leur avait dit qu'il était enfoui là où l'arc-en-ciel touche la terre et qu'il était facile de le trouver. Le philosophe traîna derrière lui des instruments, de grands compas, et chaque fois qu'il apercevait un arc-en-ciel, il en mesurait l'éloignement, en déterminait avec exactitude le point mathématique, y courait et se mettait à creuser. Le poète, pendant ce temps, se couchait dans l'herbe, plaisantait son ami et badinait avec les rayons du soleil. Ils se jouaient autour de son front serein, lui racontaient les légendes dorées du pays des rêves et lui montraient les secrets de la vie et de l'œuvre de l'immense nature. Il se familiarisa avec toute les plantes, avec tous les animaux ; il apprit leur langage, et connut les mystères des murmures et des soupirs de la source et du vent. Tous les êtres se personnifiaient pour lui, jusqu'aux plantes les plus délicates, jusqu'aux animalcules les plus invisibles, et devant ses yeux se déroulaient des spectacles où l'ironie et la douleur avaient chacune leur rôle. Quand le philosophe sortait de son trou, et l'air grave, les membres en

La Fée des Contes et Légendes.

sang, l'échine rompue, reparaissait au grand jour, portant dans ses mains meurtries quelques pierres, il était stupéfié de voir le visage du poète empreint d'un tel rayonnement, qu'un prodige ne lui eût pas causé plus d'étonnement.

« — Tu es tout transfiguré, paresseux, lui cria-t-il avec colère.

« — Qui t'a dit que je sois paresseux ?

« — Tu restes couché là tout le temps, pendant que moi je descends dans la profondeur.

« — C'est qu'ici, à la surface, je trouve sans doute des solutions et les étudie.

« — Que peux-tu espérer de la surface des choses ? Il faut les approfondir; je n'ai pas encore, à vrai dire, trouvé la place même où est enfoui le trésor promis ; mais j'ai fait d'autres découvertes importantes, et si je n'ai pas encore mis la main sur celle que nous cherchons, je la pressens.

« — Allons plus loin, dit le poète.

« Tout à coup il retint son ami par le bras et lui montra dans un muet enthousiasme une apparition à l'horizon.

« — Encore un arc-en-ciel, s'écria le philosophe ; et il recommença ses calculs et ses mesures.

« Mais le poète avait aperçu, derrière la brillante vision née de la pluie, une figure de femme aux cheveux noirs flottant sur ses épaules, aux grands yeux tristes. Elle parut l'attendre un instant, puis elle tourna lentement la tête et s'éloigna.

« Hors de lui, le poète s'élança à sa suite, oubliant le but de son voyage, oubliant son ami, qui s'enfonçait dans une nouvelle fosse, et ne songeant qu'à rejoindre cette vision, à se rapprocher de ce regard qui était descendu au fond de son cœur. Il courut par les monts et les vallées ; il s'arrêta de maison en maison, ne perdant jamais la trace de la séduisante figure ; il vit toutes les douleurs du monde, des peines partout, car il avait en son cœur la peine suprême, l'amour idéal, qui brûle et dévore. Il croyait à chaque pas atteindre l'enchanteresse, qui marchait devant lui avec calme, au milieu de la frondaison tombante du printemps, dans la blancheur des neiges, dans les frimas de l'hiver, au nord, au sud, à l'ouest et à l'est, sans que jamais il pût la saisir. Trois fois elle tourna la tête et chaque fois son regard ajoutait aux transports du poète.

« A la fin, le printemps approcha, précédé par la brise. A l'endroit même d'où le poète était parti, l'adorable charmeresse s'arrêta. Il allait enfin pouvoir la saisir ! Mais au même instant se déchaina un ouragan qui fit trembler le monde, déracina les forêts, ouvrit toutes les écluses du ciel; le poète se débattit dans le ruisseau tumultueux, au péril de sa vie, et atteignit celle qui demeurait immobile dans ce bouleversement de la nature et le contemplait.

« Il lui prit la main.

« — Tu t'es trompé, dit-elle tristement.

« Je voulais te fuir parce que je t'aime, car je ne puis t'apporter aucun bonheur; je suis la Souffrance et ne puis qu'affliger ton cœur et te donner des pensées soucieuses. Adieu. Tu as trouvé ton trésor. Tu n'as plus besoin de moi.

« A ces mots, elle disparut. L'orage s'était changé en une pluie fine, à travers laquelle les rayons du soleil de printemps arrivaient jusqu'au poète.

« Au même moment, le philosophe, chargé de riches dépouilles, émergea de son trou. Il laissa tomber tout son fardeau, joignit les mains et s'écria :

« — Tu es au milieu de l'arc-en-ciel, juste sur le trésor, rêveur.

« — Qui ? moi ? s'exclama le poète, arraché à sa stupeur.

« Puis, jetant un regard sur la terre, il pleura amèrement, à grands sanglots, et s'écria :

« — Oh ! pourquoi suis-je né ! oh ! cette indicible souffrance !

« Le philosophe haussa les épaules et se remit à creuser :

« — Il met le pied sur son trésor, et il n'en sait rien, maugréa-t-il, et quand je le lui dis, il se prend à pleurer. Poète, va ! »

LE PORTE-DRAPEAU [1]

RÉCIT D'UN VOLONTAIRE

I

Le 22 juillet, le capitaine Chlopoff se présenta à la porte basse de ma hutte en terre. Il portait les épaulettes et le shashka (2), tenue que je ne lui avais pas encore vue depuis mon arrivée au Caucase.

— Je viens de chez le colonel, dit-il, répondant au regard interrogateur que je lui adressais en manière de salut. Notre bataillon part demain.

— Pour où ? demandai-je.

— Pour P... C'est le point de ralliement des troupes.

— Et de là on nous enverra sans doute en expédition ?

— Sans aucun doute.

— Pour où ? Que croyez-vous ?

— Que croirais-je ? je vous dis ce que je sais. Cette nuit, un Tartare est arrivé du quartier général. Il apportait l'ordre de faire partir le bataillon avec provision de biscuit pour deux jours. Où l'on va, combien de temps on sera en route, cela, petit père, on ne le dit point. On nous commande de marcher — et puis suffit.

— Mais si l'on n'emporte que pour deux jours de biscuit, c'est une preuve que l'expédition ne sera pas de plus longue durée.

---

(1) Ce récit est emprunté aux œuvres du comte Tolstoï, le plus grand auteur contemporain de la Russie.
(2) Sabres de Caucasiens.

— Eh! cela ne veut pas dire...

— Comment! m'exclamai-je étonné.

— Eh! oui, nous sommes partis pour Dargo ; nous n'avions de biscuit que pour une semaine, nous sommes restés un mois.

— Et je pourrai partir avec vous? demandai-je après quelques instants de silence.

— C'est probable ; mais je ne vous conseille pas de nous accompagner. A quoi bon vous exposer à un danger ?

— Permettez-moi de ne pas suivre votre avis. Voilà un mois que je suis ici, attendant l'occasion de voir une bataille, et vous voulez que cette occasion, je la laisse passer sans en profiter ?

— Soit, venez donc. Mais ne vaudrait-il pas mieux que vous puissiez rester ici ? Vous attendriez notre retour, entre-temps vous iriez à la chasse, et vous nous laisseriez partir à la grâce de Dieu. Oh! ce serait magnifique, ajouta-t-il, d'un air si convaincu qu'au premier moment je crus réellement que son plan était magnifique, comme il le disait.

Cependant je déclarai résolument qu'à aucun prix je ne resterais en arrière.

— Et qu'y a-t-il là-bas que vous n'ayez déjà vu ? reprit le capitaine en poursuivant son argumentation. Est-ce parce que vous tenez à apprendre comment on se bat? Lisez donc la *Description de la guerre* de Michaïlovski-Danilewsky, un livre superbe ; tout y est indiqué avec la plus minutieuse précision, la position et les mouvements des divers corps d'armée et de leurs subdivisions, les diverses phases de la bataille.

— Point du tout, cela ne m'intéresse pas, répondis-je.

— Qu'est-ce donc que vous cherchez ? On dirait que vous avez tout simplement envie de voir les gens s'assommer... Tenez, en 32, il y avait ici un civil, comme vous, un Espagnol, si je ne me trompe. Il nous a suivis, en capote bleue, dans deux expéditions. On ne l'a pas épargné plus que les autres, le jeune homme. Votre idée ne surprendra personne ici, petit père.

Je rougis de voir le capitaine interpréter si mal mon dessein, mais je ne voulus pas me donner la peine de le faire revenir de ses préventions.

— Il était donc brave ? demandai-je.

Le comte Tolstoï.

— Eh ! cela ne veut pas dire...

— Comment ! m'exclamai-je étonné.

— Eh ! oui, nous sommes partis pour Dargo ; nous n'avions de biscuit que pour une semaine, nous sommes restés un mois.

— Et je pourrai partir avec vous ? demandai-je après quelques instants de silence.

— C'est probable ; mais je ne vous conseille pas de nous accompagner. A quoi bon vous exposer à un danger ?

— Permettez-moi de ne pas suivre votre avis. Voilà un mois que je suis ici, attendant l'occasion de voir une bataille, et vous voulez que cette occasion, je la laisse passer sans en profiter ?

— Soit, venez donc. Mais ne vaudrait-il pas mieux que vous puissiez rester ici ? Vous attendriez notre retour, entre-temps vous iriez à la chasse, et vous nous laisseriez partir à la grâce de Dieu. Oh ! ce serait magnifique, ajouta-t-il, d'un air si convaincu qu'au premier moment je crus réellement que son plan était magnifique, comme il le disait.

Cependant je déclarai résolument qu'à aucun prix je ne resterais en arrière.

— Et qu'y a-t-il là-bas que vous n'ayez déjà vu ? reprit le capitaine en poursuivant son argumentation. Est-ce parce que vous tenez à apprendre comment on se bat ? Lisez donc la *Description de la guerre* de Michaïlovski-Danilewsky, un livre superbe ; tout y est indiqué avec la plus minutieuse précision, la position et les mouvements des divers corps d'armée et de leurs subdivisions, les diverses phases de la bataille.

— Point du tout, cela ne m'intéresse pas, répondis-je.

— Qu'est-ce donc que vous cherchez ? On dirait que vous avez tout simplement envie de voir les gens s'assommer... Tenez, en 32, il y avait ici un civil, comme vous, un Espagnol, si je ne me trompe. Il nous a suivis, en capote bleue, dans deux expéditions. On ne l'a pas épargné plus que les autres, le jeune homme. Votre idée ne surprendra personne ici, petit père.

Je rougis de voir le capitaine interpréter si mal mon dessein, mais je ne voulus pas me donner la peine de le faire revenir de ses préventions.

— Il était donc brave ? demandai-je.

Le comte Tolstoï.

— Dieu sait ce qu'il était ; on le voyait toujours au premier rang ; il ne se tirait pas un coup de fusil qu'il ne se trouvât là.

— Donc il était brave, dis-je.

— Non, ce n'est pas être brave que de courir où l'on n'a pas besoin de vous.

— Qu'appelez-vous donc être brave ?

— Etre brave ? être brave ? répéta le capitaine de l'air d'un homme à qui l'on adresse pour la première fois une pareille question. L'homme brave est celui qui se conduit comme il faut, dit-il après une courte réflexion.

Je me rappelai que Platon regarde la bravoure comme la *connaissance de ce qu'on doit craindre et de ce qu'on ne doit pas craindre ;* et sans m'attacher à ce qu'il y avait de général et de vague dans la définition du capitaine, je voulus bien admettre qu'au vrai la pensée fondamentale de l'un et de l'autre n'était pas aussi différente qu'on eût pu le croire, et que la définition du capitaine était même plus frappante que celle du philosophe grec, puisque, s'il avait pu s'exprimer comme Platon, il n'aurait pas manqué de dire : l'homme brave est celui qui ne craint que ce que l'on doit craindre et ne craint pas ce que l'on ne doit pas craindre.

Je voulus expliquer mon opinion au capitaine.

— Il me semble en effet, dis-je, que lorsqu'il s'agit d'un danger, on a toujours le choix, et que le choix que l'on fait sous l'influence, par exemple, du sentiment du devoir est de la bravoure, tandis que le choix qui n'est dicté que par un sentiment bas est de la lâcheté. Ainsi un homme qui expose sa vie parce qu'il aspire à la renommée, parce qu'il veut satisfaire sa curiosité ou désire acquérir un bien qu'il convoite, ne saurait être appelé brave, tandis qu'on ne peut donner le nom de lâche à celui qui, obéissant à ses devoirs envers sa famille ou simplement à sa conviction, évite le danger.

Pendant que je parlais, le capitaine me considérait avec un regard d'une expression étrange.

— C'est ce que je ne puis vous démontrer, dit-il, en bourrant sa pipe ; mais il y a chez nous un gentilhomme qui aime à philosopher. Vous causerez avec lui. Il fait des vers.

Je n'avais appris à connaître le capitaine de près que depuis que j'étais au Caucase, mais j'avais déjà entendu parler de lui en Russie. Sa mère, Marie Ivanovna Chlopoff, une petite propriétaire, demeurait à deux verstes de mon domaine. Avant mon départ pour le Caucase, je lui avais fait une visite. La bonne vieille fut tout heureuse d'apprendre que j'allais voir son Paschenka (c'est le nom qu'elle donnait au vieux capitaine à cheveux blancs) et que — comme une lettre vivante — j'allais être en état de lui raconter ce qu'elle faisait, comment elle vivait, en même temps que je pouvais donner au fils des nouvelles de sa mère. Après m'avoir servi d'excellentes pirogues (1) accompagnées de poulet, Maria Ivanovna entra dans sa chambre à coucher et revint avec une grande amulette noire à laquelle était cousu un ruban de soie de même couleur.

— C'est ma patronne, dit-elle ; et se signant, elle baisa l'image de la Vierge qu'elle me donna. Soyez assez bon, petit père, de la lui porter. Voyez-vous : quand il partit pour le Caucase, j'ai fait dire des prières à l'église et j'ai fait vœu de faire faire cette image de la mère de Dieu, s'il restait vivant et sain et sauf. Il y a maintenant dix huit ans que ma patronne et les saints lui sont propices ; il n'a pas été blessé une seule fois, et pourtant à quels combats n'a-t-il pas déjà assisté !... Ce que Michaïloff, qui était avec lui, m'a rapporté, vous aurait fait, croyez-moi, dresser les cheveux sur la tête. Tout ce que je sais de lui, je l'ai appris par d'autres ; il ne me parle jamais lui-même dans ses lettres de ses expéditions, le cher enfant, il craint de me donner des inquiétudes.

(Au Caucase, j'appris, mais pas de la bouche du capitaine, qu'il avait été blessé quatre fois ; mais il était tout naturel que de ses blessures et de ses expéditions il n'eût rien dit à sa mère.)

— Dites-lui, continua-t-elle, de porter cette sainte image sur le corps. Je lui envoie en même temps ma bénédiction. Ma sainte patronne le protègera. Surtout qu'il ne la quitte pas dans les batailles. Dites-lui bien, petit père, que c'est sa mère qui le lui a recommandé expressément.

(1) Les pirogues sont des pâtés de viande ou de poisson très recherchés des Russes, dont ils sont un mets national.

Je promis d'exécuter ponctuellement la commission.

— Je sais que vous l'aimerez tout de suite, mon Paschenka, poursuivit-elle. Croiriez-vous qu'il ne se passe pas une année qu'il ne m'envoie de l'argent? Et il vient aussi bien souvent en aide à ma fille Annoushka. Et tout cela-il le prend sur sa paie. Je remercie le bon Dieu, acheva-t-elle les larmes aux yeux, de m'avoir donné un tel fils.

— Vous écrit-il souvent? demandai-je.

— Rarement, petit père. Rien qu'une fois tous les ans, et quand il envoie de l'argent, il y ajoute un petit mot, et c'est tout. « Si je ne t'écris pas, petite mère, dit-il, c'est signe que je vis et me porte bien ; et si, Dieu m'en garde, il m'arrivait quelque accident, je m'empresserais de te le faire savoir. »

Quand je remis au capitaine le cadeau de la mère — c'était chez moi — il me demanda un morceau de papier pour l'envelopper, empaqueta soigneusement l'image et la mit dans sa poche.

Je lui rapportai tout ce que je savais de la vieille. Le capitaine se taisait.

Quand j'eus fini, il alla dans un coin de la chambre et y resta tout un temps à bourrer sa pipe.

— Oui, c'est une excellente femme, me dit-il sans bouger de place et d'une voix sourde. Dieu veuille que je la revoie un jour !

Il y avait dans ces paroles toutes simples immensément d'amour filial et de tristesse.

— Pourquoi restez-vous ici au service? demandai-je.

— Il faut que je reste ici, répondit-il d'un ton de conviction. La solde double que je reçois est nécessaire à mon frère, un pauvre diable.

Le capitaine vivait avec la plus grande économie, il ne jouait pas aux cartes, buvait peu et fumait un tabac commun qu'il appelait, je ne sais pourquoi, non du tabac de paysan, mais des miettes.

Le capitaine avait eu bien vite toutes mes sympathies ; il possédait une de ces physionomies douces, ordinaires en Russie, que l'on aime à regarder en face ; mais, après cette conversation, il m'inspira une haute estime.

II

Le lendemain, le capitaine vint me chercher à quatre heures du matin.

Il portait un vieux paletot usé, sans épaulettes, un pantalon blanc de lesghien, une papasha (1) blanche, une kourpéi (2) devenue jaune, et en bandoulière sa shaska asiatique. Le mashtak (3) blanc qu'il montait allait la tête baissée, d'un pas d'amble très lent, et remuait constamment sa queue peu fournie.

Quoique la stature du capitaine n'eût rien de martial et qu'il ne pût prétendre en rien à la beauté, tout en lui révélait une égalité d'âme qui contrastait avec ce qui l'entourait et éveillait malgré soi le respect.

Je ne le fis pas attendre une minute et montai en selle aussitôt. Nous sortîmes ensemble par la porte de la forteresse.

Le bataillon avait déjà quatre cents mètres d'avance sur nous et ressemblait à une masse noire compacte se mouvant au loin. On pouvait deviner que c'étaient des fantassins, rien qu'aux baïonnettes qui brillaient comme un tas de longues aiguilles. Par moments, arrivaient aux oreilles une chanson de soldat, un roulement de tambour, et la magnifique voix de ténor du guide de la sixième compagnie, qui m'avait souvent enchanté dans la forteresse.

Le chemin conduisait à travers une large et profonde balka (4) le long d'un cours d'eau insignifiant, débordé à cette époque. Des bandes de ramiers s'entre-croisaient sur ses rives, tantôt s'abattant sur la berge rocheuse, tantôt disparaissant aux regards et s'élevant dans l'air, où ils décrivaient de grands cercles.

Le soleil se cachait encore, mais le sommet de la paroi droite du défilé commençait à s'éclairer. Des roches grises et blanches, des mousses d'un vert jaunâtre, couvertes de rosée, des buissons d'épines et de né-

---

(1) Papasha, diminutif de papa'sh, bonnet de fourrure des Tcherkesses.
(2) Kourpéi, nom qu'on donne au Caucase à la peau de mouton.
(3) Mashtak, nom d'un petit cheval dans le dialecte du Caucase.
(4) Balka, mot appartenant au dialecte du Caucase et signifiant chemin creux, défilé, gorge.

fliers apparaissaient très visiblement dans la lumière transparente et dorée de l'Orient. Par contre, l'autre côté et le chemin creux s'enveloppaient d'un épais brouillard, qui s'étageait en couches inégales, semblable à de la fumée humide, sombre, et offrant un incroyable mélange de couleurs : lilas pâle, noir presque foncé, vert sombre et blanc.

Devant nous scintillaient sur le bleu foncé de l'horizon, avec une surprenante netteté, les masses toutes blanches et mates des montagnes avec leurs ombres et leurs contours d'une merveilleuse beauté, jusque dans les moindres détails. Des grillons, des naïades et des milliers d'autres insectes s'éveillaient dans les hautes herbes et remplissaient l'air de leurs accents clairs et ininterrompus ; une innombrable quantité de toutes petites clochettes semblaient sonner dans le tympan même de l'oreille. L'atmosphère avait des senteurs d'eau, d'herbe, de brouillard ; en un mot, comme après une belle matinée de printemps.

Le capitaine battit le briquet et alluma sa pipe. L'odeur du tabac de miettes et de l'amadou me parut extraordinairement agréable.

Nous courions à côté du chemin pour rattraper plus vite l'infanterie. Le capitaine était plus pensif que d'habitude. Il ne retira pas une seule fois sa pipe du Daghestan de sa bouche, et enfonçait à chaque pas ses talons dans les flancs de son petit cheval qui, chancelant d'un côté à l'autre, laissait dans les hautes herbes humides un sillon vert foncé à peine sensible. Sous ses pieds, avec ce cri particulier et ce coup d'ailes qui fait involontairement tressaillir le chasseur, se levait un faisan qui s'envolait paresseusement. Le capitaine ne lui accorda pas la moindre attention.

Nous étions sur le point de rejoindre l'infanterie, quand derrière nous se fit entendre distinctement le galop d'un cheval, et presque au même instant fila devant nous un joli petit garçon en paletot d'officier avec une haute papasha blanche. Quand nous nous trouvâmes côte à côte, il nous sourit, fit un signe de tête au capitaine et brandit son fouet.

J'eus le temps de remarquer qu'il était campé en selle et tenait les rênes avec une aisance extrêmement gracieuse. Il avait de beaux yeux noirs, un petit nez, et une petite moustache naissante. Ce qui me charmait surtout en lui, c'est qu'il ne put réprimer son sourire lorsqu'il s'aperçut que nous prenions plaisir à le considérer. Rien qu'à ce sourire, il était facile de conclure qu'il était encore tout jeune.

— Où court-il? grommela le capitaine dans sa barbe d'un air mécontent, sans ôter sa pipe de la bouche.

— Qui est-il ? demandai-je.

— Le porte-drapeau Alanin, un officier subalterne de ma compagnie ; il nous est arrivé le mois dernier du corps des cadets.

— C'est la première fois sans doute qu'il fait partie d'une expédition ? questionnai-je.

— Et c'est ce qui le rend si joyeux, répondit le capitaine, en secouant la tête pensivement. Oh ! la jeunesse !

— Et pourquoi ne serait-il pas joyeux ? Je comprends que tout cela doit être très intéressant pour un jeune officier.

Le capitaine garda le silence pendant deux minutes.

— C'est pour cela que je dis : Oh ! la jeunesse ! reprit-il d'une voix sourde. Je ne vois pas qu'il y ait de quoi se réjouir. Quand vous aurez fait plusieurs expéditions, vous ne montrerez plus tant de joie. Nous sommes ici, mettons une vingtaine d'officiers ; il est probable qu'il y en aura de tués ou de blessés, aujourd'hui un, demain un, après-demain un autre : de quoi faut-il donc se réjouir ?

III

Le soleil venait de se lever au-dessus des montagnes et avait déjà commencé à inonder de ses rayons la vallée que nous traversions, quand le brouillard se dissipa. Il faisait une chaleur étouffante. Les soldats, le fusil et le sac sur les épaules, avançaient lentement sur la route poudreuse ; on entendait rarement dans leurs rangs une conversation en dialecte petit russien ou un éclat de rire.

Quelques vieux soldats, en blouse de toile blanche, la plupart des sous-officiers, marchaient au bord du chemin, causant entre eux d'un air sérieux. Des fourgons pesamment chargés progressaient pas à pas, soulevant l'épaisse poussière immobile. Les officiers étaient en tête, quelques djighits (1), comme on dit au Caucase, qui faisaient parade de leur ardeur en donnant à leur monture un coup de houssine pour lui faire exécuter quatre sauts, s'arrêtaient tout à coup et faisaient mine de rebrousser chemin ; d'autres prêtaient attention aux chanteurs qui, en dépit de la chaleur et de l'accablement, faisaient entendre, à la suite l'une de l'autre, toutes les chansons de leur répertoire.

S'avançait, sur un grand cheval pommelé, un bel officier.

A quelque deux cents mètres en avant de l'infanterie s'avançait, sur un grand cheval pommelé, un bel officier bien découplé, en costume oriental, qui était connu de tout le régiment pour sa bravoure et sa témérité. Il portait un beshmet (2) noir garni de tresses, des bottes pareilles, un pantalon neuf, très collant, orné de tchirazes (3), la tcherkeske (4) jaune et une haute papasha enfoncée par derrière. Sur la poitrine et sur le dos il avait des galons d'argent auxquels étaient attachés une bouteille à

(1) Le djighit est un soldat téméraire qui s'élance au premier rang.
(2) Vêtement tartare.
(3) Tresses, galons.
(4) Vêtement tcherkesse, qui se porte sur les autres habits.

poudre et un pistolet. Un second pistolet et un kindchal (1) plaqué d'argent pendaient à sa selle. Il était ceint en outre d'une shaska avec un fourreau de maroquin rouge agrémenté d'or et d'argent, et sur l'épaule il avait un fusil à vent recouvert d'une gaine noire.

Son costume, sa manière de monter à cheval, son attitude et en général toute son allure faisaient voir qu'il s'efforçait de ressembler à un Tartare. Il parlait du reste aux Tartares, qui étaient avec lui, un dialecte que je ne connaissais pas, mais les regards persistants et railleurs qu'ils échangeaient entre eux me paraissaient indiquer qu'on ne le comprenait pas.

Il allait souvent avec deux ou trois Tartares amis (2), la nuit dans les montagnes, s'embusquer sur la route pour épier au passage les Tartares ennemis et les assommer. Son cœur lui disait bien que ce n'était pas là un acte d'héroïsme, mais il se croyait obligé de faire souffrir ceux qui l'avaient désillusionné ou qu'il paraissait mépriser et haïr.

Il était fermement persuadé qu'il avait des ennemis ; se venger de quelqu'un, laver une injure dans le sang était pour lui un suprême délice. Il tenait pour certain que la haine, la vengeance, le mépris de l'humanité, sont les plus élevés et les plus poétiques de tous les sentiments.

Une fois, il arriva que, dans une de ses aventures nocturnes avec ses kounaks sur les grands chemins, il blessa et fit prisonnier un Tcherkesse ennemi. Le blessé resta ensuite sept semaines chez le lieutenant, qui le soigna comme le meilleur de ses amis, et lorsqu'il fut guéri, le renvoya comblé de présents. Plus tard, dans une expédition, comme le lieutenant se repliait en arrière avec les tirailleurs pendant une suspension d'hostilités, il entendit une voix qui venait des rangs de l'ennemi l'appeler par son nom. C'était le blessé qu'il avait soigné et qui accourait au-devant de lui en lui faisant signe de faire de même. Le lieutenant acquiesça à son invitation, et tous deux se serrèrent cordialement la main. Les montagnards se tenaient à quelque distance et avaient interrompu la fusillade ; mais à peine le lieutenant eut-il fait tourner

(1) Poignard.
(2) C'est-à-dire ami des Russes.

son cheval pour repartir, qu'on tira sur lui, et une balle lui érafla le dos.

Une autre fois, j'assistai moi-même à un incendie dans la forteresse, et je vis deux compagnies de soldats se mettre en devoir de l'éteindre. Tout à coup, apparut au milieu d'eux, éclairé par les lueurs pourprées de la flamme, la haute stature d'un homme à cheval. Il fendit la foule et se dirigea tout droit vers le feu. Quand il fut tout proche, il mit pied à terre et s'élança dans la maison embrasée. Cinq minutes après, il reparut, les cheveux roussis, les bras brûlés, tenant des deux mains sur sa poitrine deux petites colombes qu'il avait sauvées de l'incendie. C'était le lieutenant.

Il s'appelait Rosenkranz, mais il parlait souvent de son origine qu'il faisait remonter jusqu'aux Varègues et démontrait à l'évidence que ses aïeux étaient comme lui de vrais Russes.

IV

Le soleil avait déjà parcouru la moitié de sa course et versait à travers l'atmosphère embrasée des rayons ardents sur la terre sèche. Le ciel d'un bleu foncé était complètement dépourvu de nuages ; seule la montagne neigeuse commençait à s'envelopper dans la nue bleuâtre. L'air sans mouvements semblait rempli de poussières transparentes ; il faisait une chaleur intolérable.

Les troupes atteignirent un petit ruisseau qui baignait le chemin et firent halte.

Les soldats mirent leurs fusils en faisceaux et coururent au ruisseau ; le commandant du bataillon s'assit à l'ombre sur un tambour, et, gardant dans toute sa personne la dignité de son rang, il se disposa à faire une collation avec quelques officiers ; le capitaine se coucha dans l'herbe sous le fourgon de la compagnie ; le brave lieutenant Rosenkranz et quelques autres jeunes officiers qui s'étaient installés sous leurs bourkas (1) déployés, avaient improvisé une petite orgie, comme on pouvait le voir aux bouteilles et aux flacons rangés tout autour d'eux, et

(1) Bourka, manteau de feutre assez court que porte les Caucasiens.

surtout à l'animation des chanteurs qui, debout en demi-cercle, jetaient aux vents un air de danse caucasien rappelant les mélodies lesghiennes :

<blockquote>
Schamyl se révoltera,
Trara, ratata, trara.
</blockquote>

Parmi les officiers se trouvait aussi le jeune porte-drapeau qui nous avait rejoints le matin. Il était très farceur : ses yeux pétillaient, sa langue était un peu embarrassée, il aurait volontiers embrassé tout le monde.

Pauvre garçon ! Il ne savait pas encore combien l'on paraît ridicule dans cet état, combien la franchise, la tendresse avec laquelle il abordait tout le monde, étaient peu faites pour obtenir la sympathie qu'il cherchait, et ne pouvait éveiller au contraire que la raillerie. Il ne savait pas combien il était joli, lorsque, las de se mouvoir, il se laissa tomber sur la bourka, et, s'appuyant sur la main, rejeta en arrière son épaisse chevelure noire.

Deux officiers étaient assis sous un fourgon et jouaient aux cartes sur une cassette de voyage.

J'écoutai avec curiosité les conversations des soldats et des officiers ; j'observai attentivement l'expression de leur visage, mais je ne pus décidément découvrir chez aucun d'eux une ombre de l'inquiétude que j'éprouvais moi-même ; des plaisanteries, des quolibets, des éclats de rire, des histoires révélaient l'insouciance générale et l'indifférence de tout le monde au danger imminent.

Comme si l'on n'avait pu admettre que quelques-uns d'entre eux devaient fatalement ne plus reprendre ce chemin !

V

A sept heures du soir, nous passâmes, couverts de poussière et harassés, par la vaste porte fortifiée de la citadelle de X... Le soleil se couchait et projetait obliquement une lumière rosée sur les batteries pittoresques et les jardins plantés de hauts peupliers qui entouraient la forteresse, ainsi que sur les champs cultivés aux tons jaunâtres et sur les nuages blancs rassemblés autour de la montagne neigeuse et l'ensorrant d'une chaine merveilleusement belle.

Le croissant de la lune brillait au ciel comme un petit nuage diaphane. Dans l'aoul, qui s'étalait devant la porte de la forteresse, un Tartare, monté sur le toit d'une sakla (1), appelait les croyants à la prière, et les chanteurs entonnaient leur chant avec bravoure.

Après m'être restauré et avoir fait un peu de toilette, je me rendis chez un adjudant que je connaissais, pour le prier de communiquer au général ce que je savais.

En traversant le faubourg où j'étais logé, j'avais eu l'occasion de remarquer dans la forteresse de X... certaines choses que je ne m'attendais en aucune façon à y rencontrer. Une petite calèche à deux places, dans laquelle j'avais vu un chapeau de dame rappelant la dernière mode et d'où venait un échange de paroles en français, était passée au galop devant moi. Par une fenêtre ouverte arrivaient jusqu'à moi des morceaux de la *Fille du Régiment*, exécutés sur un mauvais piano détraqué.

Je trouvai l'adjudant au rez-de-chaussée de l'habitation du général. A peine lui eus-je exprimé mon désir, qu'il se montra prêt à le remplir; mais au même moment la jolie calèche que j'avais vue s'arrêta devant le perron. De la voiture descendit un homme de belle prestance en uniforme d'infanterie, avec les épaulettes de major, qui se rendit chez le général.

— Pardonnez-moi, je vous prie, dit l'adjudant en se levant ; il faut que j'aille au rapport chez le général.

Quelques minutes après, se montra un homme de taille moyenne, d'un extérieur très avenant, en paletot, sans épaulettes, avec une croix blanche à la boutonnière.

Derrière lui venaient le major, l'adjudant et deux autres officiers.

La démarche, la voix, tous les mouvements du général dénotaient ce haut personnage qui a conscience de son rang élevé.

Je vis chez le même adjudant un homme qui m'étonna encore davantage. C'était un jeune lieutenant du régiment de K..., qui se distinguait des autres officiers par la douceur de sa figure de femme et la timidité

(1) Hutte ou abri en terre.

de ses manières. Il vint chez l'adjudant exhaler sa colère et son mécontentement contre ceux qui avaient intrigué pour l'empêcher de prendre part à l'expédition. Il déclara que c'était là une conduite odieuse, qu'elle était indigne à l'égard de camarades, qu'il s'en souviendrait.

J'avais beau regarder son visage, j'avais beau écouter le son de sa voix, je ne pouvais arriver à me convaincre qu'il n'y eût aucune feinte dans son attitude, et j'étais moi-même bien contrarié, très aigri, de voir qu'on ne lui eût pas permis de partir pour aller tirer sur ces Tcherkesses, ou servir de cible à leurs balles.

Il était furieux, comme l'est un jeune homme qu'on a puni injustement. Je n'y comprenais positivement rien.

VI

C'était à dix heures du soir que les troupes devaient se mettre en marche ; à neuf heures et demie je montai en selle et me rendis chez le général. On me dit qu'il était occupé avec l'adjudant. Je résolus de l'attendre dans la rue. J'attachai mon cheval à la haie et m'assis sur le remblai, prêt à courir après le général, dès qu'il sortirait. Les ardeurs et l'éclat du soleil avaient déjà fait place à la fraîcheur de la nuit et à la face mate de la nouvelle lune qui, entourée d'un halo pâle, scintillait sur le bleu foncé du ciel étoilé ; aux fenêtres des maisons et à travers les fentes de chaque châssis des abris en terre tremblotaient des lumières. Les peupliers majestueux dans le jardin et ailleurs, les huttes en terre qui s'élevaient à l'horizon enduites de chaux avec leurs toits de roseaux éclairés par la lune, paraissaient encore plus hauts et plus noirs.

Les longues ombres des maisons, des arbres, des haies, s'étendaient pittoresquement sur la route éclairée et poudreuse.

Au bord du cours d'eau coassaient sans interruption des grenouilles ; dans les rues on entendait tantôt des pas précipités, tantôt des bruits de voix, tantôt le galop d'un cheval. Du faubourg arrivaient de temps à autre les sons de l'orgue de Barbarie.

Je ne vis rien qui pût chasser les idées noires qui assaillaient tumultueusement mon esprit les unes à la suite des autres, quoique je ne remarquasse autour de moi que joie et gaieté ; mais ceci n'a pas trait à mon récit.

J'étais si profondément absorbé dans mes pensées, que je n'entendis pas sonner onze heures et je ne vis pas sortir le général avec sa suite. L'arrière-garde était encore à l'intérieur de la forteresse.

J'eus beaucoup de peine à me frayer un chemin sur le pont, entre les canons serrés les uns contre les autres, les bagages, les fourgons de la compagnie et les officiers qui distribuaient bruyamment leurs ordres. Quand j'eus franchi la porte, je pressai l'allure de mon cheval et je courus au trot en suivant, pendant près d'une verste, la colonne en marche se déployant silencieusement dans l'obscurité. Je rejoignis enfin le général.

La plus grande partie du ciel s'était couverte de nuages allongés d'un gris sombre. Çà et là on apercevait entre eux le scintillement mat des étoiles. La lune s'était cachée derrière l'horizon de hautes montagnes que nous voyions à notre droite, et versait sur leurs cimes une lueur crépusculaire, mate et tremblante, qui se détachait sur les ténèbres impénétrables.

L'air était chaud et calme. On eût dit que pas un brin d'herbe, pas un nuage ne se mouvait. La nuit était si noire que même à très peu de distance on ne pouvait distinguer les objets : il me semblait voir au bord du chemin tantôt des rochers, tantôt des animaux, tantôt des hommes de forme étrange ; et pour reconnaitre que c'étaient simplement des buissons, je dus entendre leurs bruissements, ou sentir la fraicheur de la rosée qui les couvrait.

Devant moi, je vis une surface plane, noire, se balançant par instants, derrière laquelle se mouvaient quelques points noirs : c'était l'avant-garde de la cavalerie et le général avec sa suite. Entre eux et moi s'agitait une autre masse également sombre, mais plus basse que la première : c'était l'infanterie.

Dans toute la colonne régnait le plus grand silence. On pouvait percevoir parfaitement tous les bruits de la nuit se fondant en une harmonie d'un charme mystérieux : au loin le hurlement plaintif du chacal, tantôt semblable à une lamentation désespérée, tantôt pareil à des éclats de rire ; les voix claires, monotones des grillons, des grenouilles, des cailles ; par moments des sons assourdis que je ne parvenais à m'expliquer d'aucune manière, et toutes ces manifestations diverses, à peine sensibles, de la nature, ces accents qu'on ne peut ni saisir, ni définir, s'unissaient en un concert majestueux que nous appelons le silence de la nuit.

Ce silence de nuit était interrompu ou, pour parler plus exactement, ne faisait qu'un ensemble avec le piétinement sourd des chevaux, et avec le bruissement produit dans l'herbe par la marche lente de la colonne.

De temps en temps on entendait dans les rangs le roulement des lourdes pièces d'artillerie, le cliquetis des baïonnettes s'entre-choquant, des chuchotements de voix d'hommes et des hennissements de chevaux.

La nature respirait la beauté et la force.

Est-il donc si difficile à l'homme de vivre dans ce monde sous cet incommensurable firmament ? Se peut-il qu'au milieu de cette nature enchanteresse, il y ait place dans l'âme humaine pour des sentiments de haine, de vengeance, pour des désirs de détruire nos semblables ?

Tout le mal qu'il y a dans le cœur de l'homme devrait, ce me semble, disparaître au contact de la nature, cette expression la plus immédiate du beau et du bien.

VII

Nous marchions déjà depuis deux heures. Je grelottai et je commençai à m'endormir. Les mêmes objets indécis paraissaient encore plus sombres dans l'obscurité : à quelque distance la surface noire, les points noirs mouvants ; près de moi la croupe d'un cheval, qui, se balayant de la queue, écartait fortement les jambes de derrière ; un dos en tcherkeske blanche sur lequel on distinguait un fusil dans son enveloppe noire ; la crosse blanche d'un pistolet caché dans sa gaine tricotée ; la lueur ardente d'une cigarette, éclairant une lèvre barbue, un collet de peau de loutre et une main gantée de cuir.

Je me penchai sur le cou de mon cheval, fermai les paupières et oubliai pendant quelques minutes tout ce qui m'entourait ; puis je fus éveillé par les piétinements et les hennissements ; je regardai autour de moi, et il me sembla que j'étais immobile à l'endroit où je me trouvais et que la surface noire qui était devant moi se mouvait en arrivant sur moi, ou bien qu'un instant après elle restait immobile à son tour pendant que je m'avançais vers elle.

J'entendis alors plus distinctement le bruissement ininterrompu dont je n'avais pu deviner la cause : c'était le bruit de l'eau. Nous entrâmes dans un chemin creux très profond. Nous approchions d'un cours d'eau dont, à cette époque de l'année, la crue est très forte.

Le bruissement devenait plus fort, l'herbe humide plus épaisse et plus haute, les buissons plus nombreux, l'horizon plus étroit. Parfois surgissaient, sur le fond sombre des montagnes, en divers endroits, des feux clairs qui s'évanouissaient presque aussitôt.

— Dites-moi, je vous prie, quels sont ces feux? demandai-je tout bas à un Tartare qui marchait à cheval à côté de moi.

— Tu ne les connais donc pas ? répondit-il.

— Je ne les connais pas.

— Ce sont les montagnards qui ont attaché de la paille au *tajah* (1), l'ont allumée et brandissent cette espèce de torche.

— Pourquoi cela?

— Pour que chacun sache que les Russes approchent. Voici, ajouta-t-il en riant sous cape, oh! voici le *tomascha* (2) ; il trainera toute la *chourdamourda* (3) dans les gorges.

— On sait donc déjà dans la montagne, dis-je, que la colonne est en marche ?

— Sans doute ! Comment ne le saurait-on pas ? On le sait toujours : nous sommes un si grand peuple !

— Alors Schamyl (4) se prépare à partir de son côté ? demandai-je.

— Iok (5), repartit-il, en secouant la tête en signe de dénégation. Scha-

(1) Mot caucasien qui veut dire torche.
(2) Tomascha signifie valet, dans le langage conventionnel commun aux Russes et aux Tartares.
(3) Les biens, ce qu'on possède.
(4) Schamyl, iman du Caucase, né en 1797 et mort en 1871, se rendit célèbre par sa lutte épique contre les Russes.
(5) Non (mot tartare).

myl ne partira pas, il enverra des Naïbs (1), et assistera lui-même à l'affaire du haut de la montagne.

— Est-il loin d'ici?

— Pas très loin. Là, de ce côté, à gauche, à une dizaine de verstes.

— Comment sais-tu cela? Tu y es donc allé?

— J'y suis allé. Les nôtres ont tous été dans la montagne.

— Et tu as vu Schamyl?

— Bah! Schamyl n'est pas visible pour nous. Cent, trois cents, mille mourids (2) l'entourent. Schamyl forme le centre, dit-il avec le respect servile du Tartare.

En levant les yeux, on pouvait voir que le ciel, qui s'était éclairé, commençait à se colorer à l'orient et que la Petite Ourse se rapprochait de l'horizon. Mais dans le chemin creux que nous suivions il n'y avait qu'humidité et ténèbres.

Soudain flambèrent à peu de distance de nous, dans l'obscurité, quelques petits feux; au même instant les balles sifflèrent, et dans le silence qui régnait aux alentours retentirent au loin des détonations accompagnées de grands cris perçants.

C'était l'avant-garde ennemie. Les Tartares qui la composaient, poussaient des clameurs sauvages, déchargeaient leurs fusils sans viser et s'éparpillaient ensuite.

Profond silence!

Le général appela l'interprète. Un Tartare à cheval, en tcherkeske blanche, s'approcha, chuchota quelques paroles appuyées de gestes animés.

— Colonel Chassanoff, dit le général tout bas, lentement mais avec autorité, établissez vos postes.

La colonne se dirigea vers le cours d'eau. Les montagnes noires, les défilés restèrent derrière nous. L'horizon, où l'on ne voyait presque plus les étoiles pâles et mortes, s'éleva : à l'orient, les clartés s'apercevaient plus distinctement ; un vent frais, pénétrant, venait de l'Ouest, et des traînées de nuées claires flottaient comme des vapeurs sur les eaux murmurantes.

(1) Agents de Schamyl.
(2) Officier d'un rang analogue à celui de l'adjudant.

VIII

Le guide indiqua le gué, et la cavalerie de l'avant-garde, puis, derrière elle, le général et sa suite commencèrent à passer.

L'eau montait jusqu'au poitrail des chevaux, se précipitait avec une violence extraordinaire entre les pierres blanches qui émergeaient en certains endroits au-dessus de la surface liquide, et formait autour des pieds des chevaux des courants impétueux. Les chevaux fendaient l'écume, la tête haute, les oreilles dressées ; mais ils n'avançaient que pas à pas, prudemment, dans le lit inégal, luttant contre le courant. Les cavaliers levaient les jambes et tenaient leurs armes en l'air.

Les fantassins, avec une énergie qui se peignait visiblement dans leurs traits, s'efforçaient de se tenir debout, en dépit du courant ; ils étaient littéralement en chemise, élevant au-dessus de l'eau leurs fusils au bout desquels pendait leur paquet de vêtements, et se tenant une vingtaine par la main pour faire la chaine.

La cavalerie montée poussa les chevaux à l'eau au trot, en les excitant par de grands cris. Les canons et les caissons de munitions peints en vert, sur lesquels de temps à autre jaillissait une gerbe d'eau, résonnaient avec un bruit métallique sur le fond de pierre ; mais les vaillantes bêtes tiraient courageusement sur les traits, faisaient écumer l'eau et montaient, la queue et la crinière ruisselantes, sur l'autre rive.

Dès que tout le monde fut passé, le visage du général prit une expression pensive et grave. Il fit tourner son cheval de côté et partit avec la cavalerie au trot à travers la large plaine entourée de bois qui s'ouvrait devant nous. Des Cosaques à cheval essaimaient le long de la lisière.

Dans la forêt, on vit un instant après un homme à pied en tcherkeske et en papacha, puis un second, puis un troisième.

Un des officiers dit :

— Ce sont les Tartares.

Un nuage de fumée s'élève au-dessus de la forêt... un coup part, puis un second.

Notre feu rapide domine celui de l'ennemi ; de temps à autre seulement une balle qui passe avec un bruit prolongé comme un bourdonnement d'abeille, prouve que toute la fusillade ne part pas exclusivement de notre côté.

Vivement l'infanterie en accélérant le pas et la cavalerie lancée au trot se sont rangées en ligne de bataille ; on entend les roulements sourds du canon, le crépitement métallique des cartouches, le sifflement

Passage du gué par le général et son escorte.

des fusées, les craquements des fusils. De tous côtés on voit sur la plaine blanche de la cavalerie, de l'infanterie, de l'artillerie. La fumée qui part des canons, des fusées, des fusils, se mêle à la verdure emperlée de rosée et au brouillard.

Le colonel Chassanoff court au général et arrête soudainement son cheval en plein galop.

— Votre Excellence, dit-il en portant la main à sa papacha, devrait ordonner de faire avancer la cavalerie. On a vu des snatschki (1).

Et il indique du bout de sa cravache les **Tartares** à cheval, ayant à leur

(1) Drapeaux portés par les djighits.

tête deux hommes portant au bout de leurs lances des lambeaux d'étoffe rouge et bleue.

— A la grâce de Dieu, Ivan Michaïlovitch! dit le général.

Le colonel fait faire la volte à sa monture, agite son bonnet et crie : Hourra!

— Hourra! hourra! hourra!

Le cri se répète de rang en rang, et la cavalerie se précipite comme un ouragan derrière son chef.

Tous regardent devant eux. L'ennemi n'attend pas le choc; il se replie à l'intérieur de la forêt et ouvre de là une fusillade nourrie. La pluie de balles est plus épaisse.

— Quel charmant coup d'œil! dit le général en français, tandis qu'il fait faire des courbettes à son beau cheval noir, dont les jambes sont admirablement fines.

— Charmant, répond le major, qui donne un coup de houssine à sa monture pour se rapprocher du général. C'est un vrai plaisir que la guerre dans un aussi beau pays, ajoute-t-il en français.

— Et surtout en bonne compagnie, complète le général avec un sourire amical.

Le major s'incline.

Tout à coup un sifflement rapide, désagréable, passe près de nous ; c'est un boulet ennemi; il atteint quelque chose, derrière nous s'entend le gémissement d'un blessé.

Ce gémissement m'émeut si étrangement que le tableau de la guerre perd soudain pour moi tout son charme; mais personne ne semble partager mon impression; le major paraît rire de bon cœur; un second officier achève avec calme sa phrase interrompue ; le général regarde dans la direction opposée et dit, le sourire aux lèvres, quelque chose en français.

— Faut-il leur répondre ? demande le commandant de l'artillerie qui est accouru.

— Oui, pour les épouvanter, dit le général avec insouciance; et il allume un cigare.

La batterie se range et la canonnade commence. La terre tremble sous ses coups, les éclairs se succèdent sans interruption, la poudre,

qui permet à peine de distinguer les servants occupés à leurs pièces, masque la vue.

L'aoul est canonné.

Le colonel Chassanoff revient et, sur l'ordre du général, se jette dans l'aoul. On entend de nouveau le tumulte du combat et la cavalerie disparait dans le nuage de poussière qu'elle soulève.

Le spectacle était assurément grandiose, mais pour moi qui prenais part à un combat sans y être accoutumé, je n'avais qu'une seule impression, une impression triste : il me semblait que l'expédition elle-même aussi bien que ces transports et ce tumulte étaient inutiles et superflus.

Involontairement je comparais ce que l'on faisait là à l'action d'un homme qui fend l'air avec une hache.

IX

L'aoul était déjà occupé par nos troupes et pas une âme du parti ennemi n'y était restée, lorsque le général et sa suite, à laquelle je me joignis, y entrèrent à cheval.

Les sakli longs et propres avec leurs terrasses et leurs jolies cheminées ne formaient plus que des monceaux de pierres, entre lesquelles coulait un petit cours d'eau. D'un côté on voyait les jardins verdoyants plantés de gigantesques poiriers et pruniers qu'inondait la brillante clarté du soleil, de l'autre côté se dressaient des ombres étranges, de hautes pierres tombales debout et de grandes perches au bout desquelles étaient attachés des boulets et des drapeaux. (C'étaient les tombeaux des djighits.)

Les troupes étaient alignées et rangées devant les portes.

Une minute après, les dragons, les cosaques, les fantassins se répandirent avec une joie manifeste dans les étroites ruelles, et l'aoul désert s'anima tout d'un coup. Ici on enfonce un toit, la hache frappe avec fracas le bois qui résiste et la porte est brisée; là une meule de foin, une haie, une hutte prend feu et une grosse colonne de fumée monte dans l'air transparent ; ailleurs un Cosaque traîne un sac de farine et un tapis; le visage rayonnant, un soldat sort d'une sakla tenant à la main un gobelet d'étain et quelque loque; un autre étend les deux bras pour saisir deux poules qui volent en caquetant par-dessus une haie; un troisième a trouvé un énorme *houmgan* (1) plein de lait et boit à même le vase, qu'il jette, une fois vide, par terre en riant aux éclats.

Le bataillon avec lequel j'avais quitté la forteresse de X... se trouvait aussi dans l'aoul. Le capitaine était assis sur le toit d'une sakla et tirait

Un autre étend les deux bras pour saisir deux poules.

de son petit brûle-gueule les nuages de fumée de son tabac de miettes, avec une mine si placide, qu'en le voyant, j'oubliai que nous étions dans un aoul ennemi et m'y croyais parfaitement chez moi.

— Ah! vous voilà aussi? me dit-il en me regardant.

La haute stature du lieutenant Rosenkranz se montrait tantôt ici, tantôt là, dans l'aoul; il s'occupait sans relâche et avait l'air d'un homme extrêmement affairé. Je le vis sortir d'une sakla, la mine triomphante ; derrière lui, deux soldats conduisaient un Tartare garrotté. C'était un vieillard, dont tout le costume se composait d'un vieux beshmet voyant et d'un pantalon en lambeaux. Il était si caduc que ses bras osseux, at-

---

(1) Pot de terre.

tachés fortement sur son dos voûté, semblaient à peine tenir à ses épaules; ses jambes nues et torses ne se mouvaient que très péniblement. Son visage et une partie de son crâne rasé de près étaient couverts de rides et de sillons. Sa bouche édentée, qu'estompaient une moustache grise très courte et des favoris, s'ouvrait et se fermait sans interruption, comme s'il avait mâché quelque chose ; mais dans ces yeux injectés de sang et dépourvus de cils, il y avait encore un reste de flamme, et toute son attitude montrait son indifférence à la vie.

Rosenkranz lui fit demander par un interprète pourquoi il n'avait pas fui avec les autres.

— Où serais-je allé? dit-il d'un ton calme avec un regard oblique.

— Où sont allés les autres, fit remarquer quelqu'un.

— Les djighits sont partis pour se battre avec les Russes, et je ne suis qu'un vieillard.

— Tu as donc peur des Russes?

— Quel mal peuvent me faire les Russes ? Je ne suis qu'un vieillard, répéta-t-il en considérant les assistants avec insouciance.

Au retour, je vis ce vieillard, sans bonnet, les mains liées, assis en groupe derrière un Cosaque de la ligne. Il promenait autour de lui le même regard exempt de peur.

On le gardait pour l'échange des prisonniers.

Je grimpai sur le toit et m'assis à côté du capitaine.

— L'ennemi paraît n'avoir pas été nombreux, dis-je, avec l'intention d'avoir son opinion sur le combat.

— L'ennemi? répéta-t-il étonné. Il n'y en a pas eu. Appelez-vous cela un ennemi? Vous ouvrirez vos yeux ce soir, quand nous reviendrons: vous verrez alors comment on nous reconduit, les masses qui surgiront, ajouta-t-il en montrant avec sa pipe les lignes d'arbres devant lesquels nous avions défilé dans la matinée.

— Qu'est-ce qui se passe là-bas? interrompis-je avec inquiétude en désignant un groupe de Cosaques du Don qui s'étaient attroupés non loin de nous.

On entendait au milieu d'eux comme des sanglots d'enfants. Ces mots arrivèrent jusqu'à moi:

— Non... Ne le frappez pas... Arrêtez... nous verrons... As-tu un couteau, Evstignievicth? donne-le...

— Ils ont quelque mauvais dessein, les drôles, dit le capitaine.

A ce moment accourut au galop, le visage empourpré, le joli porte-drapeau. Je le vis fondre sur les Cosaques en faisant de grands gestes des deux mains.

— Ne lui faites pas de mal!... ne le frappez pas! criait-il d'une voix enfantine.

Les Cosaques, à la vue de l'officier, se séparèrent et lâchèrent un bouc blanc qu'ils tenaient.

Le jeune porte-drapeau était en proie à une vive inquiétude ; il balbutia quelques paroles et resta immobile devant eux, l'air effaré. Quand ses yeux tombèrent sous le toit où j'étais assis avec le capitaine, il rougit et en quelques bonds il se trouva à nos côtés.

— Je croyais qu'ils voulaient tuer un enfant, dit-il avec un sourire qui ne dissimulait pas son tremblement.

X

Le général prit les devants avec la cavalerie. Le bataillon que j'accompagnais au sortir de la forteresse de X... resta à l'arrière-garde. Les compagnies du capitaine Chlopoff et du lieutenant Rosenkranz se mirent en marche en même temps.

La prédiction du capitaine s'accomplit telle qu'il l'avait faite. A peine avions-nous atteint la lisière du bois dont il avait parlé, qu'aux deux côtés nous vîmes des montagnards à cheval et à pied et si proches de nous que je pouvais distinguer très nettement plusieurs d'entre eux se baissant et le fusil au poing sautant d'un arbre à l'autre.

Le capitaine ôta son bonnet et se signa; quelques vieux soldats firent de même. Dans la forêt, on entendait des rugissements sauvages :

— Iaï giaour! Ourous iaï!

Les coups de fusil isolés se succédèrent et les balles sifflèrent de part et d'autre. Les nôtres répliquaient en silence par un feu de file ; de leurs rangs ne partaient que quelques rares observations :

— D'où tire-t-il (1)? — Ah! il a le jeu facile derrière les arbres! — Il faut qu'ils aient des canons...

Après quelques décharges de cartouches, l'ennemi semblait faiblir, mais au bout d'une minute et à chaque pas en avant que faisaient nos troupes, la fusillade, les cris et les rugissement recommençaient.

Nous étions arrivés à six cents mètres de l'aoul, quand les balles ennemies se mirent à pleuvoir sur nous. Je vis tomber un soldat — mais à quoi bon décrire les détails de cet effroyable tableau, puisque je donnerais je ne sais quoi pour l'oublier.

Le lieutenant Rosenkranz déchargeait son fusil sans s'arrêter une minute, il encourageait les soldats de sa voix rauque et courait aussi vite qu'il le pouvait d'un bout de la ligne du poste à l'autre. Il était un peu pâle, mais cela ne jurait point avec son air martial.

Le joli porte-drapeau était au comble de la joie; il y avait dans ses beaux yeux un indicible éclat, qui révélait la témérité; un léger sourire se jouait autour de ses lèvres ; à chaque instant, il accourait vers le capitaine et le priait de lui accorder la permission de charger.

— Nous les refoulerons, assurait-il, je vous promets que nous les repousserons.

— C'est inutile, répondit brièvement le capitaine. Nous devons nous replier.

La compagnie du capitaine occupa la lisière de la forêt et de là continua à diriger le feu sur l'ennemi; le capitaine en paletot usé, en shapka déformé, avait jeté la bride sur le cou de sa monture et se tenait, les pieds emboités dans les courts étriers, cloué à la place qu'il occupait.

Les soldats connaissaient et exécutaient la manœuvre avec tant de précision, qu'ils n'avaient pas besoin de commandement.

De temps à autre seulement, le capitaine élevait la voix pour avertir ceux qui redressaient la tête. Il n'y avait rien de belliqueux dans son attitude, mais une si grande assurance, une telle simplicité, que j'étais rempli de stupéfaction.

— On voit bien, pensai-je involontairement, quels sont les vrais braves.

(1) Il veut dire ici l'ennemi. Les soldats russes ne le désignent jamais autrement.

Il était, à peu de chose près, tel que je l'avais vu toujours : c'étaient les mêmes gestes placides, la même voix monotone, la même noblesse d'expression de sa physionomie peu belle, mais sans forfanterie ; à peine l'observateur le plus sagace eût-il pu remarquer en lui autre chose que l'attention d'un homme tranquillement occupé de sa tâche.

Il est facile de dire : il n'y avait rien de changé en lui ; mais que de changements de toute nature je voyais dans les autres ! L'un s'efforçait de paraître plus impassible, l'autre voulait se montrer plus rude, un troisième plus gai que de coutume ; tandis que la mine du capitaine indique qu'il ne comprend même pas pourquoi il est tel que je le vois.

Le Français à Waterloo s'écrie : « La garde meurt, mais ne se rend pas » ; d'autres, surtout des héros français, dont on cite des paroles mémorables, étaient braves et leurs paroles dignes assurément de mémoire ; mais entre leur bravoure et celle du capitaine, il y a cette différence que, j'en suis convaincu, si quelque grande parole lui vient sur les lèvres, il ne la dira pas, d'abord de peur qu'en la disant il n'en détruise l'effet, ensuite parce que, quand un homme se sent la force d'accomplir une grande action, il juge les grandes paroles superflues.

Tout à coup on entend du côté où se tient le joli porte-drapeau un hourra isolé et peu sonore. Je me retourne à ce cri et je vois trente soldats, le fusil à la main, le sac au dos, traverser en courant un champ labouré. Ils trébuchent, mais tous poursuivent leur course en riant. A leur tête, agitant sa shapka, est le jeune porte-drapeau.

Tous disparaissent dans la forêt...

Après quelques minutes de cris et de fusillade, un cheval effaré sort au galop de la forêt ; sur la lisière apparaissent quelques soldats qui portent des morts et des blessés ; parmi ces derniers est le jeune porte-drapeau. Deux soldats le soutiennent sous les aisselles.

Il est pâle comme un linge et sa belle tête, où l'on ne voit plus qu'une ombre de l'enthousiasme guerrier qui l'animait une minute auparavant, s'affaisse péniblement sur sa poitrine. Sur la chemise blanche, sous le paletot boutonné on distingue une tache rouge.

— Quel dommage ! dis-je involontairement en me détournant de ce triste spectacle.

— Sans doute, c'est bien dommage, dit le vieux soldat qui, la mine sombre, appuyé sur son fusil, est debout à côté de moi. Aussi il n'avait peur de rien... Est-ce possible ? ajouta-t-il en considérant le blessé d'un regard impassible ; c'était une folie... il l'a expiée maintenant.

— Et toi, dis-je, tu as peur sans doute ?

— Je n'en sais rien.

XI

Quatre hommes transportent le porte-drapeau sur un brancard ; derrière eux un soldat conduit un cheval maigre, harassé, chargé de deux caisses vertes qui contiennent les instruments du chirurgien. On attend le docteur. Les officiers s'approchent du brancard et tâchent de consoler et d'encourager le blessé.

— Eh ! frère Alamin, on ne fera plus danser, dit en souriant le lieutenant Rosenkranz qui arrive à son tour.

Il s'imagine sans doute que ses paroles auront pour effet de réconforter le joli porte-drapeau ; mais, à en juger par l'expression froide et triste du regard que lui adresse le blessé, il est probable que le bon mot n'a pas le succès attendu.

Le capitaine ne tarde pas à arriver. Il contemple attentivement le jeune homme, et sur son visage toujours froid et égal se peint une vive compassion.

— Quoi, mon cher Anatole Ivanitch ! dit-il d'un ton de sympathie si tendre que je ne m'y serais pas attendu. C'est évident, Dieu l'a voulu.

Le blessé se retourne, un sourire triste anime son visage pâle.

— Oui, je n'ai pas voulu vous écouter.

— Dites plutôt que Dieu l'a voulu, répète le capitaine.

Le docteur arrive enfin ; il prend des mains de l'aide-chirurgien le bandage, la sonde, et d'autres instruments, et s'approche, les manches retroussées. Il adresse un sourire bienveillant au blessé.

— Quoi ! il paraît que vous vous êtes fait un trou dans la peau, dit-il d'un ton railleur et insouciant. Voyons.

Le porte-drapeau se soulève, mais le regard qu'il attache sur le joyeux docteur est étonné et plein de reproche. Le docteur ne s'en aperçoit pas. Il sonde la blessure, il poursuit ses recherches en tous sens ; mais le blessé perd patience et repousse en soupirant péniblement la main qui le palpe.

Quatre hommes transportent le porte-drapeau (p. 152).

— Laissez-moi ! dit-il d'une voix à peine intelligible... C'est inutile... Je me meurs !

Il retombe en arrière. Cinq minutes après, je me rapproche du groupe qui s'est formé autour de lui et je demande à un soldat :

— Comment va le porte-drapeau ?
— Il agonise.

XII

Il était déjà tard quand le détachement, en colonnes déployées, atteignit, au retour, en chantant, la forteresse.

Le soleil s'était dérobé derrière les montagnes couvertes de neige et versait ses derniers rayons rosés sur le nuage long et mince qui flottait à l'horizon clair et transparent. Les montagnes s'enveloppaient d'une brume violette, leurs cimes seules se détachaient avec une netteté extraordinaire sur la pourpre de l'astre couchant. En même temps, sur l'azur foncé, brillait la lune diaphane, levée depuis longtemps. Le vert de l'herbe et des arbres tournait au noir en se couvrant de rosée.

Des sombres masses d'hommes défilaient pas à pas avec un bruit de tempête dans la magnifique campagne. De divers côtés on entendait des roulements de tambour et des chants de joie. La voix de ténor du guide de la sixième compagnie résonnait dans toute sa puissance et ses accents purs et pleins pénétraient, pleins de force, l'air limpide du soir.

L'ENFANT PERDU [1]

CONTE HONGROIS

I

Dans la vallée poétique de la Maros est situé le village d'Alvincz, un des plus beaux de la Transylvanie. Des champs fertiles, donnant aux laborieux cultivateurs de riches moissons, s'y étendent le long du cours d'eau à perte de vue. Sur la rive opposée de la Maros, on aperçoit au milieu de vignobles verdoyants, dans un site romantique, le gros bourg de Borberek. Là s'élèvent les murs séculaires d'un antique château seigneurial, qui était encore debout au temps où se passait ce récit. Aujourd'hui on voit encore deux ailes du bâtiment. Dans l'une a été percée jadis une porte ogivale, dans l'autre quelques pièces servent de magasin. C'est là que les guides montrent aux curieux les fenêtres par où Jaroslaw Martintz fut précipité et tomba dans la cour, où son cadavre resta longtemps sans sépulture.

A l'orient, au bout du village, était une petite maison de paysans, insignifiante, avec une façade mal blanchie, comme le sont la plupart des habitations qui se trouvent à quelque distance de la grande route. Cette construction étroite et basse avait un toit élevé en dos d'âne, et un perron de bois fait de planches mal équarries et mal jointes. Sur le couvercle d'une huche reposaient quelques écheveaux de chanvre; une tonne à

[1] Ce conte est tiré des œuvres de Nicolas Josika, né en 1794 et mort en 1856, l'un des romanciers illustres et populaires de la Hongrie.

chaux et une table branlante sur ses pieds vermoulus se faisaient pendant de part et d'autre à la porte.

Une douzaine de poules et de poussins picoraient le blé répandu dans la basse-cour pour leur pâture et culbutaient en s'ébattant, se mouvant dans cette enceinte close d'une haie vive, dont le temps et les voisins avaient multiplié les trous. Dans la cour on apercevait plusieurs écuries couvertes de chaume, et par-dessus les portes on voyait passer de temps à autre la tête d'un cheval hennissant.

A l'extrémité de la maison, composée de trois pièces, était la cuisine noircie par la fumée, quoiqu'à ce moment on n'y vit point de feu pétillant. La ménagère n'était pas là et les rares ustensiles pendaient aux murs en grand désordre.

Une vieille femme, la seule domestique de la maison, habitait la chambre voisine de la cuisine. De la fenêtre de l'autre on avait vue sur le verger envahi par les herbes parasites; dans la pièce principale, il y avait un grand poêle qui en occupait plus d'un huitième, ainsi qu'un immense lit de planches plus ou moins rabotées, et dans lequel les matelas de plumes recouverts d'une toile à fleurs rouges montaient presque au plafond. Les fenêtres enchâssées de plomb, la commode sculptée et une énorme table de chêne complétaient le mobilier.

Mme Timar, la veuve de l'ancien notaire de village, Stéphane Timar, occupait cette maison avec son fils. Ce dernier partageait son temps entre le travail à la maison, la flânerie et le jeu à l'auberge. La femme, une vieille, grande, maigre, aux yeux noirs, au visage malin, chez qui la soixantaine se trahissait par d'assez profondes rides, était assise près de la cheminée; elle était vêtue d'un corsage noir laissant voir une chemise sale, d'un jupon de couleur sombre et d'un serre-tête de même nuance. Son attitude inquiète, sa physionomie préoccupée, les regards qu'elle dirigeait constamment vers la porte, laissaient deviner qu'elle attendait quelqu'un avec impatience.

Miska, son fils, était assis près d'elle sur un coffre en bois peint. Ses traits accusaient le trouble et l'indécision.

— Mon Dieu, dit la vieille en se levant pour s'approcher à pas comptés de la fenêtre, cette Sari ne vient point et le voisin se fait attendre. Ziga est perdu, perdu! Mon Dieu! que vais-je devenir!

Et elle étreignit sa tête de ses deux mains avec désespoir.

— Eh quoi, grommela Miska, ne te mets donc pas la mort dans l'âme, mère. Un enfant de neuf ans ne se perd pas comme cela, surtout quand il est intelligent et malin comme Ziga. S'il est perdu, c'est qu'il a bien voulu se perdre.

— Dans ce cas-là, nous le retrouverions facilement. Mais je crains qu'il ne se soit perdu dans la forêt, où il mourra de faim, s'il n'est pas dévoré par les loups. C'est sur toi, Miska, que retombera le sang de ce pauvre petit, car c'est toi qui ne l'as pas cherché avec assez de soin.

Miska se leva avec colère.

— Et je te répète, moi, que ton Ziga n'est pas perdu ; mauvaise herbe croit toujours. Tu ne te rappelles donc plus ses paroles d'il y a quelque temps, quand tu l'as corrigé : « Cela ne durera pas ? »

— C'est bien ; mais que dirai-je à sa mère quand elle viendra me le réclamer ? Mon fils, remue-toi, cherche encore dans la forêt et questionne tous les voisins.

Elle alla vers un coffre, d'où elle retira un petit sac :

— Voilà ce que j'ai épargné à grand'peine en deux ans : des pièces d'argent toutes neuves dont tu pourras te faire de gros boutons pour ton dolman ; elles sont à toi, si tu retrouves le petit.

Miska jetta un regard souriant sur le trésor :

— Eh bien, soit, dit-il, je vais seller le pommelé, et si je ne le trouve pas, au moins il n'y aura pas de reproche à me faire.

La vieille parut rassurée. Quand son fils fut parti, elle se remit à son rouet et continua de filer.

Quoique le petit ne fût pas le propre enfant de la veuve Timar, elle s'inquiétait profondément de lui. Un soir d'automne, une belle dame toute jeune était venue le lui confier. Elle avait renouvelé ses visites qui ne se faisaient jamais les mains vides ; mais la vieille n'avait aucun renseignement sur la famille de Ziga, et la mère n'était guère communicative sur ce point.

— Elevez mon fils, disait-elle, de manière à en faire un homme fort, capable de résister au danger, de supporter le chaud et le froid, la faim et la soif, un homme de cœur, bon sans faiblesse, pouvant, quand l'heure sera venue, se diriger seul dans la vie.

La vieille avait promis de faire de son mieux. L'enfant était gentil, caressant, avenant; elle lui plut et le prit sous sa tutelle, ne songeant point, en s'engageant à veiller sur lui, qu'elle y aurait un profit direct. Ziga allait deux fois par semaine à l'école du couvent, où il apprit à lire et à écrire en faisant de rapides progrès ; mais souvent il devait s'absenter de la classe pour garder les vaches, et mener les chevaux à l'abreuvoir, et alors la vieille le grondait quand il avait monté sur un cheval indocile, avec lequel il avait couru toute une journée dans les champs.

Depuis que Miska était de retour, la vieille n'avait plus été aussi préoccupée qu'auparavant de son fils adoptif, parce qu'elle se reposait sur son intelligence ; mais elle ne l'en aimait pas moins d'une affection profonde, et quand le petit, dans un élan de tendresse naïve, venait se jeter au cou de maman Timar, elle en avait les larmes aux yeux de joie et de bonheur.

Miska était presque jaloux de trouver un rival dans le cœur de sa mère, et les conditions mêmes de cette adoption le portaient à se montrer envers lui aussi peu bienveillant que possible.

Un jour, Ziga était parti au bois avec les brebis et les chèvres, et le troupeau était rentré seul. Miska eut de la peine à dissimuler sa joie, et quand sa mère l'avait envoyé à la recherche de l'enfant, il était revenu le lendemain, maugréant, grommelant, mais sans succès.

Timar avait été vivement affectée de cet évènement; la perte du petit avait redoublé l'attachement qu'elle avait pour lui ; en outre, la crainte qu'il ne lui fût arrivé quelque accident et que sa mère vint le réclamer bientôt, lui causait les plus cruelles angoisses. Perdre l'enfant, c'était perdre son gagne-pain, car elle était pauvre, et ce que lui donnait la jeune dame étrangère était tout ce qu'elle avait pour vivre.

Elle marchait dans la chambre à grands pas, ballottée entre l'espoir que l'enfant, simplement égaré, allait se retrouver et l'appréhension qu'il fût parti de lui-même, quoiqu'elle n'eût point à se reprocher de lui avoir donné aucun sujet de s'enfuir. Les heures se succédèrent dans cette perplexité ; le soleil descendit sur l'horizon, jetant ses derniers rayons mourants sur la crête des monts; les troupeaux rentrèrent des pâturages en beuglant et en bêlant; la cloche du château convia les villageois au repas du soir et au repos, et aucun de ceux qui étaient partis à la recherche de l'enfant n'était revenu. La peur et les visions qui accompagnent d'ordinaire la venue du soir pour les personnes impressionnables s'emparèrent de l'esprit de la pauvre femme ; elle joignit les mains sur ses genoux et pleura bruyamment. On n'entendait que ses sanglots dans le profond silence de la nuit.

II

Un bruit de pas rapides et légers résonna au dehors, et la porte s'ouvrit en grinçant. Le chien couché dans l'âtre se leva en sursaut et d'un bond s'élança vers l'entrée.

Timar prêta l'oreille.

— Holà ! cria une voix inconnue ; il n'y a donc personne pour mettre mon cheval à l'écurie ? Sari ! Miska ! Holà ! quelqu'un !

La vieille se leva, ne sachant si elle devait avancer ou demeurer à la même place ; à la fin pourtant elle se décida, et d'un pas hésitant elle se rapprocha de la porte.

Quelques minutes après, une jeune femme pénétra dans la pièce. Elle était d'une beauté qui devait faire impression sur tous ceux qui la voyaient. Un bonnet rouge orné de rubans noirs, et dont la pointe retombait jusqu'aux épaules, couvrait son abondante chevelure, mais sans la cacher. Sa robe était de soie, et le corsage étroitement serré à la taille garni de boutons d'or. Un arc et un carquois rempli de flèches était suspendu à son épaule ; dans sa ceinture brillait un poignard dont la poignée était d'une seule émeraude. Elle avait dans sa main petite et admirablement modelée une jolie cravache dont elle fouettait le parquet.

Elle s'était arrêtée au milieu de la chambre. D'un geste brusque elle jeta son arc sur la table et s'assit auprès de la cheminée. L'inquiétude se lisait sur ses traits.

Timar avait relevé la tête, n'osant ni parler ni bouger.

— Eh bien, petite mère, comment allons-nous ? où est Ziga ? Il y a longtemps que je ne l'ai embrassé, le cher enfant. Appelez-le donc, j'ai hâte de le voir.

La pauvre vieille ne répondit point. Sa langue était paralysée, ses pieds étaient cloués au sol. Elle voulut articuler une parole, mais le souffle s'étouffa dans sa gorge et ses jambes fléchirent.

— Vite, vite, ne me faites pas languir, reprit la dame.

Timar ne fit pas un mouvement. Elle était d'une pâleur livide.

— Eh bien ! demanda la mère de Ziga, attachant sur la gardienne de son fils des yeux étourdis grands ouverts, où commençait à se peindre

La dame avait enlacé son fils d'une étreinte passionnée (p. 164).

l'anxiété, que veut dire ce silence ? que signifie cette physionomie atterrée ? Pour l'amour du ciel, que s'est-il passé ? Parlez, mais parlez donc !

La vieille tomba à genoux, et joignant ses mains osseuses, elle jeta un regard suppliant sur la belle étrangère. Mais, quelque effort qu'elle fit, elle ne parvint point à dire une syllabe. Elle était là, pareille à une statue, sans voix, sans gestes, tandis que la mère courroucée, debout, sa cravache levée, la foudroyait de ses yeux injectés de sang.

— Femme, cria-t-elle, démon, ah ! je ne sais plus de quel nom t'appeler, monstre, parle, parle, qu'as-tu fait de mon fils ? Ah ! un mot, rien qu'un mot !

Dans son exaspération, elle avait frappé la vieille à la tête avec le pommeau de sa cravache, et la pauvre malheureuse, tremblant de tous ses membres, le visage empreint d'une profonde douleur, se courbait sous le châtiment, n'osant point, ne pouvant pas répondre.

— Qu'as-tu fait de mon fils ? répéta la dame d'une voix sourde, le bras toujours levé, dans l'attitude d'un ange vengeur. Il n'y a donc pas une parole qui puisse sortir de ta bouche ! Tu as donc perdu la voix, misérable ! tu ne sais donc pas que je ne vis que pour mon enfant, qu'il est la joie de mon passé, l'orgueil et le bonheur de mon avenir ? Où est mon enfant ? je le veux, je le veux !

Elle était terrible dans sa douleur et sa colère. La vieille restait toujours à genoux, écrasée. Elle s'agenouilla auprès d'elle.

— O Dieu, supplia-t-elle, puisque ta puissance ne connaît point de limites, rends-moi mon fils et prends ma vie à la place de la sienne, ou — s'écria-t-elle en se levant, désespérée, affolée, le poignard arraché de sa ceinture, — s'il ne suffit pas d'une seule victime pour fléchir ta volonté, combien en faut-il, deux, dix, cent ?

Elle brandit son poignard au-dessus de la tête de la Timar, puis, épuisée, elle retomba, évanouie, sur le parquet.

La vieille, saisie d'effroi, avait baissé la tête sur sa poitrine, attendant la mort. Tout à coup, comme si elle eût cédé à une force dont elle n'avait pas conscience, elle se releva, courut vers la porte, l'ouvrit d'une main tressaillante :

— Le petit Ziga s'est perdu ; peut-être vit-il encore !

La mère bondit vers la porte.

— Où est-il ? rugit-elle, où est-il ?

Puis elle eut un éclat de rire strident, le rire affreux de la folie.

Et, repoussant la vieille, elle arracha la porte de ses gonds, en jeta les débris dans la salle, et prit la fuite dans les ténèbres.

III

Tandis que ces événements se passaient à Alvincz, un cavalier monté sur un bel étalon bai suivait les sinuosités de la Maros. L'homme et sa monture devaient être accablés de lassitude, car ils paraisaient tous deux à moitié endormis. Il pouvait avoir une vingtaine d'années. Son visage était pâle, émacié, et accusait de longues veilles et de longues souffrances, que trahissaient aussi ses yeux cerclés, ses lèvres blêmes et crispées.

Il portait un bonnet de feutre usé reposant au hasard sur sa chevelure noire couverte de sueur et de poussière ; son vêtement étroit était de couleur douteuse et dégarni de boutons ; son sabre avait un magnifique fourreau d'argent, mais mal attaché par une courroie nouée en plusieurs endroits.

Il suivait son chemin, sans prendre garde à la beauté du paysage qui l'entourait. De temps à autre il se réveillait, pour donner de l'éperon à son cheval, puis il retombait dans sa torpeur, chevauchant toujours, tandis que le soleil baissait, rougissant de ses rayons les eaux de la Maros et les montagnes.

Tout à coup des plaintes, des gémissements venant du lointain attirèrent son attention. Il n'en poursuivit pas moins sa route avec indifférence ; mais, en se rapprochant de l'endroit d'où partaient ces lamentations, il vit un enfant d'une dizaine d'années couché sous un arbre. Cette fois il s'arrêta, sous l'empire de la curiosité. Le pauvre petit être avait le regard si doux, même si triste, qu'il devait évidemment souffrir. Son visage était tout pâle ; ses yeux abattus se fixaient sur le cavalier avec détresse. Ses petites mains étaient en sang, déchirées par les épines. Il s'était levé et tendait les bras vers l'inconnu.

Le cavalier prit dans l'arçon de sa selle un morceau de pain qu'il tendit à l'enfant, moins par pitié que pour l'obliger à se taire et à cesser ses lamentations importunes.

— Qui es-tu, demanda-t-il, et d'où viens-tu ?

L'enfant ne répondit pas ; les sanglots étouffaient sa voix ; il se contenta d'étendre le bras dans la direction d'Alvincz, puis il s'affaissa.

— Tiens, dit le cavalier, mange ceci. Il passera par ici d'autres voyageurs, qui te ramèneront chez toi. Je n'en ai ni le temps ni l'envie; mais rapproche-toi du grand chemin, sinon tu cours risque que personne ne puisse t'entendre.

Une joie indicible se peignit dans les regards du petit quand la voix de l'étranger frappa son oreille; mais il se laissa retomber bientôt, et le désespoir succéda sur ses traits à la première illusion de bonheur.

Il était impossible d'arrêter son regard sur cette infortunée et innocente créature sans éprouver un sentiment de profonde compassion, quand même on aurait eu le cœur le plus endurci. Pourtant le cavalier éperonna son cheval et allait s'éloigner.

L'enfant, voyant cette intention, rassembla ses dernières forces, et se traînant devant le cheval :

— Au nom du ciel, emmenez-moi, supplia-t-il, ne me laissez pas seul ici.

Mais l'homme fit faire un mouvement de côté à sa monture, sans se préoccuper davantage du suppliant.

L'enfant s'abattit comme une masse et ne fit plus un geste. Alors l'inconnu, entendant comme un râle sortir de la poitrine du petit être abandonné, sentit se réveiller en lui quelque chose comme une pitié dont il ne se rendait pas compte.

— Bah! dit-il, en haussant les épaules, Alvincz n'est pas loin après tout, l'enfant n'est pas lourd, je le prendrai en croupe et le déposerai devant sa porte.

Il resta encore indécis; l'ennui et la compassion se combattaient dans son cœur. A la fin, il fit halte, mit pied à terre, ramassa l'enfant, le jeta sur sa selle, sauta sur sa monture et se remit en route.

L'enfant lui avait saisi les mains avec effusion. Il ne résista pas à cette démonstration de reconnaissance, et son âme si endurcie s'amollit peu à peu. Il comprenait qu'il avait fait une bonne action; et pour la première fois, il éprouvait la satisfaction de la conscience.

Peu à peu l'enfant s'était montré plus confiant. Il remercia son sauveur, et lui raconta qu'il était élevé par une vieille femme à qui sa mère donnait de l'argent pour prendre soin de lui. Il dit aussi que sa mère venait le voir souvent.

— Hier, ajouta-t-il, on m'avait donné à garder les brebis, et je me suis

III

Tandis que ces événements se passaient à Alvincz, un cavalier monté sur un bel étalon bai suivait les sinuosités de la Maros. L'homme et sa monture devaient être accablés de lassitude, car ils paraisaient tous deux à moitié endormis. Il pouvait avoir une vingtaine d'années. Son visage était pâle, émacié, et accusait de longues veilles et de longues souffrances, que trahissaient aussi ses yeux cerclés, ses lèvres blêmes et crispées.

Il portait un bonnet de feutre usé reposant au hasard sur sa chevelure noire couverte de sueur et de poussière ; son vêtement étroit était de couleur douteuse et dégarni de boutons ; son sabre avait un magnifique fourreau d'argent, mais mal attaché par une courroie nouée en plusieurs endroits.

Il suivait son chemin, sans prendre garde à la beauté du paysage qui l'entourait. De temps à autre il se réveillait, pour donner de l'éperon à son cheval, puis il retombait dans sa torpeur, chevauchant toujours, tandis que le soleil baissait, rougissant de ses rayons les eaux de la Maros et les montagnes.

Tout à coup des plaintes, des gémissements venant du lointain attirèrent son attention. Il n'en poursuivit pas moins sa route avec indifférence ; mais, en se rapprochant de l'endroit d'où partaient ces lamentations, il vit un enfant d'une dizaine d'années couché sous un arbre. Cette fois il s'arrêta, sous l'empire de la curiosité. Le pauvre petit être avait le regard si doux, même si triste, qu'il devait évidemment souffrir. Son visage était tout pâle ; ses yeux abattus se fixaient sur le cavalier avec détresse. Ses petites mains étaient en sang, déchirées par les épines. Il s'était levé et tendait les bras vers l'inconnu.

Le cavalier prit dans l'arçon de sa selle un morceau de pain qu'il tendit à l'enfant, moins par pitié que pour l'obliger à se taire et à cesser ses lamentations importunes.

— Qui es-tu, demanda-t-il, et d'où viens-tu ?

L'enfant ne répondit pas ; les sanglots étouffaient sa voix ; il se contenta d'étendre le bras dans la direction d'Alvincz, puis il s'affaissa.

— Tiens, dit le cavalier, mange ceci. Il passera par ici d'autres voyageurs, qui te ramèneront chez toi. Je n'en ai ni le temps ni l'envie ; mais rapproche-toi du grand chemin, sinon tu cours risque que personne ne puisse t'entendre.

Une joie indicible se peignit dans les regards du petit quand la voix de l'étranger frappa son oreille; mais il se laissa retomber bientôt, et le désespoir succéda sur ses traits à la première illusion de bonheur.

Il était impossible d'arrêter son regard sur cette infortunée et innocente créature sans éprouver un sentiment de profonde compassion, quand même on aurait eu le cœur le plus endurci. Pourtant le cavalier éperonna son cheval et allait s'éloigner.

L'enfant, voyant cette intention, rassembla ses dernières forces, et se traînant devant le cheval :

— Au nom du ciel, emmenez-moi, supplia-t-il, ne me laissez pas seul ici.

Mais l'homme fit faire un mouvement de côté à sa monture, sans se préoccuper davantage du suppliant.

L'enfant s'abattit comme une masse et ne fit plus un geste. Alors l'inconnu, entendant comme un râle sortir de la poitrine du petit être abandonné, sentit se réveiller en lui quelque chose comme une pitié dont il ne se rendait pas compte.

— Bah ! dit-il, en haussant les épaules, Alvinez n'est pas loin après tout, l'enfant n'est pas lourd, je le prendrai en croupe et le déposerai devant sa porte.

Il resta encore indécis ; l'ennui et la compassion se combattaient dans son cœur. A la fin, il fit halte, mit pied à terre, ramassa l'enfant, le jeta sur sa selle, sauta sur sa monture et se remit en route.

L'enfant lui avait saisi les mains avec effusion. Il ne résista pas à cette démonstration de reconnaissance, et son âme si endurcie s'amollit peu à peu. Il comprenait qu'il avait fait une bonne action ; et pour la première fois, il éprouvait la satisfaction de la conscience.

Peu à peu l'enfant s'était montré plus confiant. Il remercia son sauveur, et lui raconta qu'il était élevé par une vieille femme à qui sa mère donnait de l'argent pour prendre soin de lui. Il dit aussi que sa mère venait le voir souvent.

— Hier, ajouta-t-il, on m'avait donné à garder les brebis, et je me suis endormi. A mon réveil, le troupeau n'était plus là ; j'ai cherché mon chemin, je me suis égaré, en m'enfonçant de plus en plus dans le bois, puis, la nuit est venue, et, fatigué, triste, je me suis assis au bord de la route où je me suis endormi.

IV

Tandis que la mère de Ziga cherchait, en proie à l'affolement, son enfant dans le bois, le cavalier s'arrêtait devant la maison de la veuve Timar.

— Allons, qu'on nous ouvre, cria-t-il.

La vieille tressaillit à cette voix inconnue.

— Allons, la vieille, qu'on se dépêche, je n'ai pas le temps de flâner ici.

— Maman Timar, ouvrez-nous !

A ce cri de l'enfant, deux autres cris répondirent. Deux femmes s'étaient élancées vers lui : c'était la mère de Ziga et sa mère adoptive.

Le cavalier ne put se refuser à faire halte. La dame avait enlacé son fils d'une étreinte passionnée et le petit Ziga la couvrait de caresses, en levant de temps à autre la tête pour jeter un regard sur la vieille qui pleurait de joie. L'homme lui-même ne put maitriser son émotion à la vue de cette scène attendrissante. La mère avait pris son enfant sur ses genoux et le comblait de baisers. Elle examina une à une ses blessures, qui étaient sans gravité, puis, le soulevant passionnément dans ses bras, elle le transporta dans son petit lit, où elle lui porta à manger. Pendant ce temps, elle avait invité l'étranger à entrer.

— Je ne veux pas que le sauveur de mon fils nous quitte sans que je lui aie témoigné toute ma reconnaissance. Parlez ! qui êtes-vous ? que puis-je faire pour vous ?

L'homme haussa les épaules.

— Peu de chose, dit-il en riant. Contentez-vous de savoir que celui qui vous a rendu service sans le vouloir, sans le savoir, est un maudit de la société, un de ceux dont on ne répète le nom qu'avec effroi et qui portent leur tête sur l'échafaud, quand ils ne savent pas la garder sur leurs épaules. Adieu.

Et sans saluer, piquant vigoureusement des éperons sa monture qui fit un bond furieux de douleur, il disparut au galop dans la montagne.

LE FLORIN(¹)

CONTE SERBE

Par une belle matinée d'été, en 1815, un cheval gris piaffait, tout sellé, et attaché par la bride à un prunier devant une maison du village de Priyelina en Serbie. Un groupe d'enfants se pressaient tout autour de la monture et la regardaient avec curiosité. Des femmes allaient et venaient dans les diverses chambres de l'habitation ; chacune d'elles portait un objet. A la fin, un jeune homme botté et armé sortit d'une des pièces du rez-de-chaussée, fit quelques pas jusqu'à l'arbre, détacha le cheval et sauta en selle.

C'était le seul homme de l'assistance ; tous les autres étaient des femmes ou des enfants, les premières pleurant, se lamentant, sanglotant. Tour à tour elles offrirent au cavalier, qui une paire de bas, qui un mouchoir, puis, après lui avoir montré leur cadeau, enfermèrent celui-ci dans sa valise, déjà sanglée sur le cheval. Le jeune homme s'apprêtait à partir, quand une bonne petite vieille toute courbée accourut, et tira de son sein un petit mouchoir de toile blanche dans lequel était enveloppé un petit paquet ; elle le défit et y prit une pièce de monnaie, un florin à l'effigie de l'empereur d'Autriche ; elle le remit d'une main tremblante au jeune Serbe et lui dit :

— Iliya, joie de mes yeux, tu pars pour l'armée, et ta pauvre vieille mère n'a rien à te donner que ce florin. Pauvre cher cœur, c'est mon

---

(1) Ce conte est l'un des plus populaires de la Serbie. L'auteur, M. Mittiebitj, est un des maîtres de la littérature serbe contemporaine.

offrande à moi ; il m'a été offert par le père de mon mari, par ton grand'-père, quand ton père vint demander ma main. Ton père lui-même l'a emporté trois fois à la guerre, et trois fois il me l'a rapporté. Il a eu bien des malheurs, ton pauvre père ; bien souvent l'argent lui a fait défaut, mais jamais il n'a pu se résoudre à faire abandon de mon

Un groupe d'enfants se pressaient autour de la monture. (p. 165)

cadeau de noces. Garde-le, mon fils, et ne t'en sépare point, quel que soit ton sort ; quand même tu serais dans le plus cruel dénuement, fais comme ton père, ne le dépense point; et même, à ces heures difficiles, songe que la nuit porte conseil, que la journée de demain ne ressemble pas toujours à celle de la veille, et conserve ton florin.

Le jeune homme prit la pièce de monnaie, la serra dans sa bourse, en noua les cordons, et l'enferma sous sa chemise, sur sa poitrine nue. Puis, soulevant son bonnet, il baisa la main de sa mère, et dit :

— Adieu, ma vieille mère ; qui sait quand nous nous reverrons !

Il fondit en larmes, se pencha vers sa mère, se laissant embrasser par elle, et la pauvre vieille le comblait de caresses, comme au temps où elle le berçait.

Les autres femmes avaient fait le cercle autour d'eux, et les enfants, plus d'un ayant les yeux rouges, regardaient ce tableau émouvant, le cœur navré.

Le jeune homme se détacha enfin des bras de sa mère, échangea un baiser avec chacune de ses sœurs et avec ses parents tour à tour, puis il s'éloigna lentement dans la direction de Chemernitza, où était le camp du chef de l'armée serbe, Milosh Obrenovitch.

— Que veulent dire ces cris et ces lamentations devant la maison de Popovitch ? demanda une passante qui venait d'Ikoniya Markof et se rendait à Chemernitza en traversant le village ; est-ce un mort que l'on pleure ?

— Mais c'est Iliya Milosh qui s'en va rejoindre l'armée, et sa mère ne peut s'empêcher de sangloter, la pauvre vieille !

— Eh quoi ! on lui a pris son fils, quand elle en avait déjà trois sous les drapeaux !

— On dit qu'il ne se battra pas, qu'il sera occupé dans les bureaux du commandant ; il a de l'instruction, une bonne écriture, et c'est pour cela qu'on l'a appelé.

— Oh ! dans ce cas, il n'a rien à craindre, dit l'étrangère à voix haute pour se faire entendre de la vieille ; puis elle ajouta plus bas : Le pauvre garçon n'a voulu rien dire pour ne pas affliger sa mère ; mais aujourd'hui faire la guerre, c'est se battre, et il n'y a point de bras inutiles.

— Je ne sais pas, dit celle à qui elle s'adressait, mais je souhaite qu'il revienne.

Et elle se retira en hochant la tête.

— Qu'il revienne ! Eh ! sans doute, et je souhaite que mon Marko revienne aussi ! Mais qui sait quelle sera l'issue de la guerre ? Nous aurons bientôt à nous mesurer avec les Turcs, car nous devons nous affranchir de leur joug, ou nous périrons tous, écrasés par leur tyrannie.

Et lentement elle remonta la route qui conduisait à Chemernitza.

Le soulèvement en masse de la Serbie fut décrété le 11 avril 1815, le jour des Rameaux, dans l'église de Takoi. Milosh Obrenovitch fut choisi pour chef de l'insurrection. Turcs et Serbes en vinrent aux mains partout où ils se rencontrèrent.

Les gouverneurs des vilayets turcs furent hors d'état d'étouffer la

Allons, approchez, troupe de porcs, s'écriait-il. (p. 169)

rébellion. Kia-ya-Pacha se vit forcé de quitter Belgrade avec ses troupes et de se replier sur Chachak, point de jonction des routes de Karanovitz, d'Ouzhnitza et de Syenitza.

Kia-ya-Pacha était le beau-frère et le lieutenant de Soliman-Pacha. De Belgrade à Chachak, dans la région montagneuse, aux alentours de la capitale serbe, il mit tout à feu et à sang pour semer la terreur parmi les insurgés. Ceux-ci l'attendirent à Klyeshtevitza et dans d'autres positions avantageuses, tombèrent sur lui et lui infligèrent des pertes considérables, mais sans pouvoir couper ses communications avec Chachak.

Dans la pensée du pacha, la prise de cette ville, où était établi le quartier général de la révolte, devait mettre fin à l'insurrection. Mais il comptait sans son hôte. Il n'eut pas plus tôt fait son entrée dans Chachak qu'il s'aperçut que l'insurrection s'étendait sur la rive gauche de la Morava. Les insurgés s'étaient retranchés fortement sur les hauteurs de Syoubytia, faisant face à Chachak. De la sorte, les Serbes révoltés occupaient toute la gauche de la Morava, tandis que les Turcs étaient échelonnés sur la droite. A plusieurs reprises les Turcs opérèrent des sorties, traversèrent la Morava, attaquèrent les Serbes, et les forcèrent même à battre en retraite, mais ne purent jamais les mettre complètement en déroute, et moins encore écraser la rébellion.

Tandis que ces événements se poursuivaient ainsi sans issue décisive, un Turc monté sur un cheval brun sortait chaque matin de la forteresse et venait provoquer l'un des Serbes campés sur l'autre rive à un combat singulier.

— Allons, approchez, troupe de porcs, s'écriait-il avec insolence, nous verrons bien lequel de nos sabres coupe le mieux, lequel de nos fusils porte juste. Au vainqueur le pouvoir. Pourquoi vous cacher comme des lapins dans leurs trous?

Il répétait ce défi chaque jour, et tous les Serbes étaient persuadés qu'ils avaient affaire à un homme habile et hardi. Mais le commandant de l'armée serbe avait interdit, sous des peines sévères, de répondre à la provocation.

Un jour que ce nouveau Goliath se présentait comme de coutume aux regards des insurgés et les excitait par ses gestes et ses cris à venir se mesurer avec lui, un jeune cavalier serbe chevauchant sur la route, et suivant la rangée de saules qui bordent la Morava, tenait ses yeux cloués sur le Turc. Les Serbes reconnurent avec anxiété que ce jeune homme n'était autre qu'Iliya Popovitch de Priyelina, le secrétaire du général.

Iliya faisait caracoler son cheval, sans détourner ses regards un seul instant de l'insolent Ottoman, en tenant le poing sur ses arçons.

Après avoir débité ses tirades habituelles, le Turc tira ses deux pistolets de sa ceinture, visa et fit feu.

Au second coup, Iliya ressentit une légère secousse à la place où était sa ceinture, mais il ne vit aucune trace de sang, et, ne se sentant pas défaillir, il piqua des deux, courut sus à l'ennemi, et l'atteignit. Tout à coup le Turc poussa un cri de rage et vida les étriers. D'un seul coup de sabre Iliya lui trancha la tête, s'empara du cheval de son adversaire, et trainant la bête captive, repassa la rivière. Quelques instants après, il se trouvait au milieu des Serbes.

— Bravo ! bravo ! jeune homme, dit un vieux sous-officier, ne pouvant s'empêcher de laisser voir sa satisfaction. Quoi ! vous nous rapportez la tête d'un Turc ! Bravo !

— Je n'ai pu supporter davantage sa forfanterie, répondit Iliya.

— Et tu n'as pas reçu une seule blessure ? dit un des camarades.

— Non ; par une chance inexplicable, sans ma ceinture son second coup m'aurait atteint. J'ai même cru un moment qu'il m'avait blessé.

— Peut-être l'es-tu réellement, interjeta un autre.

Iliya porta sa main à la place où il avait éprouvé la commotion et sortit la bourse contenant le florin que lui avait donné sa mère. La balle avait frappé la pièce de monnaie juste au centre, l'avait aplatie et légèrement édentée en y restant collée.

— Garde ce florin avec reconnaissance toute ta vie, dit le vieil officier, il t'a sauvé la tête aujourd'hui.

— C'est une vraie chance en effet, s'écrièrent les autres.

Iliya avait fait preuve de courage ; il avait le poignet solide et la fortune l'avait favorisé dans le combat ; mais cela ne l'empêchait pas d'être coupable. Il devait être traduit en jugement, et la sentence que l'on allait prononcer contre lui ne pouvait être qu'un arrêt de mort.

Il avait enfreint sciemment, délibérément, les ordres du général, violé la discipline, qui est l'âme de l'armée. Il allait comparaitre devant la cour martiale.

Une cour martiale agit sans phrases.

— Etes-vous soldat, Iliya Popovitch ? demanda le président de la cour.

— Je le suis.

— Saviez-vous qu'il était interdit de quitter le camp pour accepter un combat singulier ?

— Je le savais.

— Pourquoi avez-vous désobéi à cet ordre ?

— Je ne pouvais m'en empêcher.

— Reconnaissez-vous que vous êtes coupable ?

— Vous savez ce que j'ai fait, je ne le nie point ; à vous de me juger.

— Il ne tremble point, mais il ne sait pas ce que c'est que la discipline, dit un des officiers. Si nous lui faisions grâce ?...

— Et la discipline ? que deviendra l'armée si nous laissons enfreindre les ordres les plus stricts du commandant ? Je réclame un châtiment exemplaire.

Le président se leva et étendant le bras :

— Messieurs, dit-il, regardez : voici toute l'armée de la Moravie rangée devant notre tente.

Et en effet, quand les membres de la cour jetèrent un coup d'œil au dehors, ils virent, non sans un mouvement d'effroi, les troupes serbes en ordre de bataille, le fusil sous le bras, le canon baissé à terre.

Un silence profond régnait au milieu des soldats.

— Qu'est-ce à dire, mes amis ? demanda le président de la cour martiale ; pourquoi cette démonstration ?

— Nous sommes prêts à respecter la décision de nos supérieurs, répondit un sous-officier.

— Je le vois ; mais, encore une fois, que voulez-vous ?

— Nous voulons l'acquittement de ce jeune homme. Il a manqué à la discipline, mais il a vengé l'honneur de l'armée.

Le président eut un sourire.

— Vous n'aviez pas besoin de nous le rappeler, dit-il. La loi martiale porte en termes exprès que quiconque a vaincu l'ennemi ne peut être condamné. Iliya est libre.

— Hourra !

Des centaines de voix répètent ce cri.

Iliya vint rejoindre ses camarades, qui l'emportèrent en triomphe.

— Singulière manière de maintenir l'ordre, grommela un officier à moustaches grises, qui ne bronchait pas sur le règlement.

L'affaire en resta là.

Vers la fin de l'automne 1842, beaucoup de Serbes qui s'étaient retirés à Neusatz avec le prince Michel attendaient les événements. Tous étaient impatients d'avoir des nouvelles de la Serbie et de savoir quelles étaient les chances de la nouvelle insurrection. Un de leurs principaux rendez-vous était le café de la place publique où ils passaient le temps à échanger des conjectures. Tous ceux qui apportaient des nouvelles de Serbie étaient bien accueillis, et plus d'un intrigant habile à répandre de faux bruits se fit payer grassement ses mensonges. Mais il est des cas où l'on aime même à être trompé et à se bercer d'une illusion.

Un matin, un pêcheur bien connu arriva de Belgrade. Il avait l'extérieur misérable, mais la mine intelligente. Il dit qu'à la suite d'une protestation du tsar Nicolas toutes les lois décrétées en Serbie, du milieu d'août à la fin de septembre, avaient été abrogées et que l'on allait procéder à de nouvelles élections.

Les visages des Serbes rayonnèrent de joie. Ils virent tout de suite la possibilité d'un arrangement, tout ce qu'ils avaient cru perdu leur semblait enfin reconquis. Aussi s'empressèrent-ils de vider leurs poches pour remplir les mains du messager de la bonne nouvelle.

Un des assistants tira de sa veste une grande bourse, en sortit un florin, le considéra longtemps, le soupesa, puis, le retenant dans sa main, demanda à son voisin :

— Prête-moi quelques kreutzers.

— A-t-on jamais vu un avare pareil ! s'écria l'assistance. Il hésite à donner un florin.

— Messieurs, dit celui que l'on apostrophait, je donnerais volontiers la monnaie d'un florin et même davantage ; mais cette pièce, c'est un fétiche, et je ne veux m'en séparer à aucun prix. Il y a trente ans que je le conserve.

Et quand il leur raconta comment il avait dû la vie à ce florin, des larmes mouillèrent ses yeux, car il songeait à sa pauvre vieille mère, que la mort avait emportée avant qu'il fût de retour au village.

CONRADIN [1]

RECIT HISTORIQUE DE L'ITALIE.

(1252-1268)

L'empereur Conrad IV avait laissé, comme unique rejeton de sa race, un enfant de trois ans, né d'Elisabeth de Bavière et connu sous le nom de Conradin. Il l'avait confié à la tutelle de Berthold de Hohenbourg, seigneur bavarois de beaucoup d'ambition et d'une capacité médiocre. Le tuteur, croyant les Italiens mal disposés en sa faveur, parce qu'il était étranger, remit la régence entre les mains de Manfred, fils naturel de Frédéric II et désigné par celui-ci comme successeur de Conrad, dans le cas où ce dernier mourrait sans héritier direct. Manfred, au lieu de travailler pour Conradin, ne songea qu'à s'emparer lui-même du royaume de Sicile. Il ne tarda pas à faire jeter en prison Berthold et à répandre ou laisser répandre le bruit que Conradin était mort. Alors il se fit couronner roi à Palerme. Cependant le pape Urbain IV, successeur d'Innocent IV, qui avait excommunié Manfred et ses adhérents, opposa un compétiteur au bâtard de Frédéric II et offrit le royaume des Deux-Siciles à Charles d'Anjou, frère du roi de France, saint Louis. Les deux rivaux se rencontrèrent à Grandella, près de Bénévent.

L'armée de Manfred déploya plus de courage que d'habileté; les cavaliers allemands, de haute stature et robustes, manœuvrant à

[1] Ce récit et le suivant sont tirés de l'Histoire des Italiens de Césare Cantù, un des écrivains les plus remarquables de l'Italie contemporaine, né en 1807 et mort en 1880.

deux mains leurs longs sabres, avaient l'avantage sur les Français, dont les glaives, courts et droits, ne pouvaient résister aux armes mieux trempées de leurs adversaires. Charles, usant alors de déloyauté, commande à ses hommes de frapper d'estoc, d'enfoncer la pointe sous l'aisselle des cavaliers ennemis lorsque ceux-ci lèveront les bras et de ne point épargner les chevaux. Les Allemands sont ainsi démontés et restent accablés sous le poids de leurs armures. Manfred veut faire avancer les soldats de la Pouille qui composaient sa réserve : ils refusent d'obéir. Son oncle, le grand camérier, comte de Maletta, donne le signal de la défection; d'autres, parmi lesquels se signale le comte d'Alcêtra, beau-frère de Manfred, suivent l'exemple de cette trahison. Indigné de l'abandon de ses guerriers les plus braves, et résolu de mourir en roi plutôt que de vivre dans l'exil et la misère, Manfred se dépouille de ses insignes trop apparents et prend un casque sans couronne ; mais l'aigle qui le surmonte se détache. *Hoc est signum Dei,* s'écrie-t-il, et, se jetant avec la témérité du désespoir dans la mêlée, il tombe percé de coups. Son cadavre, découvert au milieu d'un monceau de morts, fut reconnu aux pleurs de ses amis. Les barons français témoignèrent l'intention de lui rendre les honneurs, mais Charles déclara qu'il devait, comme excommunié, être privé des prières de l'Eglise; on le coucha dans une fosse, et chacun des soldats y jeta une pierre, lui élevant ainsi un tombeau comme aux anciens héros. Le légat pontifical s'opposa même à laisser reposer ses restes en cet endroit, il le fit exhumer et jeter sur la rive droite du fleuve Verde, qui, entre Ceprano et Sora, forme la limite des Etats de l'Eglise et de la Romagne.

La victoire de Charles ne lui concilia pas l'amitié des Italiens. On ne voulait voir en lui qu'un allié et non un maître. Aussi vit-on bientôt renaître la sympathie, la pitié, les regrets pour la race qu'on venait de maudire. L'attention se porta alors de nouveau au delà des Alpes, où survivait l'unique rejeton de Frédéric II et de Conrad IV.

Conradin, dépouillé des biens et des dignités de ses aïeux, vivait à Landhut, auprès du duc Louis de Bavière, sous les yeux de sa mère Elisabeth. Il avait seize ans. Beau de sa personne, généreux quoique pauvre, il s'adonnait à la chasse et aux exercices militaires, à l'étude du latin, et cultivait la poésie allemande avec un talent qui lui valait déjà quelque réputation parmi les contemporains.

Jusqu'alors, chacun des partis avait cherché à faire de lui l'instrument de leur ambition; les mécontents se groupaient autour de ce jeune homme et, à plusieurs reprises, il avait été question de l'élever au trône impérial. A vrai dire, les Allemands lui reprochaient d'être mou mais son entourage, exagérant ses mérites, encourageait ces rêves de restauration qui sont communs aux héritiers des races déchues, accoutumés à ne voir à travers l'encens qu'on leur prodigue ni la réalité des événements, ni l'opportunité et l'efficacité des moyens à mettre en œuvre pour exécuter leurs desseins, ni les probabilités d'insuccès de leurs projets. Les Lancia, alliés à Manfred par sa mère, avaient réussi à s'évader des prisons de Charles d'Anjou. Ils engagèrent Conradin à revendiquer la couronne. Ils lui apportaient cent mille florins et l'assurance de la sympathie et du secours de Pise et de Vienne, qui lui envoyaient des promesses magnifiques. Ils lui conseillèrent de lever une armée de mercenaires, lui donnant la certitude que les chevaliers d'aventure s'associeraient à sa noble cause avec empressement, et qu'il lui suffirait de se montrer pour décider les Italiens, las des Guelfes, des Papes et des Angevins, à embrasser son parti.

Conradin, avec la fougue de la jeunesse et l'aveuglement d'un prétendant, se mit donc en route pour l'Italie, bien que sa mère l'en détournât. Les ducs de Bavière, ses oncles, l'escortèrent jusqu'à Vérone avec dix mille hommes; mais ceux-ci, dès le premier jour qu'on cessa de payer leur solde, refusèrent d'aller plus loin, et Conradin n'en put retenir sous ses drapeaux que trois mille. Encore dut-il leur laisser en gage son patrimoine. Que lui importait! les anciens partisans de Frédéric II, les Gibelins de toute l'Italie, les mécontents de la Sicile, lui prodiguaient les promesses, sacrifices peu coûteux; il ne pouvait manquer d'hommes ni d'argent; le seul Maletta, celui qui s'était signalé à Bénévent par sa défection envers Manfred, et qui était devenu grand trésorier de Charles, s'était engagé à lui fournir dix mille onces d'or et mille cavaliers. En réalité, les hommes et l'argent ne venaient pas; mais Conradin n'en lançait pas moins des manifestes, armes habituelles de ceux qui n'en ont pas d'autres. Il exhortait les Italiens à se joindre à lui, leur promettant de relever l'honneur de leur pays et la dignité du nom allemand. Il adressait aux princes de l'Europe des *concetti* pour se plaindre des papes : « Innocent m'a fait tort à moi *innocent;* Urbain n'a fait preuve à mon égard d'aucune *urbanité;* Clément s'est montré envers moi *inclément.* Je suis odieux à Rome qui ne veut pas même que je vive; moi, rejeton d'une race si magnifique, dont le règne a eu tant de durée et dont je ne veux pas dégénérer; moi, élu et créé pour la sublimité de l'empire où j'arriverai en suivant les traces de mes aïeux. »

Il rencontra d'abord quelque adhésion. Asti, qui, entraînée par le mouvement, avait, au début, consenti à payer à Charles des redevances, voyant que ce sacrifice ne mettait pas fin aux exactions des maréchaux établis par le duc d'Anjou à Turin, Albe, Alexandrie et Savigliano, recruta quinze cents hommes, puis, faisant cause commune avec les citoyens de Pavie et le marquis de Montferrat, poussa à la révolte les villes qui avaient accepté l'autorité angevine. Encouragés par ces démonstrations, les Génois battirent la flotte de Charles, et les Pisans, avec vingt-quatre galères, sous le commandement de Frédéric Lancia, infligèrent, devant Melazzo, un échec à l'escadre française. Ces premiers avantages semblaient d'un heureux présage à Conradin. Allant au-devant de la résistance des républiques guelfes dont la ligue s'était réorganisée, et secondé par les villes gibelines, il quitte Pavie et s'engage résolument dans les gorges de Ligurie. Il arrive au petit port voisin de Savone, où l'attendent des galères qui le transportent à Pise. N'ayant plus à s'occuper de la barrière que pouvaient lui opposer les montagnes et les fleuves, il songe désormais à porter ses armes dans le pays même des ennemis, où il compte comme appui sur les complots et sur les souvenirs laissés par sa race.

Cependant Clément IV s'émeut des prétentions de cet enfant qui veut, une fois de plus, reconstituer l'union de l'empire et de la Sicile sous un même sceptre.

Il le frappe d'excommunication, lui et tous ses partisans; il le déclare déchu non seulement de tout droit sur la Sicile, mais lui enlève le titre de duc de Souabe et de roi de Jérusalem que le fils de Conrad IV tenait d'Innocent; il l'appelle « roitelet issu de la race venimeuse du serpent tortueux qui, voulant exterminer sa mère l'Eglise romaine, infecte de son souffle les campagnes de la Toscane et répand la trahison dans les différentes cités de l'empire vacant et du royaume de Sicile ».

C'est un aveu des alliances que pourrait trouver le prétendant, et qui ne font point défaut à quiconque est hostile à un nouveau règne. Les barons de Lombardie et de Toscane, anciens feudataires de l'empire, grâce auquel ils exerçaient jadis leur pouvoir despotique, attendaient avec impatience un nouvel empereur, de préférence un jeune homme faible qui voudrait favoriser leurs menées ambitieuses. Conrad Capèce, débarqué en Sicile avec un corps d'Africains, y réveillait la trame contre Naples, puis, secondant les Fetenti contre les Ferracani (noms adoptés dans l'île par les Guelfes et les Gibelins), il soulève tout le pays, à l'exception de Syracuse et de Messine. A Rome, toujours ennemie des papes, Henri de Castille avait ouvertement pris la défense de Conradin; fameux par ses victoires sur les Maures, il avait longtemps séjourné à Tunis, où il avait contracté tous les vices des Barbaresques ; puis, nommé sénateur de Rome, il avait exercé dans cette ville une odieuse tyrannie, en persécutant un grand nombre de personnages. Il avait d'abord pris parti pour Charles, son parent, mais lorsqu'il s'était vu refuser le trône de Sardaigne qu'il ambitionnait et n'avait pu se faire rendre l'argent qu'il avait prêté au duc d'Anjou, il était devenu son ennemi; en outre, il était hostile au Souverain Pontife. Aussi, promit-il de soutenir Conradin de son épée et de lui amener un renfort d'hommes.

Alléché par ces préludes de bon augure, Conradin sort de Pise, traverse Sienne, et vient déployer ses drapeaux devant Viterbe, où le pape, qui avait quitté Rome, s'était réfugié. « Ce jeune homme, dit Clément IV à ses cardinaux, ne doit vous inspirer aucune crainte ; il est poussé par les méchants comme on pousse une brebis au boucher. » Et il célébra sans s'émouvoir la fête de la Pentecôte.

Les Romains accueillirent Conradin comme le fait toujours un peuple avide de spectacles ; le sol qu'il devait fouler fut couvert d'étoffes et d'habits, les rues ornées de tapis d'une grande richesse, de fourrures, de draps de soie et d'or, et on tendit des cordes où chacun suspendit ce qu'il avait de plus beau en vêtements, en armes, en objets de luxe; on n'entendait partout que le son des tambours, des violes, des fifres, et des chœurs enthousiastes entonnaient des hymnes de joie.

Conradin, proclamé le libérateur du peuple, l'épée de l'Italie, reçut tous les titres pompeux que, d'âge en âge, répétaient la populace et la bureaucratie. Il monta au Capitole et prononça un discours où les Romains surent trouver toutes les beautés du sentiment et de la forme, parce qu'ils y étaient l'objet de la flatterie. Les sept collines retentirent des acclamations de triomphe des écrivains ; poètes et prosateurs célébrèrent à l'envi le légitime héritier de tant de Césars. On jeta en prison ceux qui lui firent opposition, et on pilla ou confisqua leurs biens. Le sénateur, pour avoir de l'argent, enleva les trésors des églises et les richesses déposées dans les sacristies par les particuliers, puis, ayant levé des soldats, il partit pour une conquête dont il se félicitait déjà de tirer les plus grands avantages.

Enivré de cet espoir, Conradin traverse Tivoli et Vicovari, puis pénètre dans les montagnes des Abruzzes, où il était facile de camper, en attendant que ses partisans vinssent le rejoindre.

Mais Charles d'Anjou ne s'endormait pas.

Il marcha au-devant de son adversaire et le rencontra à Tagliacozzo, près des anciens *Campi Palentini*, auxquels on donnait alors le nom de plaine de Saint-Valentin. Le légat du pape bénit les armes du roi, et maudit celles de Conradin. Les Gibelins eurent d'abord le dessus, grâce aux Allemands, commandés par le prétendant, aux Italiens de Calvano Lancia et aux Espagnols de Henri de Castille. Charles voyant les siens en déroute, prisonniers, blessés ou tués, cédait déjà au désespoir, lorsque le sire de Valery, vieux chevalier revenu de Palestine, lui conseille de faire donner la réserve. A la tête de ces troupes fraîches, il tombe sur les Gibelins, qui célébraient leur victoire, les taille en pièces et en fait un carnage plus grand que celui de Bénévent.

A Rome, les Gibelins avaient annoncé le triomphe de Conradin, et cette nouvelle avait été accueillie par de vives réjouissances ; mais les fugitifs annoncèrent bientôt la sinistre vérité. Ils racontèrent que Henri de Castille était tombé aux mains de l'ennemi et que Charles faisait couper les pieds aux prisonniers, et les enfermait ensuite dans une enceinte où on les brûlait vifs. Les Guelfes, laissant éclater leur sentiment, reçurent avec pompe le roi Charles, qui monta à son tour au Capitole, au milieu des cris de joie et du chant des hymnes, reprit la dignité de sénateur, et occupa le siège de juge. Toutefois il ne perdit pas de temps à s'enorgueillir de ses succès.

Conrad, tombé subitement du faîte de l'espérance dans l'abîme de la réalité, avait couru à Rome, pour réclamer l'exécution des promesses qu'on lui avait faites dans la prospérité ; mais il n'y trouva plus que les railleries et le mépris réservé aux vaincus.

Déguisé en paysan, il s'enfuit avec Calvano Lancia, son fils et quelques amis restés fidèles à son infortune. Parmi eux se trouvait son cousin Frédéric de Baden, dépossédé du duché d'Autriche, qu'il avait espéré recouvrer en prêtant son aide au prétendant. Ils suivirent le rivage de la mer, à la recherche de quelque navire qui pût les transporter en Sicile, où leur bannière était encore tenue debout par Capèce ; puis ils atteignirent le petit cours d'eau qui sépare la campagne de Rome des marais Pontins. Là était la forteresse d'Astura, alors occupée par le Romain Frangipane, voleur de grands chemins et pirate, avide de butin et de rançons. Comme les autres barons, il s'était rallié à Conradin. Il rejoignit le premier fugitif et le ramena dans son château, ne sachant quel parti il devait prendre de préférence : ou le sauver à prix d'or, ou le livrer à ses ennemis. Le pape lui réclama les Allemands arrêtés sur ses terres. Frangipane aima mieux les vendre à l'Angevin. Charles se les fit remettre en personne. Lancia, son fils, et d'autres seigneurs de la Pouille, furent décapités sans jugement comme vassaux rebelles.

Clément IV exigea qu'on lui livrât Conradin, sous prétexte qu'ayant été excommunié par l'Eglise, il ne pouvait être jugé que par elle. Le Pontife était d'ailleurs mécontent des excès de cruauté de Charles, et commençait à redouter son ambition. Peut-être espérait-il se servir du jeune homme comme d'un otage qui pouvait devenir un épouvantail précieux. Charles, ne se trompant point sur ces desseins, se refusa à rendre le prisonnier au pape. Il paraît d'ailleurs qu'il parvint à faire croire à Conradin que Clément IV, ennemi implacable de sa race, lui réservait les plus affreux supplices, et qu'il ne lui restait d'autre salut que la clémence royale. Le jeune prince avoua en effet qu'il avait péché contre sa sainte mère l'Eglise. Ambroise Sansedoni de Sienne, prédicateur en renom, se rendit auprès du Pontife. Il avait préparé un long discours plein d'éloquence. Mais il aima mieux, au dernier moment, ne prononcer que quelques paroles simples, toujours plus efficaces. Il se prosterna devant le trône pontifical, et fit allusion à la parabole de l'Enfant prodigue, puis il ajouta: « Saint-Père, Conradin vous fait dire: *Père, j'ai péché devant les cieux et devant les hommes*, et il demande avec humilité le pardon de sa faute, en espérant en votre miséricorde. » Le pape, dont le cœur fut touché par ces paroles du moine et sentant le souffle de Dieu, répondit sans hésiter : « Ambroise, je te le dis en vérité, je veux la miséricorde et non le sacrifice. » Puis, s'adressant à l'assistance : « Ce n'est pas lui qui a parlé, dit-il, mais l'esprit de Dieu tout-puissant. » Clément et tous ceux qui étaient présents furent surpris de la pitié que Dieu avait fait naître en lui par la bouche d'Ambroise. C'est ainsi que Conradin ne fut l'objet d'aucune censure pontificale, et que l'inimitié de Clément IV à son égard prit fin.

L'Eglise avait pardonné : le roi triomphait d'avoir gardé sa proie. L'absolution faisait cesser tout conflit de juridiction, il pouvait conduire le procès à son gré. Il nomma donc un tribunal composé de deux syndics de chacune des villes de la principauté et de la Terre de Labour. Ces magistrats, tous Français, et dévoués à Charles, se rendirent à Naples. Presque tous inclinaient à traiter le prétendant en roi vaincu, ayant tenté de rentrer en possession des biens qui lui avaient été enlevés ; et à ce titre ils étaient d'avis qu'il devait être considéré comme prisonnier de guerre. Mais Charles insistait pour le faire déclarer coupable de sacrilège, à cause de l'incendie de certains monastères. Un des juges, Guido de Seizara, juriste éminent, rappela alors au roi qu'un chef ne peut être puni pour les excès commis à son insu par ses partisans, et que d'ailleurs l'armée angevine avait agi de même lors de la première conquête. On passa aux voix ; tous les juges furent pour l'acquittement ; il n'y eut que le provençal Robert de Bari, protonotaire du royaume, qui opinât pour la mort, et Charles n'hésita point à ratifier cette sentence inique.

Conradin jouait aux échecs avec son cousin Frédéric quand on vint lui annoncer sa condamnation. Il obtint trois jours de grâce pour se préparer à la mort et faire son testament. Alors on le mena avec dix autres prisonniers, du château Saint-Sauveur sur la place du Marché, où était dressé l'échafaud. Charles voulut se donner le plaisir barbare d'assister au supplice du haut du château. Robert de Bari lut la sentence motivée. Conradin, après l'avoir écoutée, se dépouilla de son manteau et s'agenouilla en disant : « O ma pauvre mère, quelle nouvelle tu vas recevoir (1) ! » Il plaça sa tête sur le billot, les mains jointes levées vers le ciel, et attendit le coup fatal. Frédéric, au contraire, écumant de rage, vomissant des blasphèmes, lançant d'horribles imprécations, se laissa arracher la vie, sans vouloir demander pardon à Dieu.

La foule contemplait ce spectacle, muette et frappée de stupeur. Quelques Français, s'indignant tardivement d'avoir prêté leur aide aux sinistres vengeances du conquérant, laissaient éclater leur colère et se répandaient en commentaires généreux et en paroles de clémence, dont leurs compatriotes se montrent prodigues avec le fait accompli. Les cadavres furent enfouis sous un monceau de pierres, non en terre sainte, mais sur le lieu même du supplice.

Aucun souverain n'éleva de protestation contre cet acte, et cependant c'était la première fois que le sang royal était versé par la main du bourreau. Mais la plupart des contemporains, bien qu'ils n'oubliassent pas que le doigt de Dieu atteint les coupables jusqu'à la quatrième génération, ne purent s'empêcher de blâmer la trop grande cruauté du vainqueur. Aussi Jean Villain écrivit-il : « Nous savons par expérience que quiconque s'insurge contre la sainte Eglise et est frappé

---

(1) On peut lire dans bien des livres d'écoliers que Conradin jeta du haut de l'échafaud son gant comme un appel à la vengeance de son héritier, Pierre d'Aragon, et que ce gant fut apporté à ce dernier par Jean de Procida ou par Henri de Waldbourg. Il n'est question de ce fait légendaire que dans une chronique rédigée jusqu'à l'année 1344 par l'abbé de Victring en Carinthie, et aucun historien napolitain ne l'a mentionné avant Collenuccio. L'authenticité en est donc contestable. D'ailleurs, Pierre d'Aragon avait-il un titre réel à l'héritage de Conradin ? Il était le mari de Constance, fille de Manfred, et Conradin n'avait cessé de le traiter d'usurpateur et de parjure ; pourquoi donc en aurait-il fait son héritier ? Lorsque Pierre envahit la Sicile et réclama la couronne, il ne parla point de la succession de Conradin, mais de celle de Manfred, et à cette occasion, aucune allusion ne fut faite au gant.

On peut considérer comme tout aussi dénuée de fondement la tradition qui rapporte qu'Elisabeth de Bavière, mère de Conradin, vint elle-même dans une galère toute noire recueillir le cadavre de son fils pour le faire ensevelir dans l'église de Carminé, qu'elle avait fondée.

d'excommunication, doit avoir, en son corps et en son âme, une fin misérable ; mais le roi Charles fut fortement réprimandé au sujet de cette sentence, par le pape, les cardinaux et par tous les hommes sages. »

La mort des deux jeunes princes offrait un beau thème aux poètes ; elle fut chantée en allemand et en provençal. Saba Malespina leur rendit l'hommage que pouvait à cette époque accorder un prétorien ; il fit en termes pathétiques le récit de leur fin et gémit « sur ce cadavre qui gisait étendu comme une fleur purpurine coupée par une faux imprudente ». Dans le peuple, on répéta qu'un aigle descendu des nuages avait trempé son aile droite dans le sang du supplicié et avait aussitôt repris son vol vers le ciel. C'était du sang de roi, qu'un roi, se fondant sur le droit de la victoire, avait versé, oubliant que la victoire n'appartient pas toujours aux rois. D'autres légendes furent inventées et répandues par les écrivains du temps, et l'histoire les recueillit avec une complaisance aveugle.

MASANIELLO

RECIT HISTORIQUE DE L'ITALIE.

(1647)

Le jour de la Vierge du Carmine, la jeunesse napolitaine allait, suivant une ancienne coutume, sous la conduite de ses chefs et armée de roseaux, faire le siège d'un château de bois érigé sur la place du Marché. Parmi ces chefs figurait Thomas Aniello d'Amalfi, pêcheur de vingt-cinq ans, réduit à la misère depuis que les douaniers avaient arrêté sa femme qui passait en contrebande un sac rempli de farine. C'était une nature vive et hardie. A Naples, tout le monde le connaissait : les seigneurs auxquels il vendait du poisson, et le peuple qui rendait hommage à son caractère énergique et fier, et à ses sentiments de justice et de sincérité. C'était presque toujours à lui qu'on avait recours pour juger un différend, et on se plaisait à lui demander conseil.

Ce jour-là, un paysan, venu au marché, et n'ayant pas le denier exigé pour prix de son emplacement, résiste aux employés chargés de percevoir la taxe, jette à terre les figues qu'il offrait en vente et les foule aux pieds. La foule s'amasse autour de lui, les uns pillent les fruits, les autres poussent des éclats de rire, quelques-uns ont peur. Tous crient comme on crie à Naples. Masaniello arrive sur ces entrefaites avec les jeunes gens armés de roseaux ; il prend le parti du paysan, brave hardiment les agents du fisc, et déclare qu'il est temps d'en finir avec ces abus. L'agent prend la fuite, le tumulte augmente et, comme toujours, on commence par détruire et brûler les registres et les bureaux des percepteurs ; puis le peuple se rend devant le palais du vice-roi, en acclamant le souverain, mais en protestant par des huées contre la mauvaise administration du royaume.

Le vice-roi, effrayé à son tour par les menaces de ce peuple en délire, trouve ses griefs légitimes. On exige l'abolition de la taxe sur les farines, il l'abolit ; on exige le rétablissement du privilège de Charles-Quint, et comme on ne se souvient plus de ce que contient la charte, on en veut l'original. Le vice-roi ne refuse rien. Il accorde un pardon général à tous les faiseurs de désordre et s'engage même à donner une pension à Masaniello, s'il parvient à calmer le peuple. Mais le pêcheur repousse ces présents ; il ne veut pas se séparer de ses frères, et quelques heures après il est maître de la ville. Alors il ordonne à tous les hommes valides de prendre les armes, il fait mettre en liberté les contrebandiers et les débiteurs du fisc, il supprime les taxes onéreuses, enjoint aux boulangers de vendre la livre de pain de quarante onces au prix réduit de quatre grains, désarme les forts, fait mettre le feu à cent maisons de jeu et aux soixante-dix maisonnettes habitées par les agents du fisc, dont on jette le mobilier dans les flammes, après avoir enlevé des murs les portraits du roi, qu'il fait placer au coin des rues, entre des flambeaux allumés. Et on crie « vive le roi ! » sans s'apercevoir que l'on méconnait l'autorité du chef de l'État.

Tout le monde a été témoin de ce qui se passe en pareille circonstance ; le peuple est sombre et menaçant, et ceux qui le flattent lui prodiguent les promesses. Mais le pouvoir vaincu, maîtrisant sa colère au moment du danger, se réserve de la décharger sur la tête de ce même peuple, dès qu'il sera devenu calme. Le vice-roi amuse les *lazzaroni*, et pendant ce temps envoie jusqu'à cinq assassins contre Masaniello. Le peuple égorge ces sicaires, le sang appelle le sang, et l'on se livre à de terribles vengeances. « Le prince de Cellamare ne doit son immense fortune qu'à la création des impôts : à mort ! Le duc de Maddaleni s'est refusé à payer le poisson que je lui apportais et me répondait par des insultes : à mort ! Le prince de Caraffa m'a obligé à lui baiser le pied, je veux le lui couper et le manger : mort aux brigands ! mort à tous ceux qui portent un manteau sous lequel ils cachent l'arme d'un traitre ! mort à ceux qui n'exposent pas l'image du roi et de saint Janvier ! »

Masaniello faisait preuve de courage et de prudence ; mais il était poussé aux excès par Genovino (1). Le vice-roi invita Masaniello à avoir avec lui une entrevue. Le pêcheur voulut se rendre à cette audience en costume de travail, avec le caleçon et le bonnet des Napolitains. Mais l'archevêque le contraignit à revêtir un manteau de brocart et à prendre un chapeau à l'espagnole. Les lazzaroni étaient fiers de leur

Entrevue de Masaniello et du vice-roi.

héros transformé qui, à cheval et l'épée nue, se dirigea vers le palais, escorté par la multitude. Avant de pénétrer chez le vice-roi, il dit au peuple : « Je n'ai pas d'autre but que celui de servir votre cause. Quand je vous aurai remis en possession de vos droits et de la liberté, je reprendrai mon ancienne profession, sans demander autre chose de chacun de vous qu'un *Ave Maria* à l'heure de ma mort. »

Tous lui font ce serment accompagné de vociférations ; il continue

(1) Jules Genovino, autrefois l'élu du peuple et l'agent du duc d'Ossuno, avait été, à la chute de ce vice-roi, condamné à la prison perpétuelle ; mais il avait été gracié par Philippe IV et s'était rendu à Naples, où il s'était fait prêtre pour être en sûreté. Il était l'un des principaux fauteurs des troubles populaires.

en leur donnant le conseil de ne déposer les armes que lorsqu'ils auront obtenu tout ce qu'ils demandent.

— N'ayez aucune confiance en tous ces nobles ; si l'on me retient trop longtemps au palais, mettez-y le feu.

Le vice-roi, inspiré par la peur et la perfidie, le reçoit avec la plus grande courtoisie et s'étonne de trouver dans un simple pêcheur sans éducation, tant de bon sens et de raison pratique. A plusieurs reprises il veut lui faire don d'un magnifique collier d'or. Il l'appelle « mon fils » et lui répète fréquemment : « *Grâce à toi, le roi peut aujourd'hui se dire roi* ». Masaniello répond à cette bienveillance en touchant plusieurs fois la barbe du gouverneur et en lui disant :

— N'ayez aucune peur.

Cependant le peuple, craignant qu'on n'ait fait quelque violence à son chef, recommence ses vociférations. Masaniello paraît au balcon. A peine a-t-il mis un doigt sur ses lèvres, que les cinquante mille lazzaroni, rassemblés là, gardent un respectueux silence. Sur son ordre ils se dispersent immédiatement. Sa femme, avec un enfant dans les bras, se présente devant l'épouse du gouverneur Arcos et lui dit :

— Vous êtes la vice-reine des dames et moi la vice-reine des bourgeoises. Mon mari sera le chef du peuple napolitain et le vôtre celui des Espagnols.

Les négociations se poursuivent. Un traité est conclu entre le vice-roi et le chef du très fidèle peuple de la très fidèle cité. On en donne lecture à la porte de la cathédrale. Masaniello en explique chaque phrase à la foule ; puis, chacun jure de l'observer sur l'Évangile et le sang de saint Janvier. Masaniello fait une nouvelle harangue où l'extravagance se marie au bon sens ; il parle des intentions conciliantes du vice-roi, des dispositions pacifiques de l'archevêque ; puis il veut se débarrasser de cet incommode vêtement de cérémonie pour reprendre les *calzoni* et le bonnet du lazzarone. Il n'a aucun dessein de s'enrichir, il est fier de sa pauvreté, et tout en parlant au peuple, il ôte ses habits pour faire voir son dos décharné ou son estomac creux, comme preuve de la sobriété qu'il a conservée au milieu de l'abondance.

Les hauts personnages vont lui faire leur cour, il les repousse en s'écriant :

— Hors d'ici ! Je ne veux recevoir que les va-nu-pieds comme moi.

Un héraut d'armes, au milieu des vivats poussés par la foule, crie : *Vive Masaniello !*

Le pêcheur le saisit par les cheveux, les lui coupe avec son épée et menace de lui infliger une autre correction s'il crie autre chose que : *Vive le roi et le fidèle peuple de Naples !* Un homme du peuple vient lui dire : « Tu n'auras rien fait, tant que tu n'auras pas les clefs du château. » Il prend un trousseau de clefs, les lui jette à la tête et lui dit : « Voici les clefs du fort Saint-Elme. » Un homme masqué lui glisse ces mots à l'oreille: « Ta fortune te prépare une belle couronne. » Il répond: « Je n'en veux d'autre que celle de la Vierge, et je n'ai qu'un désir, celui de supprimer les taxes trop lourdes qui écrasent la ville. Je suis un pauvre diable, et quand j'aurai gagné la cause du roi, je reprendrai mes filets. »

Les meneurs de l'émeute tentent vainement de lui faire prendre le rôle d'un héros ; il est du peuple et il en a tous les défauts et toutes les qualités : vanité et bonhomie, courage et pusillanimité, ne voyant qu'une chose : payer peu, avec le pain à bas prix, obtenir justice du roi et puis quelques réformes. Il disait à l'archevêque : « Excellence, serai-je roi ? Excellence, je suis un grand pêcheur et je veux me confesser. Je ne demande rien pour moi. Cette affaire réglée, je retournerai à mes poissons. »

Mais, porté au pouvoir par la populace, il ne pouvait rien reprendre à la populace. Après avoir laissé faire quelques exécutions, il prend goût au sang, puis il gaspille l'argent du Trésor et veut faire bâtir des monuments comme un roi. Il fait ériger sur la place publique un tribunal et rend lui-même la justice, écoutant les accusateurs et condamnant souvent les inculpés sur leur physionomie. Auprès de lui, se dresse la potence, car ce pêcheur devenu inhumain ne connaît plus d'autre supplice même pour les délits ; puis il parcourt Naples à cheval, comme un furieux, écrasant les passants, les frappant sans distinction d'âge ni de sexe, fronçant les sourcils, la menace à la bouche ; tantôt il jette à pleines mains les sequins, tantôt il noie dans le vin le peu de raison qui lui reste.

Ces extravagances font croire que le vice-roi l'a rendu fou en voulant l'empoisonner. Les hommes sensés s'indignent, le populaire, au contraire, en fait son idole. Genovino le surveille de près ; Masaniello se rend au couvent du Carmine, où il va se confesser. Les séides du vice-roi l'y surprennent et l'égorgent. Le peuple, qui l'idolâtrait la veille, traîne alors son cadavre dans la fange. Mais le lendemain, une réaction s'opère. Les boulangers se sont avisés de ne plus faire que du pain de vingt-quatre onces. On se souvient de Masaniello, on pleure, on vocifère, on lui fait des obsèques comme jamais on n'en fit à un roi, et quatre-vingt mille citoyens suivent son cercueil. Ceux qui l'ont assommé lui rendent les honneurs militaires. Quarante mille soldats, au son lugubre des tambours, les fusils renversés, traînant les bannières dans cette même fange où on l'a traîné la veille, escortent son cadavre au milieu du bruit des cloches et des canons. Sur le cercueil, on a jeté un drap mortuaire brodé de couronnes et de palmes, et l'on y a déposé l'épée et le bâton de général. Quatre mille prêtres et moines disent la messe pour le repos de son âme. On raconte que la tête de Masaniello, rattachée au corps, a remué les yeux et prononcé des paroles intelligibles, que sa main a saisi un rosaire et donné la bénédiction.

Tel fut cet homme extraordinaire ; en une même semaine, pêcheur, tribun, roi, égorgé et sanctifié.

JEAN PRENDS-GARDE

CONTE ESPAGNOL (1)

I

Il y avait une fois un soldat qui se nommait Jean Prends-Garde, non parce qu'il prenait garde à tout, mais parce que, voyant qu'il ne prenait garde à rien, le capitaine de sa compagnie, dont il était l'ordonnance et qui l'aimait beaucoup, lui répétait toujours :

— Jean, prends garde!

Jean prit son congé et se disposa à retourner à son village, qui était très loin, et où il avait laissé sa femme; car, étant de nature peu porté à réfléchir, il s'était marié fort jeune avec la fille du sacristain de son village, sans songer qu'il pouvait lui arriver ce qui lui arriva en effet, de tomber au sort et de rester séparé de sa femme pendant sept années.

Jean sautait de joie comme un cabri : il allait voir sa femme qu'il n'avait pas vue depuis sept ans; et il retournait dans son village avec trente mille réaux.

Jean se trouvait avec sa compagnie en garnison à Jaca, et son chef l'envoya à la montagne porter une lettre pour un officier de carabiniers qui y était posté.

---

(1) L'auteur de ce conte populaire en Espagne est Antoine de Trueba, qui naquit en 1821 à Sopuerta et vient de mourir il y a quelques semaines. Ses œuvres sont citées parmi les plus estimées de son pays.

— Mais, mon capitaine, je vais m'égarer dans ces défilés, car je ne sais pas le chemin.

— Tu n'auras qu'à suivre l'homme qui marchera devant toi, lui répondit son chef.

Jean se mit en route, le fusil sur l'épaule pour se défendre, et gardant le conseil dans sa mémoire pour se guider, il marcha, marcha, jusqu'à ce qu'il arriva au pied d'une montagne.

Il faisait très chaud, il s'assit au pied d'un arbre pour se reposer, en attendant qu'il vit passer par là quelqu'un qui pût lui indiquer le chemin qu'il devait prendre.

Il porta ses regards sur la montagne, et découvrit un homme qui cheminait tout au haut, conduisant par la bride deux montures chargées.

« Tu n'auras qu'à suivre celui qui marchera devant toi, m'a dit le capitaine ; je vois que ce muletier s'en va sur le sommet de la montagne ; et par conséquent c'est là que je dois aller », se dit Jean en lui-même ; et il se mit à gravir la côte pendant que l'homme et ses mules disparaissaient sur l'autre versant.

Arrivé au sommet et descendu de l'autre côté, Jean se trouva nez à nez avec le muletier qui se reposait à l'ombre d'un arbre.

L'homme, voyant soudainement paraître un soldat à six pas de lui, se mit à fuir épouvanté à travers les bruyères.

Jean comprit que le fugitif était un contrebandier, et prenant par la bride les deux montures, il continua son chemin, les menant pas à pas, jusqu'à ce qu'il les eût remises entre les mains de l'officier des carabiniers auquel il portait la lettre de son chef.

Les montures étaient chargées de riches étoffes, et Jean reçut, quelques jours après, le tiers de la prise que la loi adjuge à celui qui a fait la capture.

C'est de là que provenaient les trente mille réaux que Jean Prends-Garde avait confiés à son capitaine en partant pour la montagne.

II

Jean Prends-Garde avait échangé son sabre contre un bâton de voyage, son ceinturon contre une écharpe de soie, et sa giberne contre un havre-sac.

Le voilà à la fois triste et content, qui va prendre congé de son capitaine : triste parce qu'il aimait beaucoup son chef; content parce qu'il aimait encore plus sa femme.

— Hé! hé! nous voilà donc en route?

— Oui, mon capitaine, si vous n'y voyez pas d'empêchement.

— Jean, prends garde, prends bien garde.

— Mon capitaine, si vous me donniez, en manière d'adieu, deux ou trois bons conseils, vous me rendriez service.

— Soit, je veux bien. Que comptes-tu faire dans ton village?

— Vivre honnêtement en travaillant.

— Et ta femme habite avec ton père?

— J'ai idée que oui.

— Comment! tu as idée? tu n'en es donc pas sûr?

— Non, mon capitaine.

— Comment? elle ne t'écrit pas?

— Jamais, mon capitaine.

— Comment cela se fait-il?

— Parce que depuis que je suis au service, elle ne sait ce que je suis devenu.

— Et pourquoi ne lui as-tu pas écrit?

— Parce que je ne sais pas.

— Mais, étourdi, quelqu'un aurait pu lui écrire à ta place.

— Oui, mon capitaine, mais comme pour dicter les lettres il y a à réfléchir...

— Jean, réfléchis, prends garde, sinon tu es un homme perdu.

— Mon capitaine, si vous me donniez quelques bons conseils, je me les ferais sonner aux oreilles comme un carillon. Je sais que, grâce à vous, j'ai surpris le contrebandier.

— Oui, mais un bon conseil vaut de l'or?

— Je le sais, mon capitaine, car celui que vous m'avez donné à Jaca m'a valu trente mille réaux.....

— Alors faisons un marché. Je te donnerai un bon conseil, mais en retour tu me donneras dix mille réaux des trente mille que tu m'as confiés.

— Canario ! mon capitaine, c'est beaucoup dix mille réaux.....

— Mais si tu n'as pas de bons conseils, tu perdras ton argent et peut-être la vie.

— Vous avez raison. Donnez-moi le conseil et gardez dix mille réaux.

— Mon conseil le voici :

> Où la grand'route fait qu'on verse,
> Choisis le chemin de traverse.

— Je n'oublierai pas ce conseil; si vous voulez m'en donner un autre.....

— Sans doute, mais il t'en coûtera encore dix mille réaux.

— C'est cher, mon capitaine.

— Tu sais bien que mes conseils produisent trente mille réaux chacun.

— C'est vrai. Voyons l'autre conseil, et prenez dix mille autres réaux, puisqu'il n'y a pas moyen de marchander.

— Le second conseil, le voici :

> Qui veut rester en paix et n'avoir point de guerres,
> Laisse à chacun le soin de ses propres affaires.

— Excellent conseil que celui-là, mon capitaine ; il me vaudra, pour le moins, cent fois plus qu'il ne me coûte.

— Il ne t'en manque plus qu'un pour avoir le sac plein.

— Vous pourriez bien me le donner par-dessus le marché!

— Ce que je te donnerai par-dessus le marché, si tu me paies celui-ci au prix de l'autre, c'est une once d'or pour la route, et trois bonnes tourtes, que tu mangeras avec ta femme et ton beau-père, dès que tu seras arrivé chez toi.

— Pour ça, mon capitaine, rester comme qui dirait sans le sou après

avoir été propriétaire de trente mille réaux, cela ne me va pas.
— Deux ne vont pas sans trois.
— C'est vrai, mon capitaine, mais....
— Quoi, mais....

Donnez-moi l'autre conseil et prenez l'argent qui reste.

— Canario !.... Eh bien, allons, mon capitaine, il n'y a rien à dire, car vous parlez d'or.

— Ecoute, Jean, ne sois pas sot ; l'argent ne te sert à rien, parce qu'avec la tête que tu as, on te le volera ou tu le perdras ou le dépenseras mal à propos avant d'arriver à ton village ; tandis que les conseils, on ne peut te les voler, et tu ne peux ni les perdre ni les gaspiller.

— Canario ! en effet, mon capitaine. Donnez-moi l'autre conseil et prenez l'argent qui reste.

— Eh bien ! le troisième conseil, le voici :

> Avant d'agir
> Faut réfléchir.

— Je ne comprends pas bien ce conseil, mon capitaine. Supposez que je veuille fumer, mon capitaine, si je réfléchis avant, au lieu de mettre mon cigare à la bouche, il aura le temps de s'éteindre.

— Mais on ne doit pas prendre un conseil au pied de la lettre ; je veux dire qu'avant de décider une chose grave, on doit se consulter.

— Bon, j'ai compris, mon capitaine.

— Donc voici une once d'or pour ton voyage et ces trois tourtes que tu ne dois pas entamer avant d'être arrivé ; tu les mangeras avec ta femme et ton beau-père, il y en a une pour chacun.

— Merci, mon capitaine, et adieu.

— Jean, prends garde, prends garde, et.... bon voyage.

III

Jean Prends-Garde, à peine parti, prit une place dans une diligence qui se rendait à son village, et perché sur le véhicule, le havresac sur l'épaule, il repassait dans sa mémoire les conseils du capitaine, résolu de les mettre en pratique quand l'occasion s'en présenterait. Arrivé au pied d'une colline que la diligence gravissait en contournant les lacets, Jean se souvient du conseil :

> Où la grand'route fait qu'on verse,
> Choisis le chemin de traverse.

Il vit que le moment était venu d'en faire usage.

— Au revoir ! moi je m'en vais monter par ici, dit Jean au cocher.

— Mais vous voyez bien que les chèvres mêmes ne peuvent monter par là.

— Il n'y a pas de plaisir sans un peu de peine.

Et Jean grimpa la côte par le sentier ; il atteignit bientôt la grand'-

route et s'assit au bord du chemin pour attendre la diligence en se reposant.

La patache tardait beaucoup, et Jean y renonçait déjà, quand il l'aperçoit enfin arrivant cahin-caha. Mais quelle ne fut pas sa surprise en voyant le conducteur le visage tout en sang, le cocher le bras cassé, et les voyageurs tout meurtris ; tous poussaient des cris et des lamentations : ah ! mon Dieu ! ah ! mon Dieu !

Au détour de la route, des voleurs les avaient assaillis à coups de bâton et leur avaient pris tout ce qu'ils possédaient.

— J'ai de la chance, pensa Jean Prends-Garde; et il pleura de joie en pensant à son capitaine, dont le conseil l'avait sauvé de cette terrible aventure, puis il continua sa route, prenant toujours par les chemins de traverse.

Il devança de beaucoup la diligence ; mais, ayant mal calculé son temps, la nuit le surprit dans un lieu solitaire.

Il découvrit près de la route une petite auberge et quoiqu'elle eût bien mauvaise apparence, il résolut d'y passer la nuit. Pan, pan ! et la porte du cabaret s'ouvrit; un homme de mauvaise mine se montra, une lampe à la main.

— Y a-t-il moyen de loger chez vous ?
— Oui, señor.

Jean s'assit près du foyer, où son hôte, la seule personne qu'il vit dans la maison, faisait rôtir un lièvre.

Jean avait l'intention de demander à l'hôtelier pourquoi il vivait seul dans ce désert, mais il se souvint du conseil.

> Qui veut rester en paix et n'avoir point de guerres,
> Laisse à chacun le soin de ses propres affaires.

et il se contenta de lui dire s'il pouvait lui donner quelque chose à manger.

— Vous partagerez mon souper, du lièvre, du pain et du vin, répondit l'aubergiste.

Quand le lièvre fut prêt, l'hôte approcha une petite table du foyer, alla dans un coin de la cuisine, leva une trappe et cria d'un ton impérieux :

— Monte !

Bien que Jean fût courageux comme tous les gens de la campagne, ses cheveux se dressèrent sur sa tête, et toutes les histoires d'aubergistes assassins, qu'il avait entendu raconter dans son enfance, se représentèrent à son imagination.

Sa terreur s'accrut quand il vit paraitre par la trappe un horrible squelette, couvert de haillons sordides et dont les yeux sombres le contemplaient avec effroi.

Le squelette était une femme qui s'accroupit timidement près de la trappe.

Jean Prends-Garde allait demander à l'hôte qui était cette malheureuse femme et pourquoi elle se trouvait réduite à une si triste situation, mais il se souvint du conseil de son capitaine, et il retint sa langue.

L'aubergiste et l'ancien soldat commencèrent à souper, le premier plein de calme et le second très agité, tous deux sans prononcer une parole.

L'hôtelier jetait de temps en temps au squelette un morceau de pain et un os, qui étaient aussitôt dévorés avec avidité.

A la fin du repas, l'hôte se leva, poussa rudement le squelette dans la cave, ferma la trappe et revint s'asseoir tranquillement près du foyer.

Jean Prends-Garde fut de nouveau tenté de demander pourquoi on traitait ainsi cette malheureuse femme ; mais il se souvint du second conseil, et retint ses paroles.

L'hôte et le soldat se couchèrent. Vous pensez bien que Jean ne dormit que d'un œil. Il se rappelait le mot du capitaine :

— Jean, prends garde !

Et cette fois pour tout de bon il prenait garde.

Dès que le jour parut, il paya, prit son petit bagage, et se disposa à partir.

— Eh bien ! comment avez-vous passé la nuit ? lui demanda l'aubergiste.

— Pas mal !

— Etes-vous satisfait ?

— Mais oui!

— N'y-a-t-il rien qui vous ait déplu?

— Chut! ne parlons pas de cela.

L'hôtelier se précipita sur Jean Prends-Garde, les bras ouverts, et Jean leva son bâton.

— N'ayez pas peur, s'écria l'aubergiste, en essuyant une larme, à la grande stupéfaction de Jean : laissez-moi vous embrasser, car vous êtes l'homme que je cherche depuis quatre ans : vous avez apporté la paix dans ma maison et vous avez sauvé bien des gens.

L'hôtelier s'exprimait d'un ton si sincère que Jean se laissa faire ; mais il ne pouvait comprendre comment il avait sauvé tant de gens sans le savoir.

L'hôte ne tarda pas à dissiper ses doutes.

— Ma femme et moi nous vivions en paix dans un village près d'ici, quand les voisins s'étant mêlés de nos affaires, nous commençâmes à nous brouiller et à nous quereller tous les jours.

De ces disputes il résulta que je pris ma femme en horreur. A demi fou de rage, je jurai de me venger des importuns et de tuer tous ceux qui viendraient faire la loi chez moi, jusqu'au jour où je rencontrerais un homme qui ne se mêlerait point de mes affaires. Je me retirai dans cette solitude, j'enfermai ma femme dans la cave où elle vit depuis quatre ans, et j'ai tué et enterré là tous ceux qui sont entrés ici ; vous auriez eu le même sort si vous m'aviez comme les autres accablé de questions sur ce qui ne regarde que moi.

Et pendant que Jean, ahuri de l'horreur que lui inspirait ce sauvage, songeait au danger dont l'avait sauvé le conseil du capitaine, l'aubergiste, courant à la porte, l'ouvrit et cria d'un ton affectueux :

— Monte, ma Juanita, te voilà pardonnée : tous nos malheurs sont finis, le brave homme que voici m'a délié de mon serment ; tu vas quitter pour toujours ton cachot et tes haillons, nous retournerons à notre belle maison du village, et je vais mettre le feu à cette bicoque maudite.

Et le spectre sortit de la cave, pleurant de joie.

L'hôtelier retira d'un bahut de beaux vêtements, des robes, des parures, que le squelette s'empressa de revêtir, tandis que Jean s'éloignait de l'auberge, encore en proie à son épouvante.

Parvenu au sommet de la colline, il tourna la tête et vit que la maison était en flammes; un homme et une femme, causant avec gaieté, se dirigeaient vers un village dont on apercevait au loin le clocher.

IV

Jean Prends-Garde se sentit transporté de joie quand il découvrit enfin le clocher de son village.

L'*Angelus* sonnait à ce moment.

L'allégresse de Jean Prends-Garde fut bientôt troublée par la crainte.

— Qui me dit, pensait-il, que ma femme n'est pas morte?

Il faisait nuit, mais il y avait un beau clair de lune. La maison de Jean ou, pour mieux dire, la maison du sacristain son beau-père était à l'entrée du village. Un petit jardin y donnait accès; dans ce jardin il y avait un grand noisetier. Jean s'assit un moment pour réfléchir. Allait-il entrer brusquement?

Si sa femme était morte, de quel droit pénétrerait-il la nuit dans ce logis? et si elle vivait encore, pourquoi interromprait-il brusquement son sommeil? D'ailleurs le capitaine n'avait-il pas dit:

> Avant d'agir
> Faut réfléchir?

Tout à coup, il vit la porte s'ouvrir; un homme enveloppé dans un grand manteau s'avança vers lui à pas comptés.

— C'est un voleur, pensa Jean!...

Il mit la main sur sa navaja toute neuve, qu'il avait achetée en chemin, et se demanda s'il ne devait pas donner un bon coup de couteau au brigand avant d'en recevoir un lui-même.

Mais l'homme s'éloigna sans lui adresser une parole, et Jean se dit:

— Après tout, le capitaine avait raison. Qu'allais-je faire?

Jean franchit le mur d'un saut et frappa à la porte. Sa femme vint lui ouvrir et le reconnut immédiatement; elle le combla de caresses et l'embrassa avec affection.

— Ingrat, lui dit sa femme : sept ans sans nous écrire, sans nous faire savoir si tu étais vivant ou mort!

— Tu en as fait autant.

— Menteur! mon père et moi nous t'avons écrit plus de vingt lettres, et tu ne nous as jamais répondu.

— Parce que je ne les ai pas reçues.

— Pourtant nous les adressions à Jean Fernandez.

— C'est possible, mais tous m'appellent Jean Prends-Garde.

— Il fallait nous le dire...... Mais enfin te voilà ; tu dois être mort de faim, mon pauvre homme.

— Eh !... après avoir marché...

— Quand mon père rentrera, nous souperons.

La femme de Jean acheva de préparer le souper et mit la table.

A ce moment on frappa à la porte.

— C'est mon père, dit-elle ; et elle alla ouvrir.

Jean courut au-devant du nouveau venu ; mais il s'arrêta tout à coup : l'homme qui venait vers lui était son........ voleur. De nouveau il saisit sa navaja, puis regardant bien, il reconnut le sacristain.

— Canario ! s'écria-t-il ! j'allais tuer mon beau-père. Le capitaine a décidément raison :

> Avant d'agir
> Faut réfléchir.

Ils s'assirent à table, et Jean, prenant les trois tourtes que lui avait données le capitaine, raconta comment trois conseils lui avaient coûté trente mille réaux.

— Ça n'est pas trop cher, dit le sacristain.

Mais sa petite femme fut très courroucée en apprenant que, possédant trente mille réaux, il revenait les mains vides.

— Allons, dit Jean, c'est le moment de goûter les tourtes de mon capitaine; elles sont excellentes, m'a-t-il dit ; et, coupant la sienne, il y trouva dix mille réaux en or.

Son père et sa femme firent de même, et chacun d'eux vit briller dans sa main dix mille réaux d'or.

Inutile de dire si le repas fut gai, savoureux et bien assaisonné.

MIE-AU-BERCEAU

CONTE NÉERLANDAIS (1)

I

— Sais-tu la nouvelle du village ? demanda le journalier Pieter Jansen à sa femme, qui servait en ce moment le souper de son mari, accablé de fatigue. As-tu appris, Nette (2), avec quelle effrayante rapidité la veuve de Klaes Hermsen a suivi son mari ?

— Que dis-tu ? fit la ménagère en déposant sur la table une jarre en terre remplie de bouillie. Christine la boiteuse est donc morte ? Mon Dieu, ils n'ont pu rester longtemps séparés l'un de l'autre. Klaes a été enterré au printemps et Christine pas même six mois après. Mon Dieu, voilà un grand malheur pour Mie (3). Que va-t-elle devenir ? Elle n'a pas un rouge liard à elle ; sans doute elle sait coudre et repasser, mais c'est tout, et je ne suis pas sûre encore qu'elle s'en tire bien. Tenez-vous tranquilles ! continua-t-elle en s'adressant à ses cinq rejetons qui avaient l'eau à la bouche tandis que leurs grands yeux avides considéraient la bouillie fumante. Maman ne peut pas tout faire à la fois. A-t-on jamais entendu de la vie !... Christine devait avoir dépassé la cinquantaine

---

(1) L'auteur de ce conte est J.-J. Cremer, né à Arnhem en 1827 et mort à La Haye en 1880. Ses œuvres sont très populaires dans la Néerlande (Hollande) et dans la Belgique flamande.
(2) Abrévation d'Annette.
(3) Abréviation de Marie.

et Mie est arrivée au village il y aura dix-huit ans à la Saint-Jean. Disons la prière, Pieter ; les enfants ouvrent des bouches et des yeux à ne pouvoir comprendre soi-même ce qu'on dit.

Jansen retira sa pipe de ses lèvres, rabattit sa casquette sur ses yeux, et la femme donna à son aîné un coup dans les reins pour lui signifier qu'il avait, lui aussi, à baisser les paupières.

On pria. Pieter priait sincèrement, le cœur reconnaissant. Willem, son voisin, n'avait certainement pas un aussi bon souper que lui à donner à sa femme et à ses enfants. Sa prière était presque achevée lorsque son regard, glissant sous la visière de sa casquette, rencontra les joues rouges de sa femme et de ses enfants florissants de santé ; il ferma de nouveau les yeux, et dit en élevant son cœur vers l'auteur de ces bienfaits.

— Mon Dieu, je vous remercie. Amen !

Nette Jansen avait prié de son côté, mais elle s'était un peu écarté du texte. Christine la boiteuse venait de mourir et Nette pensait à elle, en se demandant quand aurait lieu l'enterrement et s'il y aurait des parents pour assister au convoi ; puis il lui vint à l'esprit que Dieu aurait pu la rappeler elle-même, et comme Pieter aurait été malheureux de rester seul avec les enfants. Une larme lui vint à cette pensée dans l'œil gauche — car c'était toujours de cet œil qu'elle pleurait d'abord — et elle remerciait intérieurement le Seigneur d'avoir été épargnée encore cette fois, et s'adressant à voix basse au Père qui est dans les Cieux, elle disait :

— Mon Dieu, je vous remercie. Amen !

Les enfants avaient depuis longtemps achevé leur oraison et leurs yeux se clouaient tantôt sur le plat, tantôt sur leurs parents, épiant le moment où ceux-ci allaient être prêts.

Le père releva sa casquette, la mère donna le signal, et en moins de cinq minutes la bouillie avait passé de la jarre dans les estomacs.

Le repas était achevé. Les enfants furent bientôt couchés. Pieter réunit les restes des tisons dans l'âtre, la flamme monta gaiement, et il ralluma sa pipe. Nette donna le sein au plus jeune des enfants qui reposait dans son berceau d'osier, et le petit polisson fit un vacarme d'enfer.

— Bon Dieu ! dit Nette, en arrêtant son regard sur le nourrisson, ah ! qu'il est encore petit !

— Que veux-tu dire par là, Nette ? demanda Pieter avec calme.

— Ce que je veux dire : songe donc que si tu n'avais pas d'ouvrage, si tu étais malade comme le voisin Willem ou si Dieu nous prenait, toi ou moi, que deviendraient nos pauvres enfants ? Albert, l'aîné, n'a que neuf ans, et le petit au berceau n'a pas onze mois, et à la Chandeleur...

— Eh bien, il n'y a pas de quoi s'alarmer, dit Pieter toujours impassible, il faut bien que nous ayons la demi-douzaine complète, n'est-ce pas, Nette ?

— Oui, les hommes parlent tous de même, repartit la femme en souriant.

— Les enfants sont des bienfaits de Dieu ; on doit les accueillir quand ils viennent, interrompit Jansen. D'ailleurs ils grandissent, et leur temps de travailler arrivera. Tu verras, Nette, dans quelques années...

— Ta ta ta ! railla gaiement la ménagère : petit enfant, petite peine ; grand enfant, grande peine ; et puis tu sais : quand il y a trop de petits cochons, l'auge devient trop petite...

— Doucement, Nette, un peu de patience. Nous n'avons pas encore souffert de la faim, et nous n'avons pas encore manqué du nécessaire. Je suis bien portant, je gagne de bonnes journées, tu n'es pas malade et les enfants sont tous, Dieu merci, aussi frais, aussi frétillants que des poissons dans l'eau.

— Oui, cela est vrai, Pieter ; mais si le malheur allait entrer chez nous comme chez Hermsen ?

— Si... si... Dieu nous est venu en aide jusqu'ici, pourquoi cesserait-il de nous aider ? Tu dis que nous avons trop d'enfants, mais s'il y en avait un de malade et si Dieu nous le prenait...

— Pour l'amour du ciel, Pieter, ne parle pas ainsi. C'est péché que d'avoir de ces idées.

Et, tout effarée, elle se pencha vite sur le berceau d'osier pour donner un baiser au petit dormeur, comme si elle avait craint que la faucheuse n'eût d'abord des vues sur celui-là. Mais le petit amour, peu édifié sur la tendresse maternelle, faisait une laide et triste grimace et commençait déjà à crier, quand la mère, balançant vivement le berceau, le rendormit en chantant.

II

Qui était Mie ? Il n'y avait pas un habitant du village qui eût pu le dire, bien qu'aucun d'eux n'ignorât l'histoire que l'aubergiste de l'*Etrille* s'entendait à merveille à raconter.

Et il n'y avait rien d'étonnant, car l'aubergiste et les Hermsen avaient toujours été d'excellents amis, et il se rappelait encore, comme si la chose s'était passée hier, que Klaes — il y avait eu dix-sept ans, à la dernière Saint-Jean, — était venu un matin à six heures le trouver à l'étable, juste au moment où il venait lui-même de donner à boire au veau. Il se souvenait fort bien que Klaes, hors d'haleine, lui avait dit :

— Ecoute, Christian, je vais te raconter une nouvelle extraordinaire.

Et comment Klaes avait l'air tout troublé, et comment ils étaient entrés ensemble dans la petite cuisine, au fond de la grande salle de l'auberge. Là, Klaes avait continué :

— Ecoute, Christian, tu es un homme sur qui l'on peut se reposer ; pense donc... ce matin...

Mais Klaes avait d'abord regardé du côté de la porte pour voir si personne n'était derrière aux écoutes, puis, quand Christian lui avait donné l'assurance qu'il pouvait faire ses confidences en toute sûreté, il avait repris la parole et dit :

— Ce matin, à trois heures, j'avais attelé le cheval au tombereau pour transporter du fumier et j'avais déjà une charge pleine ; je sortais du village pour charrier le tout au Pré-aux-Vaches, quand j'aperçois — ah ! c'était très drôle — au milieu du chemin, près du vieux poteau, un petit berceau, un berceau de fer, avec un rideau vert. Le berceau était à moitié renversé. Je descends, cours au berceau, soulève le rideau et, juge de ma surprise, je trouve une petite créature, endormie, avec une si jolie petite tête que l'on eût dit un petit ange. Tu comprends, Christian, que je fis une étrange figure en voyant cet enfant-là devant moi. Il se mit à pleurer, et je ne savais que faire pour le calmer. Une bonne résolution doit se prendre vite ; je déposai le berceau dans le fossé, au bord de la route, je me hâtai de conduire ma charge de fumier au Pré-au-Vaches, et, quand je revins, le berceau était encore à sa même place ; je le chargeai avec l'enfant sur mon tombereau.

Quand je revins à la maison, ma femme venait de laver le beurre, et quand elle vit le berceau et dans le berceau l'enfant, elle poussa un grand cri. Alors, Christian, nous avons réfléchi à ce qu'il y avait

Le berceau était à moitié renversé (p. 203).

à résoudre, et nous avons été d'avis que nous devions prévenir le bourgmestre.

C'est ce que j'ai fait, et le bourgmestre et Strick, son secrétaire, sont venus chez nous ; mais ils n'ont trouvé dans le berceau que l'enfant, une brassée de foin et une lettre cachetée avec cette suscription : « On recommande l'enfant à celui qui le recueillera ; Dieu l'en récompensera. L'enfant est baptisée et s'appelle Marie. Ce berceau doit lui rester et la lettre ne doit être ouverte que par elle lorsqu'elle sera majeure. »

C'était tout ce qu'il y avait sur l'enveloppe, et Klaes avait demandé au bourgmestre la permission d'élever la petite créature, car, depuis treize ans qu'il était marié, sa femme n'avait pas eu d'enfants, et il n'en espérait plus.

De tout cela, l'aubergiste, qui passait pour avoir une mémoire exceptionnellement heureuse, se souvenait fort bien, et il savait aussi que la veille du jour où Klaes avait trouvé l'enfant, une voiture s'était arrêtée devant l'auberge et que le cocher l'avait fait sortir de son lit en sursaut à force de tambouriner sur la porte ; puis ce même cocher avait bu un verre d'eau-de-vie et dit qu'il devait aller à B... Christian avait reconnu plus tard que le cocher n'avait fait cette confidence que pour le lancer sur une fausse piste, car la voiture avait le lendemain traversé le village de Z..., qui est dans une toute autre direction. Personne n'avait depuis lors revu la voiture.

L'enfant abandonnée avait été élevée par de braves gens qui l'avaient recueillie comme si elle avait été la leur, et à cause des circonstances qui avaient accompagné sa découverte par Hermsen, on l'avait au village appelée partout Marie ou Mie-au-Berceau.

III

C'était quatre semaines après la soirée où nous avons trouvé Pieter Jansen et sa famille à l'heure du souper. La matinée était peu avancée, et comme le soleil, à la fin de novembre, ne parait qu'à huit heures, il aurait fait noir si la pleine lune n'avait versé sa lumière blafarde sur la terre.

Pieter Jansen quitta d'un bond son lit de plumes et poussa le contrevent.

— Hein, de la neige ! Voyez-moi ça, l'hiver nous est arrivé tout d'un coup cette nuit. Viens donc, femme, viens, regarde cela.

Il jeta lui-même les yeux sur la petite place chaude qu'il venait de quitter.

— Viens, Nette, viens donc, il y a déjà un pied et demi de neige, et nous avons à frayer un chemin devant la porte.

La femme obéissante fit ce que son mari désirait, et lorsque le plus gros de la neige sur la route, devant la maison, eut été balayé, elle alla vite pendre le chaudron au-dessus du feu, versa une demi-once de café moulu dans une petite marmite, puis, lorsque l'eau se mit à chanter et à bouillir tout de bon, elle remplit la petite cafetière jusqu'au bord, remua avec un petit bâton le café qui surnageait pour le faire descendre et le laissa infuser encore quelque temps au coin de l'âtre. Quand Pieter eut savouré avec délices la première tasse — c'était affreusement chaud — il en demanda une seconde, se frotta les mains en signe de satisfaction et déclara qu'il l'avait trouvé excellent.

— Ecoute-moi, Pieter, commença la femme, lorsqu'elle eut vidé sa tasse à son tour, écoute-moi, Pieter, j'ai fait cette nuit un rêve extraordinaire que je veux te raconter tout de suite. J'ai rêvé qu'un homme, revêtu d'une robe blanche et lumineuse, comme celle de l'ange qui est dans l'église, au-dessus des fonts, était soudainement entré dans la cuisine. Je n'ai pu voir, dans mon effroi, s'il avait des ailes, et je ne sais pas si je lui ai offert une chaise, mais j'ai entendu très distinctement qu'il me disait : « Femme, tu dois mourir, et Pierre aussi mourra. Donc mettez ordre à vos affaires. » A ces paroles, il me sembla que la terre se dérobait sous moi, et je répondis : « A la grâce de Dieu ! mais qui veillera sur nos pauvres enfants ? » Je pleurais dans mon rêve, Pieter, et je sentais mes larmes couler ; mais l'ange me dit avec un doux visage : « Il y aura de braves gens qui s'occuperont de vos enfants ; mais si vous voulez que les autres soient bons pour vous, soyez-le d'abord pour eux. » Là-dessus, Pieter, je me réveillai et je réfléchis à mon songe, et alors il me vint à l'idée que tout ce que Christine la boiteuse a laissé allait être vendu par les héritiers cupides, et je pensais à l'homme vêtu de blanc et à Mie-au-Berceau, et voilà, Pieter...

— Et tu pensais que nous ferions bien de prendre chez nous la petite fille abandonnée ? interrompit le journalier.

— Oui, répondit la femme, car mon songe, me suis-je dit, a une double signification : d'abord que peut-être nos jours sont comptés, et que nous devons avoir, pour le pauvre agneau, la même sollicitude que pour nos enfants.

Les braves gens, qui étaient eux-mêmes chargés de famille, s'accordèrent donc à joindre à leurs cinq enfants, bientôt six, la petite fille orpheline, et ils croyaient fermement que c'était la volonté de Dieu qui les en récompenserait.

Il fut convenu que Pierre achèterait à la vente, avec les épargnes de sa femme, le berceau de fer ; car le berceau en osier était vieux, branlant et... peut-être allait-on en avoir besoin pour la sixième fois dans quelques mois.

IV

Nette Jansen avait eu raison, tout ce qu'avait laissé Christine la boiteuse devait être vendu, le matin même, au plus offrant, par le commissaire-priseur.

Stoffel (1) Holmes, l'avare, et la longue Grete (2) sa sœur étaient les seuls héritiers. Personne au village ne mettait en doute qu'ils n'eussent rien eu si Dieu n'avait pas rappelé Christine la boiteuse d'une manière si prompte, car il était certain que le tout aurait dû revenir à Mie-au-Berceau.

Il y avait peu d'acheteurs ; on riait des saillies et des quolibets du crieur, mais on ne surenchérissait pas. La plupart des lots échurent au marchand de bric-à-brac Samuel, que l'on pouvait reconnaître à cent pas à son nez et flairer à vingt, car c'était un vrai fils d'Abraham.

— Tu ne veux donc rien perdre? gronda tout à coup la voix rauque de Stoffel Holmes ; il ferait beau voir que tu emportasses le berceau par-dessus le marché, vieil avale-tout. Tu as pourtant assez souvent mangé et bu à la table de tante Christine et tu l'as assez souvent importunée.

A ce moment, Pieter qui, les mains dans ses poches, suivait de loin la vente, vit la pauvre Mie-au-Berceau, que tout le monde aimait, saisie au bras et expulsée, par les héritiers sans cœur, de cette maison où elle avait reçu pendant près de dix-huit ans la plus cordiale hospitalité.

La pauvre Marie, seule, abandonnée de tous au monde, était là immo-

---

(1) Christophe.
(2) Marguerite.

bile, et dehors il faisait si froid, et les héritiers rapaces de sa seconde mère inoubliée avaient été si grossiers à son égard, que la faible et sensible jeune fille se mit à pleurer à chaudes larmes sur le seuil de la maison, sur ce même seuil où elle avait tant de fois joué quand elle était enfant.

— Un véritable objet d'art, ricana le crieur, quand on fit passer le

Cette découverte inattendue produisit dans la pauvre famille la plus vive émotion (p. 210).

berceau de fer par la fenêtre, une vraie rareté, continua-t-il, et dont l'origine est très probablement illustre.

Un éclat de rire souligna cette remarque.

— Y a-t-il marchand? reprit le crieur au milieu des railleries.
— Cinq sous ! fit une voix à l'intérieur de la maison.
— Un quart de florin, répliqua Pieter Jansen.
— Encore un, cria le juif Samuel.
— Trois quarts, reprit la voix de l'intérieur.
— Un florin, recommença Pieter avec animation.
— Un et quart, dit le juif.
— Un et deux quarts, répliqua la voix du dedans.

— Tout est bien qui va par trois, fit Pieter en faisant un signe de tête au crieur.

— Un florin trois quarts, répéta ce dernier. Personne ne dit mieux qu'un florin et trois quarts? Une fois, personne ne dit mieux? deux fois, trois fois; adjugé!

Le marché était conclu, et le crieur remit à Pieter le berceau acquis par lui, non sans l'accompagner de quelques quolibets de circonstance.

V

On était aux approches de la Chandeleur, et la demi-douzaine allait se compléter chez Pieter Jansen. Mie-au-Berceau, hébergée chez les braves gens depuis deux mois, était maintenant la fidèle assistante de Nette et l'amie des enfants, qui s'attachaient à la grande et belle jeune fille comme le lierre aux arbres.

Pieter entra. Il était allé à la ville, et jeta un petit paquet sur la table.

— Voilà, femme, dit-il, le nouveau rideau pour le berceau. Si Mie veut le coudre, le tout peut être prêt en un tour de main.

— A merveille, dit Nette en ouvrant le paquet; la frange est très belle aussi, ajouta-t-elle en tâtant l'étoffe. Combien l'as-tu payé l'aune?

— Le juif éhonté en demandait un florin, mais je lui ai donné un quart, et il s'en est contenté.

— Ils s'entendent à dépouiller les vivants, dit Nette, mais tu n'as pas fait un mauvais marché, nous t'enverrons faire d'autres commissions. Et maintenant, Mie, descends-nous le vieux berceau du grenier, nous enlèverons le vieux rideau, et nous nous hâterons de coudre le neuf.

Mie courut à toutes jambes chercher sa première demeure, et revint bientôt après avec le berceau dans la cuisine. Puis elle se mit à l'œuvre.

— La doublure résiste, je ne puis la découdre, dit la jeune fille, après avoir passé une demi-heure en vains efforts pour la détacher. On dirait qu'il y a du papier dessous; voyez donc, Pieter.

— Quoi? demanda Jansen, qui était sur le point d'échanger ses souliers contre des sabots. Du papier sous la doublure? Voyons... Je crois vraiment, petite, que tu as raison... Oui, oui..., il y a quelque chose dessous. Vite... vite... arrache le tout, petite, ne coupe pas. C'est un morceau de papier en effet... Vois donc, Nette... il est tout léger... Va me chercher mes lunettes... Encore un papier... et encore un... Dieu du ciel! Ils ont l'air de ces billets de banque que j'ai vus chez le receveur. Tiens, Marie, lis ce qu'il y a dessus: tes yeux sont plus jeunes que les miens.

Et quand Mie-au-Berceau eut dit que c'était trois billets de la Banque des Pays-Bas valant chacun mille florins, Pieter demeura stupéfait et regarda la jeune fille sans pouvoir parler.

Cette découverte inattendue produisit dans la brave mais pauvre famille la plus vive émotion.

Marie n'avait pas raconté aux bonnes gens qui l'avaient accueillie si cordialement que sur la lettre cachetée qu'elle devait garder sans l'ouvrir jusqu'à sa majorité, il était écrit que le berceau de fer était sa propriété inaliénable. Elle n'avait pas voulu leur dire cela, car, eût-elle possédé cent fois la valeur du berceau, elle aurait tout donné pour pouvoir rester avec des gens honnêtes et bons.

La somme considérable de trois mille florins cousus sous la doublure du rideau ne causa pas peu d'inquiétude à Pieter.

— C'est vrai, se dit-il après avoir maîtrisé son émotion, j'ai acheté le berceau et je l'ai payé assez cher. Le berceau m'appartient et aussi tout ce qui y était caché, mais... mais... si je veux rester honnête homme... je dois...

Le démon de l'argent l'interrompit. Il en avait été bien souvent question de ce démon, dans les sermons que Pieter entendait le dimanche à l'église, mais qu'avait-il, lui pauvre diable, à s'occuper du démon de l'argent? Et pourtant en ce moment ce démon le tourmentait et lui conseillait de tout garder.

Pieter n'avait pas encore prononcé un mot que sa femme se prit la tête dans les mains et s'écria:

— Vois-tu, Mie, maintenant te voilà d'un coup tirée d'embarras! pourvu que tu n'ailles pas devenir trop fière pour rester avec nous! Trois mille florins, c'est tout une fortune!

Et Nette voulut encore une fois regarder un à un ces curieux billets si soudainement entrés, comme à la dérobée, dans la maison.

Après beaucoup de si et de mais, il fut décidé qu'on romprait le cachet de la lettre que Mie-au-Berceau alla chercher.

Dans la lettre il n'y avait rien qu'on ne sût déjà : elle disait que la jeune fille trouverait sous la doublure du rideau vert du berceau trois mille florins, et que cette somme lui servirait de dot assez ronde lorsqu'elle se marierait avec un jeune paysan. — Marie devint, à ces dernières paroles, rouge jusqu'aux oreilles, — et la lettre disait encore qu'elle devait se montrer reconnaissante envers ses parents adoptifs.

Cette phrase fit rouler de grosses larmes dans les yeux de Marie. Elle pensa au brave Klaes Hermsen et à la bonne Christine la boiteuse, qui maintenant n'avaient pas besoin de reconnaissance.

Pieter avait vaincu le démon de l'argent et ne voulut rien de la trouvaille ; mais Marie soutint que ces trois billets étaient à lui, puisqu'il les avait en quelque sorte achetés avec le berceau, et elle déclara qu'elle n'en voulait pas un florin pour elle-même.

— Tu es sotte, petite, interrompit Nette Jansen d'un ton résolu. Où a-t-on jamais vu au monde que pour deux florins on en ait acheté trois mille ?

Et elle rendit les trois billets à Marie.

Mais la jeune fille s'empressa d'en remettre deux devant Pierre.

— Et si je veux être sotte ? dit-elle.

Nette reprit un des deux billets et le restitua à Marie.

Et la chose en resta là.

Mie-au-Berceau ne quitta pas la maison des braves gens. Pieter alla déposer au nom de la jeune fille les deux mille florins à la caisse d'épargne, jusqu'à l'arrivée du jeune paysan, dont il était question dans la lettre, et « il ne se fera pas attendre », ajouta-t-il avec un sourire. Le troisième billet lui servit à acheter un lopin de terre, deux vaches et un cheval. Il dit à tous ceux qui s'étonnaient de sa prospérité que Dieu lui avait envoyé « mille » bénédictions, et on le crut volontiers, puisqu'il avait pris à sa charge la pauvre orpheline abandonnée.

Trois jours après la Chandeleur, Nette Jansen eut un sixième enfant, une petite fille, dont Mie-au-Berceau fut la marraine, et la petite était jolie à ravir dans son berceau de fer recouvert d'un rideau neuf. C'était une vraie joie !

Le « jeune paysan » ne tarda pas à se présenter : l'année d'après, le frère de Nette Jansen revint du régiment ; Mie-au-Berceau lui plut, il plut à Mie, et au bout de l'année, ils étaient mari et femme. Ils ont emporté chez eux le berceau, et jusqu'ici il n'est point resté inoccupé.

LA TOURBIÈRE

CONTE SCANDINAVE (1)

Au-dessus de la bruyère planait un vieux corbeau.

Il avait à voler bien loin encore, à plusieurs milles au delà, vers l'ouest, près de la mer, où il allait déterrer une oreille de cochon, qu'il y avait enfouie au bon temps. Maintenant c'était l'automne et la pâture était maigre.

— Quand on voit un corbeau, dit le père Brehm, on n'a qu'à tourner la tête pour en découvrir un autre.

Mais cette fois on aurait eu beau plonger les regards dans l'horizon vers l'endroit d'où venait le vieux corbeau : il était et restait seul. Et, sans s'inquiéter de rien, il glissait sur ses jolies ailes noires comme le charbon, à travers la nuée de pluie, allant vers l'ouest, sans faire entendre un seul cri.

Mais tandis qu'il poursuivait son vol, lentement, pensivement, les yeux perçants de la population qui le suivaient d'en bas s'attachaient sur lui, et le vieil oiseau était ennuyé de cette persistance.

D'année en année, la bande de verdure dans la plaine s'était allongée, élargie. De place en place on avait conquis du terrain sur la bruyère. De petites maisons au toit rouge s'y étaient élevées, avec des cheminées basses, d'où sortait une odeur de tourbe. Partout des hommes, et du travail d'homme.

(1) Ce conte est de A. Rielland, l'un des romanciers contemporains les plus célèbres de la Norvège.

Il se rappelait qu'en sa jeunesse — il y avait de cela déjà bien des hivers — on voyait ici une grande place où pouvaient descendre sans craindre un corbeau prudent et sa famille ; c'étaient des étendues de bruyères à perte de vue, avec de jeunes levrauts et de petits oiseaux en abondance, et au bord de l'eau des oies au duvet fin, aux œufs grands et beaux, autant de mets friands qu'on en pouvait souhaiter.

Aujourd'hui les maisons se serraient contre les maisons, des champs jaunes s'encadraient dans les prairies vertes, et la pâture était si rare qu'un vieux et digne corbeau devait faire des lieues et des lieues à tire d'aile pour une maigre et sale oreille de cochon.

Les hommes! oui, les hommes ! Le vieil oiseau les connaissait.

Il avait grandi au milieu d'eux et chez des maîtres de la meilleure naissance. Il avait passé son enfance dans une grande ferme, tout près de la ville.

Maintenant, chaque fois qu'il passait par là, il s'élevait aussi haut qu'il le pouvait dans les airs pour ne pas être reconnu. Car, chaque fois que ses regards plongeaient dans la plaine, il croyait y voir une jeune dame en cheveux poudrés, en robe à traîne à la mode française, qui avait été jadis sa maîtresse, et il se trompait, car cette dame était la fille de celle qui l'avait élevé, et déjà elle cachait ses cheveux blancs sous un bonnet de veuve.

Avait-il été heureux chez ces gens riches ? Couci-couci. Il y avait du pour et du contre. De la pâture à foison, mais beaucoup à apprendre ; et puis toujours captif. Dans ses premières années, on lui avait rogné l'aile gauche ; puis plus tard il était prisonnier sur parole, sur parole d'honneur, comme disait le vieux seigneur.

Mais il avait mangé sa parole d'honneur un matin de printemps, au moment où une jeune femelle de corbeau, aux ailes noires toutes brillantes, traversait le jardin. Au bout de quelque temps — après plusieurs hivers sans doute — il revint au château. Des enfants étrangers lui jetèrent des pierres. Le vieux monsieur et la jeune dame étaient absents.

— Ils sont allés en ville, pensa le corbeau ; et il revint plus tard.

Mais au retour on lui fit le même accueil.

Alors le vieil oiseau — car entre-temps il avait vieilli dans la plaine — se sentit offensé dans sa dignité. Il s'envola, bien loin, bien loin, au-

Comme un aigle il fondit sur les enfants (p. 219).

dessus de la maison. Il ne voulait plus avoir affaire aux hommes. Le vieux monsieur et la jeune dame le regarderaient tant qu'ils voudraient. Et c'est ce qu'ils firent : il en était convaincu.

Et tout ce qu'il avait appris, il l'oublia ; tout son français qu'avec tant de patience les jeunes filles lui avaient fait répéter, tous ses propos courtois, aussi bien que les gros mots qu'il avait attrapés en écoutant les domestiques.

Il n'y avait plus que deux sons humains qui lui fussent restés dans la mémoire, et qui représentaient les deux points extrêmes de sa science disparue. Quand il était de bonne humeur, il disait « *Bonjour, madame !* » Quand il était en colère, il criait : « *Va-t-en au diable !* »

Il passait d'un vol sûr mais peu rapide dans la nuée de pluie ; il pouvait distinguer déjà la lisière blanche indiquant le bord de la rivière.

A ce moment il fixa son attention sur un grand espace noir qui s'étalait au-dessous de lui : c'était une tourbière.

Les fermes et les habitations des paysans étaient assises en cercle sur la hauteur, mais dans la plaine, tout au bas — sur une étendue d'un mille — il n'y avait pas trace d'homme. Quelques tas de tourbes, monticules noirâtres, avec des mares d'eau brillantes, et c'était tout.

— *Bonjour, madame !* s'écria le corbeau, et il se mit à décrire des circonférences autour de la tourbière. Elle avait l'air si paisible, si engageante, qu'il abaissa peu à peu, mais toujours prudemment, son vol et se percha sur une souche d'arbre, au milieu de la terre tourbeuse.

Ici tout avait encore l'aspect de l'ancien temps : le désert et le silence.

Çà et là, aux endroits où le sol était encore sec, poussaient quelques joncs clairsemés et un peu de bruyère toute courte. Autrefois ce n'était que de la terre noire, décomposée, humide, toute pleine de petites mares ; des racines d'arbres, emmêlées, comme un filet noueux, émergeaient au-dessus.

Le vieux corbeau comprenait bien ce qu'il voyait. Il y avait eu là des arbres ; mais c'était bien avant son temps.

La forêt avait disparu ; les troncs, les branches, les feuilles, tout était parti. Il n'y avait plus que les racines, plongeant dans la masse humide.

Mais c'était tout le changement qui pouvait se produire ; il fallait que tout restât à jamais en cet état, et les hommes étaient bien forcés de conserver cet aspect à la tourbière.

Le vieil oiseau se redressa. Les habitations étaient là-bas, bien loin. Ici, dans le marais illimité, on était à l'abri, en sécurité. Il fallait bien, en sa vieillesse, trouver un refuge. Il lissa ses plumes noires, si brillantes, et répéta plusieurs fois :

— *Bonjour, madame ! Bonjour, madame !*

Mais voici que de la ferme la plus voisine descendirent des hommes avec une charrette et un cheval. Deux petits garçons venaient derrière en courant. Ils prirent un sentier sinueux entre les deux petites collines, mais juste dans la direction de la tourbière.

— Ils s'arrêteront bientôt, pensa le corbeau.

Mais ils se rapprochaient au contraire de place en place. Le vieil oiseau, inquiet, tourna la tête à droite, à gauche. Vraiment ces gens-là s'aventuraient bien loin.

A la fin ils firent halte, et les hommes, qui avec une bêche, qui avec une hache, se mirent à la besogne. Le corbeau put voir qu'ils s'en prenaient à une grande et lourde souche d'arbre qu'ils voulaient détacher.

— Ils s'en lasseront bientôt, pensa le corbeau.

Mais ils ne se lassaient point. Ils donnaient de formidables coups de haches, les plus tranchantes que le corbeau eût jamais vues. Ils creusaient, fouillaient, tiraient, et à la fin ils réussirent vraiment à coucher la lourde souche sur le côté, en sorte que tout le paquet de fortes racines se vit à nu, en l'air.

Les petits garçons s'étaient fatigués à faire des rigoles et des sillons.

— Vois donc ce grand corbeau là-haut, dit l'un d'eux.

Ils s'approvisionnèrent d'un tas de pierres et s'approchèrent en rampant du monticule.

Ainsi là, dans cette tourbière, si paisible en apparence, il n'y avait pas plus de paix et de sécurité qu'ailleurs pour la vieillesse. Il venait de voir que les souches d'arbre, beaucoup plus vieilles après tout que le plus vieux des corbeaux, et si profondément enracinées dans le sol, ne pouvaient opposer de résistance à la hache tranchante, ni trouver grâce devant elle.

Et quand les mauvais petits gars furent assez près de lui pour lui lancer leurs pierres, il ouvrit ses lourdes ailes et s'envola.

Mais quand il plana dans les airs et laissa tomber son regard sur ces hommes qui travaillaient sans relâche et ces enfants stupides, qui levaient la tête vers lui, immobiles, la bouche béante, leurs pierres dans les mains, un sentiment de colère s'empara du vieil oiseau.

Comme un aigle, il fondit sur les enfants, et tandis qu'il les souffletait à tire d'ailes, il leur cria de sa voix la plus formidable :

— *Va-t-en au diable ! va-t-en au diable !*

Les enfants poussèrent un cri de terreur et tombèrent la face contre terre. Quand ils se relevèrent au bout de quelque temps, tout était silencieux et désert autour d'eux. Au loin, un grand oiseau s'envolait vers l'ouest.

Mais plus tard, quand ils eurent l'âge d'homme et jusqu'à l'heure de leur mort, ils gardèrent la ferme conviction que c'était le diable qui s'était montré à eux dans la tourbière sous la figure d'un immense oiseau noir, avec des yeux de feu.

Et pourtant ce n'était qu'un brave et digne vieux corbeau qui s'en allait vers l'ouest, près de la mer, déterrer une oreille de cochon qu'il avait enfouie là.

MAITRE MARTIN LE TONNELIER

CONTE ALLEMAND (1)

I

L'AUTEUR AU LECTEUR.

Ton cœur doit s'ouvrir comme le mien, cher lecteur, aux impressions de tristesse, quand tu traverses une de ces places où les superbes monuments du vieil art allemand, comme des témoins éloquents, attestent l'éclat, le zèle fervent, la sincérité d'une belle époque qui n'est plus. N'est-ce pas comme si tu entrais dans une maison déserte ? Là repose encore, tout ouvert sur la table, le livre pieux dans lequel lisait le patriarche de la famille. Là est encore suspendu le riche tissu aux couleurs voyantes, qu'avait fait la diligente ménagère ; là dans les armoires toutes propres, sont rangées en grand nombre les précieuses œuvres d'art reçues en cadeau aux jours de fête. On dirait qu'un des maîtres du logis va entrer dans un instant et t'accueillir avec la plus cordiale hospitalité. Mais en vain tu attends ceux que la roue du temps, dans ses révolutions éternelles, a emportés. Tu peux du moins t'abandonner aux doux rêves que t'inspirent les anciens possesseurs de cette demeure ; ils te tiennent un langage si saisissant que

(1) L'auteur de ce conte est E. A.-T. Hoffmann, le plus célèbre des conteurs de l'Allemagne. Il naquit en 1776 et mourut en 1822.

tu en éprouves un frisson jusqu'aux moelles. Et tu comprends alors pour la première fois le sens profond de leurs œuvres, car tu es en ce moment leur contemporain, tu conçois la grandeur d'un siècle qui a pu produire de tels hommes et de tels ouvrages. Mais, hélas ! les charmantes visions, au moment même où tu allais les saisir dans tes bras, s'évanouissent toutes craintives, et, sur de légers nuages, disparaissent devant les bruyantes rumeurs du jour, et tu suis, les yeux pleins de larmes brûlantes, leurs ombres pâlissant de plus en plus. Toi-même tu te réveilles tout à coup de ce beau songe au bruit de la vie qui s'agite autour de toi, et il ne t'en reste rien qu'un désir ardent qui pénètre ton sein d'un doux frémissement.

Celui qui écrit pour toi ces pages, cher lecteur, éprouvait ces mêmes impressions chaque fois que ses pas le conduisaient à travers la ville de Nuremberg, célèbre dans le monde entier. Tantôt il s'arrêtait extasié devant la merveilleuse structure de la Fontaine du Marché, tantôt devant le tombeau qui est à Saint-Sébald, tantôt à Saint-Laurent, devant la chapelle du Saint-Sacrement, tantôt devant le *burg* et la maison du conseil, chefs-d'œuvre d'Albert Dürer, qui invitent à la méditation. Il les contemplait, il s'abandonnait tout entier à la rêverie qui le transportait au milieu des magnificences de la vieille ville impériale, et il pensait à ces vers naïfs du Père Rosenbluth :

> Cité de Nuremberg, ville insigne en noblesse,
> Si le trait de ta gloire au but droit a touché,
> C'est que par la sagesse il était décoché,
> Car c'est bien en ton sein que naquit la sagesse.

Plus d'une image de la vie bourgeoise, à cette époque où les arts et les métiers travaillaient vaillamment en se donnant la main, s'offrait à son esprit et y laissait une empreinte particulière de joie et de sérénité. Peut-être te plaira-t-il, cher lecteur, de voir une de ces images s'étaler devant toi? Peut-être la regarderas-tu avec intérêt, avec un sourire de satisfaction ; peut-être iras-tu jusqu'à t'installer dans la maison de maître Martin et t'attarderas-tu volontiers auprès de ses barriques et de ses tonneaux. Dans ce cas, tu réaliseras ce que l'auteur de ces pages souhaite ardemment du fond de son cœur.

II

COMMENT MAÎTRE MARTIN FUT ÉLU SYNDIC ET EN FIT SES REMERCIEMENTS.

Le premier mai de l'an quinze cent quatre-vingt, l'honorable corporation des tonneliers et fabricants de cuves de la ville libre et impériale de Nuremberg tint, suivant les us et coutumes, son assemblée solennelle du corps de métier. Peu de temps auparavant, un des syndics ou maîtres-ciergiers, comme on les appelait, avait été porté en terre, et il fallait lui élire un successeur. Le choix tomba sur maître Martin. De fait il n'y avait peut-être personne qui pût mieux que lui construire une tonne à la fois gracieuse et solide, ou qui s'entendît mieux à encaver le vin. Aussi comptait-il parmi ses clients les principaux seigneurs, et s'était-il créé une petite fortune, qui pouvait même passer pour de la richesse. C'est ce qui, au moment de l'élection de maître Martin, fit dire à l'honorable conseiller Jacobus Paumgartner, alors président de sa corporation en qualité de chef des métiers:

— Vous avez très bien fait, mes amis, de prendre maître Martin pour syndic, car cette fonction ne pouvait se trouver en de meilleures mains. Maître Martin est estimé de tous ceux qui le connaissent, par sa grande habileté et sa profonde expérience dans l'art de soigner les vins de prix. Son zèle vigilant, la vie régulière qu'il mène, malgré toute sa fortune, doivent vous servir de modèle à tous. Soyez donc, mon cher maître Martin, acclamé mille fois, comme notre digne syndic.

En disant ces mots, Paumgartner se leva de son siège et fit quelques pas, les bras ouverts, attendant que maître Martin vînt à sa rencontre. Celui-ci s'empressa d'appuyer les deux mains sur les bras de son fauteuil et se souleva lentement, lourdement, autant que lui permettait sa corpulence. Puis, à pas comptés, il alla recevoir l'embrassade cordiale de Paumgartner, mais en y répondant à peine.

— Eh bien, demanda Paumgartner un peu interloqué ; eh bien ! maître Martin, n'êtes-vous pas bien aise d'avoir été nommé notre maître-ciergier ?

Maître Martin renversa, suivant son habitude, sa tête en arrière, battit la charge avec ses deux doigts sur son gros ventre et, les yeux écarquillés, la lèvre inférieure avancée, promena ses regards sur l'assemblée. Puis il se tourna vers Paumgartner et commença en ces termes :

— Eh ! mon cher et digne monsieur, comment ne serais-je pas satisfait de recevoir ce qui m'est dû ? Qui donc dédaigne le salaire d'un travail diligent? qui repousse du seuil de sa porte le mauvais payeur venant enfin rembourser la somme prêtée depuis longtemps ? Eh ! mes chers hommes, ajouta-t-il en se tournant vers les maîtres qui étaient assis autour de lui, mes chers hommes, vous est-il arrivé enfin à l'esprit que c'est bien moi, oui, moi, qui suis, qui dois être le syndic de l'honorable corporation ? Que réclamez-vous d'un syndic ? Qu'il soit le plus habile au métier ? Allez voir ma tonne de deux foudres, faite sans feu, mon beau chef-d'œuvre, et vous me direz alors si aucun de vous peut se vanter d'en avoir fait un qui surpasse ce travail en force et en élégance. Demandez-vous que le syndic ait de l'argent et des biens ? Venez chez moi, je vous ouvrirai mes coffres et mes armoires, et vous vous réjouirez de l'éclat de tout mon or. Le syndic doit-il être honoré des grands et des petits ? Demandez à nos respectables messieurs du conseil, demandez aux princes et seigneurs de notre bonne ville de Nuremberg, demandez à Sa Grandeur l'évêque de Bamberg, demandez-leur à tous ce qu'ils pensent de maître Martin. Eh bien, je crois que vous n'apprendrez rien de fâcheux.

Là-dessus, maître Martin donna complaisamment une tape sur sa large panse et sourit en fermant à demi les yeux, puis, comme tout le monde se taisait, à part quelques-uns qui toussaient çà et là, il continua :

— Mais je m'aperçois et je sais bien que je dois néanmoins rendre grâces à Dieu de vous avoir, en ce choix, éclairé l'esprit. Eh bien ! puisque je reçois le prix de mon ouvrage, puisque le débiteur me repaie l'argent prêté, j'écris volontiers au bas du compte, au bas du billet: « *Reçu avec remerciement*, Thomas Martin, *maître tonnelier en cette ville.* » Merci donc à vous de bon cœur de m'avoir choisi pour votre syndic et maître-ciergier, d'avoir acquitté une vieille dette. Au surplus, je vous promets de remplir ma charge en toute fidélité et prudence. J'assisterai la corporation et chacun de vous, quand il le faudra, de mes conseils et de mon aide, autant que mes forces me le permettront. J'aurai vraiment à cœur de maintenir en honneur notre illustre métier. Je vous invite, vous, mon digne président de métier, et vous tous, mes chers amis et maîtres, à un joyeux repas pour dimanche prochain. Là nous aviserons, en vidant un bon verre de Hocheim, de Johannisberg ou de tout autre vin de prix qu'il vous plaira de boire de mes riches caves, nous aviserons à ce qu'il convient de faire de mieux pour le bien de nous tous. Encore une fois, je vous invite de tout cœur.

Les visages des dignes maîtres, qui s'étaient rembrunis visiblement à l'orgueilleux discours de Martin, se déridèrent alors, et le profond silence fit place à une causerie animée, où il fut beaucoup question des grands mérites de maître Martin et de l'excellence de sa cave. Tous promirent de venir le dimanche suivant et tendirent la main au nouveau syndic élu, qui répondit cordialement à l'étreinte et serra même quelques-uns des maîtres contre son ventre, comme s'il eût voulu les embrasser. On se sépara l'humeur gaie et contente.

III

CE QUI SE PASSA ENSUITE DANS LA MAISON DE MAÎTRE MARTIN.

Le conseiller Jacobus Paumgartner, pour rentrer chez lui, devait passer devant la maison de maître Martin. Tous deux, Paumgartner et Martin, s'étaient donc arrêtés devant cette maison, et comme Paumgartner voulait poursuivre son chemin, maître Martin ôta respectueusement son bonnet, s'inclina autant qu'il le pouvait, et dit au conseiller :

— Oh ! si vous ne dédaignez pas d'entrer un moment dans ma pauvre demeure, mon cher et digne maître, j'aurai plaisir à me réjouir et à profiter de votre sage conversation.

— Eh ! mon cher maître Martin, repartit Paumgartner en souriant, j'aurai certes plaisir à m'attarder chez vous, mais pourquoi dites-vous que votre maison est pauvre? Je sais qu'en fait de décoration et de meubles de prix, elle ne le cède à aucune de celles de nos plus riches bourgeois. N'avez-vous pas, tout récemment, achevé les belles constructions qui font de votre demeure l'ornement de notre célèbre ville impériale? Je ne parle pas de l'arrangement intérieur, dont aucun patricien n'aurait à rougir.

Oh! si vous ne dédaignez pas d'entrer dans ma pauvre demeure, mon cher et digne maître. (p. 224).

Le vieux Paumgartner avait raison ; dès qu'on avait ouvert la porte vernie et décorée de beaux ornements en cuivre, on apercevait un vaste vestibule avec des tapis d'une propreté irréprochable, de magnifiques tableaux suspendus aux murs, des armoires et des chaises sculptées, qui pouvaient faire croire qu'on se trouvait dans un salon de réception. Aussi s'empressait-on de suivre la recommandation qui, selon l'ancien usage, était inscrite en vers sur une petite tablette fixée près de la porte :

<blockquote>
Si vous voulez monter ces escaliers,
Ayez d'abord soin d'essuyer vos pieds,
</blockquote>

> Et sur ce point tâchez que rien ne cloche
> Pour éviter jusqu'au moindre reproche.
> Le seul bon sens doit vous faire sentir
> Comment ici chacun doit se tenir.

Il faisait chaud, et dans la chambre, maintenant que le soir approchait, l'air était étouffant. Maitre Martin conduisit son noble visiteur dans la vaste et fraiche cuisine d'apparat. C'est le nom qu'on donnait à cette époque à cette salle spéciale dans les maisons de bourgeois riches; elle était aménagée en cuisine, mais on ne s'en servait pas pour cet usage, et on se contentait d'y étaler toutes sortes de beaux meubles et d'ustensiles de ménage.

A peine entré, maitre Martin appela d'une voix forte :

— Rosa ! Rosa !

Aussitôt la porte s'ouvrit, et la fille unique du tonnelier syndic entra. Représentez-vous par le souvenir, très cher lecteur, le chef-d'œuvre de notre grand Albert Dürer; évoquez les images de ces belles jeunes demoiselles, si gracieuses, si douces, si pieuses, telles qu'elles figurent sur ses toiles. Songez à leur taille noble et délicate, à leur front légèrement bombé et blanc comme un lis, à l'incarnat qui semble semer des roses sur leurs joues, à leurs lèvres fines et ardentes qui ont la rougeur des cerises; à leurs yeux dont le regard discret se glisse sous les cils sombres comme la lune entre les feuilles des arbres; songez à leur chevelure soyeuse artistement tressée en nattes élégantes, pensez à tous ces dons de la beauté céleste, et vous verrez la belle Rosa. Comment l'auteur de ce récit pourrait-il vous dépeindre autrement cette fille du Ciel ? Qu'il me soit permis ici, toutefois, de rappeler un jeune artiste dont l'âme s'illumina d'un rayon du bon vieux temps, je veux parler du peintre Cornélius qui est à Rome.

> Je ne suis belle
> Ni demoiselle.

Telle que dans les dessins de Cornélius, on voit Marguerite dans le superbe *Faust* de Gœthe, lorsqu'elle prononce ces paroles, telle on pouvait se retracer Rosa quand, avec une modestie toute timide, elle repoussait les hommages de ses prétendants.

Elle s'inclina pour la seconde fois devant Paumgartner avec une grâce enfantine, lui prit la main et la pressa contre ses lèvres. Les joues pâles du vieillard se colorèrent d'une vive rougeur et, de même qu'on voit le soleil couchant dorer tout à coup de ses derniers rayons le feuillage déjà sombre, le feu de la jeunesse passée étincela soudainement dans son regard.

— Eh! eh! s'écria-t-il d'une voix claire, eh! mon cher maître Martin, vous êtes un homme riche et fortuné, mais le plus beau présent que vous ait fait le Seigneur, c'est votre jolie fille Rosa.

Si nous autres, vieux bonshommes, qui siégeons au conseil, nous sentons battre nos cœurs et ne pouvons détourner nos yeux affaiblis quand nous regardons la charmante enfant, comment donc en voudrait-on aux jeunes gens de demeurer pétrifiés et interdits lorsqu'ils rencontrent votre fille dans la rue, et comment les blâmer de ne voir dans l'église que votre fille et de ne plus songer au prêtre, de se trouver sans cesse, à la promenade et partout où il y a une fête, au grand dépit des autres jeunes personnes, sur les pas de votre Rosa, et de la poursuivre de leurs soupirs, de leurs regards, de leurs paroles mielleuses? Allez, maître Martin, vous pouvez vous choisir un gendre parmi nos jeunes patriciens, partout où vous voudrez.

Maître Martin fronça les sourcils; il dit à sa fille d'apporter d'excellent vin vieux, et lorsque, rougissante, les yeux baissés à terre, elle fut partie, il reprit en s'adressant à Paumgartner:

— Eh! mon cher monsieur, il est vrai assurément que mon enfant est d'une beauté exceptionnelle et qu'en me la donnant le Ciel m'a accordé un trésor; mais comment vous risquez-vous à parler de cela en sa présence? Quant à ces jeunes patriciens, je ne pense pas à eux, et il ne peut en être question.

— Taisez-vous, maître Martin, répondit Paumgartner en riant, quand le cœur est plein, il déborde sur les lèvres. Vous ne croyez donc pas que mon sang refroidi commence à bouillonner dans mon vieux cœur dès que j'aperçois Rosa? Au reste, si je parle en toute franchise de ce qu'elle doit savoir fort bien elle-même, vous ne sauriez vous en fâcher.

Rosa apporta le vin et deux grands verres.

Martin poussa la lourde table ornée de merveilleuses sculptures au milieu de la pièce.

Mais à peine les deux vieillards eurent-ils pris place, à peine maître Martin eut-il rempli les verres, que les pas d'un cheval se firent entendre au dehors. On eût dit qu'un cavalier s'arrêtait devant la maison, et déjà l'on distinguait sa voix à l'entrée du vestibule. Rosa descendit en courant et revint bientôt apporter la nouvelle que le vieux baron Henri de Spangenberg était là et désirait parler à maître Martin.

— A merveille! s'écria maître Martin, voici une vraie soirée de bonheur, puisque mon plus ancien et meilleur client vient me voir. Sans doute une nouvelle commande, il va falloir se remettre à la besogne.

Et hâtant le pas, il courut aussi lestement qu'il le put à la rencontre du visiteur bienvenu.

IV

COMMENT MAÎTRE MARTIN MIT SON MÉTIER AU-DESSUS DE TOUS LES AUTRES.

Le Hocheim perlait dans les beaux verres taillés, et déliait la langue des trois vieillards en épanouissant leur cœur. Par moments, le vieux Spangenberg qui, en dépit de son grand âge, avait conservé toute la verdeur de la jeunesse, retrouvait dans son joyeux passé quelque bonne histoire plaisante qui faisait tressaillir le ventre de maître Martin et le faisait tant rire, qu'il était obligé d'un instant à l'autre de s'essuyer les yeux. Maître Paumgartner lui-même oubliait un peu plus que de coutume sa gravité de magistrat et se sentait regaillardi par le bon vin et les gais propos.

Mais lorsque Rosa rentra avec une jolie corbeille au bras, et en tira une nappe aussi blanche que la neige qui vient de tomber; lorsqu'elle eut rangé avec toute l'habileté d'une excellente ménagère, en allant et venant, toutes sortes de mets épicés, et qu'avec un gracieux sourire elle eut invité ces messieurs à ne pas dédaigner ce qu'elle avait pu préparer à l'improviste, les propos et les rires cessèrent. Paumgartner et Spangenberg ne détachèrent plus leurs regards flamboyants de la charmante jeune fille, et maître Martin lui-même, se renversant dans son fauteuil, les mains jointes, témoigna de sa satisfaction en souriant.

Rosa voulut s'éloigner, mais le vieux Spangenberg se leva vivement comme eût fait un jeune homme, prit la jeune fille doucement par les deux épaules, et tandis que ses paupières s'humectaient de larmes :

— O cher et bel ange, s'écria-t-il, adorable et charmante enfant!

Il déposa deux ou trois baisers sur son front et alla reprendre sa place, tout pensif.

Paumgartner but à la santé de Rosa.

— Oui, reprit Spangenberg quand elle fut sortie, oui, maître Martin, le Ciel vous a donné en votre fille un joyau que vous ne sauriez priser trop. Elle vous vaudra quelque jour de grands honneurs, car quel est l'homme, de quelque rang qu'il puisse être, qui ne voudrait être votre gendre?

— Vous voyez, interrompit Paumgartner, vous voyez bien, maître Martin, que le noble sire Spangenberg pense tout à fait comme moi. Je vois déjà ma chère Rosa fiancée à un patricien, avec une riche parure de perles dans ses beaux cheveux blonds.

— Mes chers messieurs, repartit maître Martin tout chagrin, mes chers messieurs, comment pouvez-vous revenir sur une chose à laquelle je ne songe pas pour le moment? Ma Rosa vient d'avoir dix-huit ans, et ce n'est pas à une toute jeune fille comme elle à s'occuper déjà d'un futur. Quant à ce qui arrivera plus tard, je m'en rapporte entièrement à la volonté du Seigneur; mais ce qui est certain, c'est que la main de ma fille n'appartiendra ni à un patricien ni à aucun autre, et que je ne la donnerai qu'au tonnelier qui m'aura prouvé qu'il est à la fois un maître capable et habile, supérieur à tous. Encore faudra-t-il qu'il plaise à ma fille, car je ne veux imposer à la chère enfant aucune contrainte au monde, et moins encore un mariage qui ne lui conviendrait pas.

Spangenberg et Paumgartner échangèrent un regard étonné. Ils étaient tout stupéfaits de cette étrange résolution de maître Martin. Enfin, après avoir toussé légèrement, Spangenberg reprit :

— Ainsi donc, votre fille ne doit point chercher un prétendant hors de votre condition?

— Dieu l'en préserve! répondit Martin.

— Mais, continua Spangenberg, si un maitre habile, ayant un métier honorable, un orfèvre, par exemple, ou un jeune artiste de talent, recherchait votre Rosa et lui plaisait d'une manière toute particulière, de préférence à tout autre jeune compagnon, que diriez-vous?

— Montrez-moi, répondit Martin en rejetant la tête en arrière, montrez-moi, mon jeune et cher compagnon, lui dirais-je, la belle tonne de deux foudres que vous avez faite pour votre chef-d'œuvre?... Et s'il ne le pouvait pas, je lui ouvrirais amicalement la porte et je le prierais poliment d'aller chercher ailleurs.

— Mais, objecta Spangenberg, si le jeune compagnon vous disait : je ne puis vous montrer une construction de si peu d'importance, mais venez avec moi au marché et regardez cette superbe maison qui dresse hardiment dans les airs ses pignons élancés, voilà mon œuvre de maitre?

— Eh! mon cher seigneur, interrompit maitre Martin, impatienté des discours de Spangenberg, mon cher seigneur, vous vous donnez là beaucoup de peine pour me convaincre de ce que je ne veux pas admettre. Mon gendre sera un homme de mon métier, parce que je considère mon métier comme le plus noble qui soit au monde. Croyez-vous donc que pour faire tenir ensemble les pièces d'un tonneau il suffise de chasser les cercles sur les douves? Et n'est-ce pas déjà grand et beau que notre métier exige tout d'abord la science de soigner le vin, ce magnifique don du ciel, de manière à le faire bonifier pour qu'il nous pénètre de sa force et de sa douceur comme la sève brûlante de la vie? Mais il y a la construction du tonneau même. Ne devons-nous pas, pour réussir dans notre œuvre, commencer par prendre exactement nos mesures au compas? Ne faut-il pas que nous soyons aussi savants en calcul qu'en géométrie, car sans cela comment pourrions-nous déterminer la proportion et la capacité de nos tonneaux? Eh! messire, le cœur me bat de joie dans la poitrine quand j'arrive à mettre une de ces grosses tonnes sur le chantier où on les achève, quand les douves sont bien préparées au fendoir et à la doloire, quand les compagnons brandissent leurs maillets, qui retombent sur le chassoir, klipp! klapp! klipp ! klapp ! Oh ! la joyeuse musique ! Voilà la bâtisse bien achevée, et je puis regarder autour de moi avec orgueil quand je prends en main la rouanne pour marquer le fond du tonneau de mon signe de maîtrise connu et honoré de tous les bons maîtres vignerons... Vous parliez des architectes, mon cher seigneur. Eh ! une grande et belle maison est certainement une œuvre magnifique ; mais si j'étais architecte et qu'en passant devant mon œuvre je visse tomber sur' moi du haut du balcon le regard dédaigneux de quelque malotru, de quelque misérable vaurien qui aurait acheté la maison, j'en aurais honte jusqu'au fond de l'âme, et rien que le dépit et le chagrin me donneraient envie de détruire mon propre ouvrage. Pareille chose ne peut m'arriver avec mes bâtisses actuelles, car elles n'ont pour hôte que ce qu'il y a de plus noble au monde, le vin. Que Dieu protège mon métier !

— Voilà, certes, dit Spangenberg, un panégyrique bien pensé. Cela vous fait honneur assurément de défendre et d'apprécier à sa valeur votre métier ; mais ne vous impatientez pas si je ne vous lâche pas encore. Si un patricien venait sérieusement et pour tout de bon vous demander votre fille ? Quand les événements les moins prévus arrivent bel et bien, on fait souvent les choses tout autrement qu'on ne l'aurait cru.

— Ah ! s'écria maître Martin, passablement emporté, comment pourrais-je me dispenser de m'incliner poliment et de dire : Mon cher monsieur, si vous étiez un bon et brave tonnelier, mais...

— J'irai plus loin, dit Spangenberg en lui coupant la parole : si un beau jour un beau gentilhomme sur un cheval fringant, avec une magnifique escorte, en costume pompeux, s'arrêtait devant votre maison et souhaitait prendre Rosa pour femme ?

— Hé ! hé ! s'écria maître Martin encore plus courroucé qu'auparavant, eh ! eh ! comme j'irais vite, aussi vite que je le pourrais, fermer la porte d'entrée à la clef et au verrou ! Comme je lui crierais de toutes mes forces : Passez votre chemin, beau gentilhomme, passez votre chemin ; des roses comme la mienne ne fleurissent pas pour vous. C'est ma cave, c'est mon or qui vous plaisent, et vous prendriez la fillette par-dessus le marché... passez votre chemin, passez votre chemin.

Le vieux Spangenberg se leva, le sang lui montait au visage ; il appuya ses deux poings sur la table et fixa ses yeux à terre.

— Encore une dernière question, maître Martin, dit-il après une pause : si le gentilhomme arrêté devant votre maison était mon propre fils, si moi-même j'étais avec lui, fermeriez-vous encore votre porte, croiriez-vous encore qu'en venant ici, nous n'aurions de pensée que pour votre cave et votre or ?

— Point du tout, répliqua maître Martin, point du tout, mon cher et digne seigneur, je vous ouvrirais amicalement la porte ; tout ce que je possède en cette maison serait à votre disposition, ainsi qu'à celle de M. votre fils, mais en ce qui concerne ma Rosa, je dirais : « Si le ciel avait voulu que M. le chevalier votre fils devînt un bon tonnelier, personne au monde n'aurait dans ce cas été mieux venu pour être mon gendre... mais, maintenant... » Voyons, cher et honoré seigneur, pourquoi vous railler de moi et me faire de la peine avec des questions aussi étranges ? Notre joyeux entretien a tout à coup pris fin, nos verres restent pleins. Laissez donc de côté le futur de Rosa et son mariage ; je bois à la santé de votre fils, le chevalier qui est, m'a-t-on dit, un gentilhomme accompli.

Maître Martin prit son verre, Paumgartner fit de même et s'écria :

— Trêve à toute discussion, et vive votre vaillant chevalier !

Spangenberg trinqua et dit avec un sourire contraint :

— Vous pensez bien que tout ce que je vous ai dit n'est que plaisanterie, car l'égarement d'une passion aveugle pourrait seul pousser mon fils à déroger à son rang et à sa naissance pour rechercher votre fille, lui qui peut choisir sa femme parmi les plus nobles familles. Toutefois, vous auriez pu me répondre un peu plus amicalement.

— Ah ! mon cher sire, répondit maître Martin, même en plaisantant je n'aurais pu parler autrement que je le ferais dans le cas où un fait aussi invraisemblable que celui que vous venez de supposer se produirait réellement. Du reste, passez-moi ma fierté, car vous devez convenir vous-même que je suis le meilleur tonnelier à la ronde ; je me connais en vins ; j'observe fidèlement et ponctuellement les ordonnances de notre empereur Maximilien, qui repose en Dieu ; je suis un homme pieux, ennemi de tout ce qui est contraire à la loi, et pour mécher ma tonne de deux foudres, je n'emploie jamais plus d'une petite demi-once de soufre pur, et c'est ce qu'il faut pour conserver le vin. D'ailleurs, mes chers et dignes messieurs, vous pouvez en avoir la preuve en le goûtant.

Spangenberg s'efforça, en reprenant sa place, de faire bonne mine ; Paumgartner amena un autre sujet sur le tapis. Mais comme il arrive qu'une fois l'accord d'un instrument détruit, la dissonance persiste toujours, malgré les efforts de l'artiste pour rétablir l'harmonie primitive, les trois vieillards eurent beau parler, ils ne recouvrèrent plus leur joyeuse entente. Spangenberg demanda ses gens et quitta tout mécontent la maison de maître Martin, où il était entré d'humeur si gaie.

V

LA PRÉDICTION DE LA VIEILLE GRAND'MÈRE.

Maître Martin était un peu confus du brusque départ de son vieil et bon client, et il dit à Paumgartner qui achevait de vider son dernier verre et se préparait à se retirer à son tour :

— Je ne sais vraiment pas où le vieux seigneur voulait en venir avec ses propos et comment il a pu à la fin se montrer aussi fâché.

— Mon cher maître Martin, répondit Paumgartner, vous êtes un brave homme, plein de piété, et il est certain que chacun a le droit d'être fier de ce qu'il fait honnêtement avec l'aide de Dieu et de ce qui lui a valu honneur et richesse. Seulement il ne faut pas en tirer vanité, car cela est contraire à l'esprit chrétien. Ainsi dans l'assemblée de la corporation, aujourd'hui, vous avez eu tort de vous mettre de vous-même au-dessus de tous les autres maîtres ; vous vous entendez mieux à votre art que les autres, c'est possible, mais vous n'avez pas à leur jeter cela à la tête, car il n'en peut résulter que dépit et mésintelligence. Quant à ce qui s'est passé ce soir même, vous ne pouvez pas vous aveugler au point de voir dans le discours de Spangenberg autre chose que le désir de savoir avec quelque ironie jusqu'où vous pousseriez votre opiniâtre fierté. Le digne seigneur a dû être froissé

quand vous n'avez voulu voir dans sa démarche faite par un gentilhomme pour obtenir la main de votre fille qu'un vil intérêt et une basse cupidité. Les choses auraient pris une autre tournure si vous aviez cédé quand Spangenberg a commencé à parler de son fils. Pourquoi ne lui avez-vous pas dit : Oui, mon cher et digne seigneur, si vous veniez vous-même me demander ma fille pour votre fils, cet honneur auquel je ne me serais pas attendu aurait ébranlé ma résolution. Si vous aviez tenu ce langage, le résultat eût été tout différent ; le vieux Spangenberg aurait oublié le tort que vous veniez d'avoir envers lui et vous aurait souri d'aussi bonne humeur qu'auparavant.

— Grondez-moi, dit maître Martin, grondez-moi bien fort, car je l'ai mérité ; mais quand il m'a conté de pareilles sornettes, je me suis senti suffoqué et je n'ai pu donner d'autre réponse.

— Et puis, continua Paumgartner, cette sotte idée de ne vouloir absolument donner votre fille qu'à un tonnelier ! Le Ciel, disiez-vous, décidera du sort de votre fille, et pourtant vous devancez, dans votre étroit aveuglement terrestre, les desseins de la céleste toute-puissance, vous déterminez d'avance, dans votre égoïsme, le petit cercle étroit où vous voulez prendre un gendre ; cela peut vous jeter dans l'abîme avec votre Rosa. Quittez, maître Martin, quittez cette folie antichrétienne et puérile, laissez agir le Tout-Puissant qui saura dicter au cœur pieux de votre enfant la vraie décision à prendre.

— Ah ! mon digne monsieur, fit maître Martin avec humilité, je vois maintenant, pour la première fois, combien j'ai eu tort de ne pas dire tout de suite ouvertement tout ce que je pense. Vous croyez que c'est parce que j'estime si haut mon métier, que j'en suis arrivé à ne vouloir marier Rosa qu'avec un tonnelier ; mais il n'en est pas ainsi, j'ai encore un autre motif étrange et mystérieux. Je ne peux pas vous laisser partir sans vous avoir tout appris, car je ne veux pas que vous passiez toute la nuit à maugréer contre moi. Asseyez-vous, je vous en prie de tout cœur, restez encore quelques instants. Tenez, voici encore une bouteille de mon vin le plus vieux que le gentilhomme mécontent a dédaigné, accordez-moi encore un instant.

Paumgartner était tout ébahi de ces instances de maître Martin, car la confiance n'était point dans ses habitudes. On eût dit que le tonnelier avait sur le cœur quelque poids dont il voulait se débarrasser. Lorsque Paumgartner se fut assis de nouveau, et eut bu un verre de vin, maître Martin commença :

— Vous savez, mon cher et digne ami, que ma brave femme mourut, peu de temps après la naissance de Rosa. Ma vieille grand'mère vivait encore en ce moment, elle était sourde et aveugle, pouvant à peine parler, paralysée de tous les membres, alitée jour et nuit, et si malade que je ne pense point que ce soit là ce qu'on peut appeler vivre. Ma Rosa venait d'être baptisée et la nourrice tenait l'enfant sur ses genoux, dans la chambre où ma grand'mère était couchée. J'étais tout triste, mais lorsque je regardais la belle enfant, j'éprouvais un singulier mélange de joie et de chagrin; j'étais si profondément ému que je me sentais incapable de tout travail; et, muet, absorbé, je me tenais debout au chevet de la vieille aïeule, que je trouvais heureuse d'être délivrée de tous les soins terrestres. Et comme mon regard se fixait sur son visage d'une extrême pâleur, elle eut tout à coup un sourire étrange, on eût dit que ses rides s'effaçaient, que ses joues livides se coloraient. Elle se redressa, étendit soudain son bras paralysé comme si elle eût été subitement douée d'une force prodigieuse, et d'une voix faible, mais douce, elle appela :

— Rosa ! ma chère Rosa !

La nourrice se lève et apporte l'enfant qu'elle berce dans ses bras. Mais, mon digne ami, imaginez mon étonnement, mon effroi, quand la malade, d'une voix claire et haute, dans le mode joyeux de maître Hans Berchler, hôtelier du Saint-Esprit, à Strasbourg, se mit à chanter cette chanson :

> Rosa, belle enfant au teint frais,
> Si tu veux garder tes attraits,
> Suis le conseil de ta grand'mère ;
> Tu n'auras point de peine amère :
> Ne donne qu'à Dieu seul ton cœur.
> Garde-toi de l'esprit moqueur,
> Des espérances insensées,
> Et fuis les mauvaises pensées.
>
> On t'apportera de sa part
> Une maisonnette, œuvre d'art ;

> Il n'en est pas de plus splendide,
> L'onde y coule pure et limpide,
> Et des anges aux ailes d'or
> Sont rangés autour du trésor,
> Mariant aux hymnes bénies
> Les plus suaves harmonies.
>
> Quand tu verras dans ta maison
> La maisonnette, ce beau don,
> Au jeune homme qui te l'apporte,
> Rosa, ne ferme pas ta porte,
> Ne le laisse point sur le seuil,
> Sache-lui faire bon accueil,
> Et s'il réussit à te plaire,
> Prends-le, sans consulter ton père.
>
> La maisonnette sous ton toit
> Soumet le bonheur à ta loi,
> Et la richesse y fait merveille.
> Ouvre donc l'œil, ouvre l'oreille ;
> Et quand viendra l'heureux instant,
> Sache reconnaître l'amant ;
> Car c'est lui que Dieu te destine ;
> Prends-le, sous la garde divine.

Et lorsque sa chanson fut achevée, elle posa doucement, avec précaution, l'enfant sur la couverture du lit, et lui mettant sur le front sa main flétrie et tremblante, elle murmura des paroles inintelligibles ; mais le rayonnement de son visage indiquait bien qu'elle priait. Alors sa tête s'affaissa sur l'oreiller, et au moment où la nourrice emportait l'enfant, elle poussa un profond soupir : elle était morte.

— Voilà, dit Paumgartner, quand maître Martin eut cessé de parler, voilà une histoire bien étrange, mais je ne vois pas encore quel rapport il y a entre la chanson prophétique de la vieille grand'mère et votre idée obstinément préconçue de ne donner Rosa qu'à un maître tonnelier.

— Ah! répondit maître Martin, quoi de plus clair pourtant ! La vieille, à sa dernière heure, illuminée par le Seigneur, a annoncé d'un voix prophétique ce que doit faire Rosa pour « soumettre le bonheur à sa loi. »

> Il n'en est pas de plus splendide,
> L'onde y coule pure et limpide,
> Et des anges aux ailes d'or
> Sont rangés autour du trésor,
> Mariant aux hymnes bénies
> Les plus suaves harmonies.
>
> Quand tu verras dans ta maison
> La maisonnette, ce beau don,
> Au jeune homme qui te l'apporte,
> Rosa, ne ferme pas ta porte,
> Ne le laisse point sur le seuil,
> Sache-lui faire bon accueil,
> Et s'il réussit à te plaire,
> Prends-le, sans consulter ton père.
>
> La maisonnette sous ton toit
> Soumet le bonheur à ta loi,
> Et la richesse y fait merveille.
> Ouvre donc l'œil, ouvre l'oreille ;
> Et quand viendra l'heureux instant,
> Sache reconnaître l'amant ;
> Car c'est lui que Dieu te destine ;
> Prends-le, sous la garde divine.

Et lorsque sa chanson fut achevée, elle posa doucement, avec précaution, l'enfant sur la couverture du lit, et lui mettant sur le front sa main flétrie et tremblante, elle murmura des paroles inintelligibles ; mais le rayonnement de son visage indiquait bien qu'elle priait. Alors sa tête s'affaissa sur l'oreiller, et au moment où la nourrice emportait l'enfant, elle poussa un profond soupir : elle était morte.

— Voilà, dit Paumgartner, quand maître Martin eut cessé de parler, voilà une histoire bien étrange, mais je ne vois pas encore quel rapport il y a entre la chanson prophétique de la vieille grand'mère et votre idée obstinément préconçue de ne donner Rosa qu'à un maître tonnelier.

— Ah ! répondit maître Martin, quoi de plus clair pourtant ! La vieille, à sa dernière heure, illuminée par le Seigneur, a annoncé d'un voix prophétique ce que doit faire Rosa pour « soumettre le bonheur à sa loi. »

Le fiancé qui apportera dans la maison avec la maisonnette, œuvre d'art, la richesse qui doit faire merveille, qui donc voulez-vous que ce soit, sinon l'habile tonnelier qui aura bâti chez moi son chef-d'œuvre de maîtrise, sa splendide maisonnette, et dans quelle maisonnette l'onde coule-t-elle pure et limpide, si ce n'est dans un tonneau ? Et quand le vin fermente, n'entend-on pas son murmure, son bourdonnement, et ne sont-ce point là les hymnes bénies et les suaves harmonies des anges ? Oui, oui, la vieille grand'mère n'a pas désigné d'autre futur qu'un maître tonnelier, et c'est à un maître tonnelier que je veux m'en tenir.

— Vous n'expliquez, dit Paumgartner, vous n'expliquez, maître Martin, la parole de la vieille grand'mère qu'à votre façon ; mais j'ai beau faire, je ne puis accepter votre interprétation. Aussi veux-je persister à vous conseiller à vous en remettre à la volonté du Ciel et au cœur de votre fille, car c'est d'elle en définitive que doit dépendre le bon choix.

— Et moi, interrompit Martin impatienté, je persiste à dire une fois pour toutes que je n'aurai pas d'autre gendre qu'un bon tonnelier.

Paumgartner fut sur le point de se fâcher sérieusement de l'entêtement de maître Martin, mais il se contint et se leva en disant :

— Il se fait tard, maître Martin, cessons de boire et de discourir, l'un et l'autre me semblant inutiles maintenant.

Lorsqu'ils arrivèrent dans le vestibule, ils y trouvèrent une jeune femme avec cinq petits garçons, dont l'aîné n'avait pas plus de huit ans et le plus jeune à peine dix mois.

Cette femme se lamentait et sanglotait. Rosa courut au-devant de son père et de Paumgartner en s'écriant :

— Ah ! mon Dieu ! Valentin est mort ! Sa femme est là avec ses enfants.

— Quoi ! Valentin mort ! s'écria maître Martin, consterné. Oh ! quel malheur ! quel malheur ! Figurez-vous, mon cher et digne monsieur, ajouta-t-il en s'adressant à Paumgartner, que Valentin était le plus habile de mes ouvriers, et avec cela honnête et laborieux. Il y a quelque temps, il s'est blessé grièvement avec l'erminette en travaillant à un grand tonneau ; le mal s'est empiré, empiré, il a eu un accès de fièvre violent, et voilà qu'il a succombé à la fleur de l'âge.

Maitre Martin s'avança vers la pauvre veuve inconsolable, qui fondait en larmes et se lamentait d'être exposée à tomber bientôt dans le dénûment et la misère.

— Quoi ! dit Martin, quelle idée avez-vous donc de moi ? C'est dans mes ateliers que votre mari s'est fait cette blessure mortelle, et je vous abandonnerais dans le besoin ! Non, vous faites désormais partie de ma maison. Demain ou quand vous voudrez, nous enterrerons votre pauvre mari, et puis vous irez avec vos garçons habiter ma métairie à la Porte des Dames, où j'ai mon bel atelier en plein air et où je travaille tous les jours avec mes ouvriers. Là, vous pourrez veiller aux soins du ménage ; je ferai élever vos garçons, comme s'ils étaient mes propres fils. Et pour que vous sachiez bien mon intention, je prends aussi chez moi votre vieux père ; c'était autrefois un bon ouvrier tonnelier, quand il avait encore le bras assez fort. S'il ne peut plus manier les maillets, la doloire, l'erminette, ou travailler sur l'établi, il est encore capable de se servir du chassoir et de râcler les cercles avec la plane. C'est entendu, il aura son couvert et son gite chez moi, comme vous-même.

Si maître Martin n'avait retenu la veuve de Valentin, la malheureuse femme serait tombée évanouie, tant elle était souffrante et attendrie. Les ainés des enfants se pendirent à la veste du tonnelier, et les deux plus jeunes, que Rosa avait pris sur ses bras, lui tendaient les mains, comme s'ils avaient tout compris. Le vieux Paumgartner dit en riant, quoiqu'il eût des larmes dans les yeux :

— Maître Martin, il n'y a pas moyen de se fâcher avec vous.

Et il regagna le chemin de sa maison.

VI

COMMENT LES DEUX JEUNES APPRENTIS, FRÉDÉRIC ET REINHOLD, FIRENT CONNAISSANCE.

Sur un joli coteau herbeux, ombragé de verdure, était couché un jeune compagnon ouvrier de mine avenante, appelé Frédéric. Le soleil était déjà descendu sous l'horizon, et des traînées de flammes rosâtres éclairaient la profondeur de la voûte céleste. On voyait très distinctement dans le lointain la fameuse ville impériale de Nuremberg, qui s'étendait dans la vallée et dressait hardiment ses tours superbes dans le rougeoiment du crépuscule, versant sur leurs flèches élancées ses flots d'or. Le jeune homme avait le coude appuyé sur son sac de voyage, qui reposait à côté de lui, et il plongeait dans la vallée des regards passionnés. Tantôt il cueillait quelques fleurs qui émaillaient l'herbe environnante et les jetait en l'air comme une offrande au soleil couchant, tantôt il regardait devant lui, et alors des larmes brûlantes perlaient dans ses yeux. A la fin, il releva la tête, étendit les deux bras, comme s'il eût voulu étreindre une image chérie, et se mit à chanter d'une voix claire et agréable :

> Je te revois enfin, doux lieu de mon enfance,
> Toi que je n'ai cessé d'aimer malgré l'absence ;
> Puissé-je y retrouver, quand renaîtra le jour,
> Ma charmante Rosa, mon idole d'amour.
>
> Belle, suave fleur, penche-toi vers mon âme,
> Prodigue au cœur blessé ton précieux dictame ;
> Viens, oh ! viens me donner l'espoir et le bonheur,
> Et mettre un terme enfin à mon âpre douleur.
>
> Va, rayon d'or du soir, porte-lui mon message
> Et porte-lui mes pleurs ; dis-lui que son image
> Ne quitte point mes yeux ; que si je dois mourir,
> Elle seule aura droit à mon dernier soupir.

Après avoir achevé sa chanson, il tira de son sac un morceau de cire qu'il réchauffa contre sa poitrine. Puis il se mit à modeler délicatement et avec art une rose à cent feuilles. Pendant qu'il travaillait, il continuait à fredonner, et, plongé dans ses réflexions, il ne voyait pas le beau jeune homme debout derrière lui depuis longtemps, et observant attentivement son œuvre.

Eh! mon ami! c'est une belle œuvre que vous faites là.

— Eh! mon ami! s'écria ce dernier, c'est une belle œuvre que vous faites là.

Frédéric, tout effrayé, jeta les yeux autour de lui; mais, quand il rencontra le regard amical du jeune étranger, il lui sembla qu'il le connaissait déjà de longue date.

— Ah! mon beau seigneur, comment pouvez-vous prendre quelque intérêt à une bagatelle qui me sert de passe-temps en voyage?

— Vraiment, reprit l'étranger, si vous appelez une bagatelle cette fleur modelée d'après nature avec autant de goût que d'exactitude, vous devez être un habile sculpteur. Vous m'avez procuré un double plaisir : d'abord votre chanson, si gaiement chantée d'après la méthode charmante de Martin Haescher, m'est allée jusqu'à l'âme, et maintenant je puis admirer votre talent d'artiste. Où donc comptez-vous aller de ce pas?

— Le but de mon voyage, répondit Frédéric, est là sous vos yeux. Je me rends dans ma patrie, la fameuse ville impériale de Nuremberg; mais le soleil est déjà bien bas, et j'ai dessein de passer la nuit au village que voilà. Je repartirai demain de bonne heure, et je pourrai arriver à Nuremberg à midi.

— Hé! dit le jeune étranger avec joie, quelle heureuse coïncidence! Nous suivons le même chemin. Moi aussi je vais à Nuremberg. Nous passerons la nuit ensemble au village, et demain nous poursuivrons notre route. En attendant, causons.

Le jeune étranger, qui se nommait Reinhold, se jeta sur l'herbe à côté de Frédéric, puis reprit :

— Si je ne me trompe, vous êtes un mouleur habile, je l'ai vu tout de suite à votre manière de modeler ! Ou bien vous êtes ciseleur en or ou en argent ?

Frédéric regarda tristement devant lui et dit avec modestie :

— Ah! mon cher monsieur, vous me tenez pour meilleur et plus élevé que je ne le suis réellement Je vous avouerai tout bonnement que j'ai appris le métier de tonnelier et que je vais à Nuremberg travailler chez un maître en renom. Vous allez me dédaigner, maintenant que vous savez qu'au lieu de modeler des statues ou de ciseler de belles figures, je ne fais que cercler des tonneaux et des cuves.

Reinhold se prit à rire aux éclats.

— Ah! la bonne farce ! s'écria-t-il, moi, vous dédaigner parce que vous êtes tonnelier, moi qui ne suis pas autre chose moi-même !

Frédéric le regarda fixement, ne sachant s'il devait le croire, car le costume de Reinhold n'avait aucun rapport avec celui d'un ouvrier tonnelier en tournée. Sa veste de fin drap noir garnie de velours, sa fraise élégante, sa large et courte épée, sa toque à longues plumes pendantes, faisaient plutôt soupçonner un riche marchand. Pourtant il y avait dans le visage, dans toute la personne du jeune homme, quelque chose de singulier qui ne permettait pas de voir en lui un commerçant. Reinhold s'aperçut des doutes de Frédéric, il ouvrit précipitamment son sac et en retira sa trousse et son tablier de cuir de tonnelier.

— Vois, mon ami, vois ceci, s'écria-t-il ; hésiteras-tu encore à me prendre pour un camarade ? Je vois bien que ma mine te paraît étrange, mais je viens de Strasbourg, où tous les tonneliers sont vêtus en gentilshommes. Je l'avoue, j'avais autrefois, comme toi, envie de devenir tout autre chose, mais maintenant je préfère le métier de tonnelier à tout, et j'y tiens d'autant plus que c'est sur ce métier même que j'ai fondé mes plus belles espérances d'avenir. Et toi, camarade. ne fais-tu pas de même ? Mais on dirait qu'un nuage sombre est venu inopinément peser sur ta jeunesse, et t'empêche de jeter avec plaisir tes yeux autour de toi. La chanson que tu chantais tout à l'heure, il m'a semblé y retrouver des paroles qui auraient dû sortir de mon propre cœur ; on dirait que je sais déjà tout ce que tu tiens caché en toi. Tu peux tout me confier ; n'allons-nous pas devenir et rester à Nuremberg toujours bons et francs camarades ?

Reinhold passa familièrement le bras autour du cou de Frédéric, et cloua ses prunelles sur les siennes avec bienveillance.

— Plus je te regarde, mon brave compagnon, répondit Frédéric, plus je me sens attiré vers toi ; j'entends distinctement, quand tu parles, résonner en moi, comme un fidèle écho, l'appel d'un ami. Eh bien ! soit, je te dirai tout. Non pas que j'aie, pauvre diable que je suis, à t'apprendre de bien grands secrets ; mais ce n'est que dans le cœur d'un ami que l'on peut épancher sa douleur, et, dès le premier instant que je t'ai rencontré, je t'ai considéré comme le plus fidèle de mes amis.

Je suis donc devenu tonnelier et je puis me flatter de m'entendre à mon métier ; mais j'avais depuis mon enfance porté toutes mes aspirations vers un art plus beau. Je voulais être un grand maître en sculpture et en orfèvrerie, comme Pierre Fischer ou l'Italien Benvenuto Cellini. Je travaillais avec un zèle ardent chez maître Johannes Holzschuer, le plus célèbre orfèvre de ma patrie, qui, sans s'occuper lui-même de fondre des figures, pouvait me donner toute l'instruction nécessaire. Je voyais venir souvent chez maître Holzschuer le tonnelier Tobias Martin avec sa fille, la jolie Rosa. Sans en avoir conscience, je m'épris d'elle. Je quittai mon pays et j'allai à Augsbourg pour achever de m'y perfectionner dans la fonte des métaux ; mais vaine résolution ! Je ne voyais, je n'entendais que Rosa. Tout travail, toute aspiration qui devait m'éloigner d'elle ne m'inspirait que dégoût. Je choisis la seule voie qu'il y avait à prendre. Maître Martin ne veut donner sa fille qu'au tonnelier qui aura exécuté dans son atelier la plus belle œuvre de maîtrise et qui ne déplaira pas à Rosa : j'ai renoncé à l'art de l'orfèvrerie et j'ai appris le métier de tonnelier. Je veux aller à Nuremberg et travailler chez maître Martin. Mais maintenant que ma ville natale est là devant mes yeux, que l'image de Rosa m'apparaît toute rayonnante de beauté, j'hesite, je crains, j'ai peur, je vois combien mon entreprise est insensée : sais-je seulement si Rosa m'aime, si elle m'aimera jamais ?

Reinhold avait écouté l'histoire de Frédéric avec une attention croissante. Il laissa reposer sa tête sur le bras du jeune tonnelier et, portant sa main étendue à ses yeux, il dit d'une voix sourde :

— Rosa vous a-t-elle jamais fait comprendre qu'elle vous aimait ?

— Ah ! répondit Frédéric, quand j'ai quitté Nuremberg, Rosa était plutôt une enfant qu'une jeune fille. Elle ne me détestait pas ; elle me souriait avec bienveillance, quand je lui cueillais, dans le jardin de maître Holzschuer, des fleurs dont je tressais des guirlandes, mais...

— Pourquoi donc aurais-tu perdu tout espoir ? s'écria Reinhold d'une voix retentissante, dont l'accent sinistre fit tressaillir Frédéric.

En même temps, il se leva, son épée eut un cliquetis étrange, et lorsqu'il se redressa de toute sa hauteur, les ombres profondes de la nuit, en tombant sur son visage, lui donnèrent une expression si haineuse que Frédéric poussa un cri de terreur :

— Qu'as-tu donc ?

Il fit deux pas en arrière et heurta du pied le sac de Reinhold. Un son de corde s'en échappa plaintivement et Reinhold cria d'un ton colère :

— Maladroit ! ne brise pas mon luth.

L'instrument était attaché au sac. Reinhold coupa la corde qui le retenait et le fit résonner avec une agitation fébrile, comme s'il eût voulu le rompre. Mais bientôt son jeu devint doux et mélodieux.

— Viens, dit-il d'une voix aussi affectueuse qu'auparavant, viens, mon frère, descendons jusqu'au village. J'ai là entre les mains un excellent moyen de chasser les mauvais esprits qui pourraient nous barrer le chemin et seraient disposés à nous assaillir.

— Eh! cher frère, répondit Frédéric, pourquoi donc serions-nous assaillis par de mauvais esprits? Ton chant est si délicieux, continue donc.

Les étoiles d'or s'étaient levées au firmament d'azur. Le vent de la nuit glissait avec un doux murmure sur les prés embaumés. Les sources avaient un babil plus sonore, et les arbres de la forêt voisine livraient leurs plaintes aux alentours. Frédéric et Reinhold descendirent, l'un jouant du luth, l'autre chantant, et leurs voix harmonieuses, claires et distinctes, s'élevaient dans les airs comme sur des ailes de flamme. Arrivés au logis où ils voulaient passer la nuit, Reinhold se débarrassa de son sac et de son luth et serra avec effusion Frédéric contre son cœur. Et ses larmes brûlantes coulèrent sur les joues de son ami.

VII

COMMENT LES DEUX JEUNES COMPAGNONS REINHOLD ET FRÉDÉRIC FURENT ADMIS DANS LA MAISON DE MAÎTRE MARTIN.

Le lendemain, au réveil, Frédéric ne vit plus son ami de fraîche date qui s'était jeté la veille à côté de lui sur la paillasse, et comme le luth et le sac de voyage n'étaient plus là, il crut véritablement que Reinhold l'avait quitté sans vouloir lui donner de raisons, et avait pris un autre chemin. Mais à peine Frédéric fut-il sorti de l'auberge que Reinhold, le sac au dos, le luth sous le bras, vêtu tout autrement qu'il ne l'était la veille, vint à sa rencontre. Il avait enlevé la plume de sa toque, ôté son épée, et au lieu de l'élégante veste garnie de velours, il avait endossé un simple costume bourgeois de couleur peu voyante.

— Eh bien! dit-il en courant à la rencontre de son compagnon étonné, eh bien! frère, m'acceptes-tu de la sorte en bon camarade tonnelier? Vraiment, tu as dormi tout ton somme. Vois comme le soleil est déjà haut. Partons sur-le-champ.

Frédéric était silencieux et pensif; il répondit à peine aux questions de Reinhold, et prit à peine garde à sa raillerie. Tout joyeux, Reinhold courait çà et là, poussant des hourras et agitant sa toque. Pourtant il devint lui-même plus taciturne à mesure qu'on approchait de la ville.

— Je ne puis faire un pas de plus, tant je suis alarmé, inquiet, mélancolique; reposons-nous quelques instants à l'ombre de ces arbres.

Ainsi parla Frédéric au moment où ils arrivaient près de la porte de Nuremberg, et en disant ces paroles, il se laissa tomber tout épuisé sur le gazon. Reinhold s'assit auprès de lui, et après un moment de silence, lui dit:

— Je dois, mon cher frère, t'avoir paru hier soir absolument extraordinaire, mais quand tu m'as parlé de ton attachement pour Rosa, quand je t'ai vu si inconsolable, toutes sortes de pensées bizarres me sont entrées dans la tête, si bien que j'en ai eu le vertige et que j'aurais pu en devenir fou, si ton chant si beau et mon luth n'avaient chassé les mauvais esprits. Aujourd'hui, quand j'ai été réveillé par les premiers rayons du soleil matinal, j'avais recouvré toute mon humeur gaie, et mes fantasques visions de la veille avaient disparu. Je m'élançai au dehors, et tandis que je parcourais le bosquet, je retrouvai dans mes souvenirs bien des circonstances agréables; je me rappelai comment je t'avais rencontré, comment toute mon âme s'était sentie entraînée vers toi. Une charmante histoire qui s'est passée, il y a quelque temps, en Italie, juste au moment où j'y étais, me revient à la mémoire, et je veux te la raconter, parce qu'elle fournit une preuve vivante de ce que peut la vraie amitié. Il arriva donc qu'un noble prince, ami zélé et protecteur des beaux-arts, avait proposé un prix considérable pour un tableau dont le sujet, magnifique mais très difficile à traiter, était indiqué en termes précis. Deux jeunes peintres, unis l'un à l'autre par la plus étroite amitié, et ayant coutume de travailler ensemble, résolurent de concourir. Ils se communiquèrent leur intention et s'entretinrent longtemps des moyens de vaincre les difficultés du sujet. Le plus âgé, qui avait plus d'expérience dans l'art du dessin et s'entendait mieux à grouper les figures, eut bientôt conçu et tracé son plan; le plus jeune, tout ému, aurait renoncé au projet, si son camarade ne l'avait constamment soutenu en lui prodiguant de bons conseils; mais lorsqu'ils se mirent à peindre, le plus jeune, qui était un maître coloriste, donna en revanche à son ami plus d'une bonne idée que ce dernier mit à profit avec grand succès; en sorte que le plus jeune n'avait jamais mieux dessiné, et le plus âgé n'avait jamais mieux peint. Quand les tableaux furent achevés, les deux artistes s'embrassèrent avec effusion, et chacun était ravi, transporté de l'œuvre de son ami, chacun déclara que son rival avait mérité le prix. Mais il arriva que ce fut le plus jeune qui l'obtint, et alors il s'écria tout à coup : « Comment aurais-je droit à cette récompense? quel est mon mérite auprès de celui de mon ami ? Comment aurais-je pu produire, sans ses conseils, sans son aide, une œuvre de quelque valeur? Mais le plus âgé répondit : Ne m'as-tu pas assisté tout autant de tes bons avis? mon tableau n'est certainement pas mal, mais c'est à toi que le prix revient légitimement. Tendre au même but, franchement, hardiment, c'est le fait de deux amis sincères, et le laurier qu'obtient le vainqueur honore aussi le vaincu. Je ne t'en aime que davantage, puisque la victoire a été si bien disputée, et que ton triomphe me vaut autant d'honneur que de renommée. »

Reinhold s'arrêta un instant et reprit aussitôt :

— N'est-ce pas, Frédéric, que le peintre avait raison ? se disputer le même prix avec ardeur, mais sans user d'aucune fraude, d'aucune arrière-pensée, n'est-ce pas le vrai moyen de resserrer les liens qui unissent deux cœurs, au lieu de les séparer ? Dans ces cœurs nobles peut-il y avoir de la place pour les petites jalousies, ou pour la haine dissimulée?

— Jamais, répondit Frédéric, jamais, à coup sûr. Nous voilà devenus de vrais frères dévoués l'un à l'autre; bientôt nous aurons achevé tous deux notre œuvre de maitrise à Nuremberg, un bon tonneau de deux foudres; mais que le ciel me préserve d'éprouver le moindre dépit si le tien, mon cher frère Reinhold, est mieux fait que le mien.

— Haha! Haha! dit Reinhold en riant aux éclats ; laisse-moi donc avec ton chef-d'œuvre, tu le finiras au gré des meilleurs tonneliers. Et si tu hésites sur le calcul de la grandeur, sur la proportion, sur la rondeur, tu auras en moi ton homme. Tu peux aussi te fier à moi pour le choix du bois; nous trouverons du merrain de chêne abattu pendant l'hiver, sans piqûre de ver, sans veines blanches ni rouges, sans flammes; tu pourras t'en rapporter à mes yeux. Je t'assisterai en tout de mes conseils et de mon temps, et mon propre chef-d'œuvre n'y perdra rien.

— Mais, Seigneur du ciel, interrompit Frédéric, pourquoi parler de cela? s'agit-il de savoir qui de nous deux fera la meilleure œuvre de maîtrise? Sommes-nous des rivaux? La meilleure œuvre de maîtrise pour mériter la main de Rosa? Comment en sommes-nous arrivés à aborder ce sujet? La tête me tourne...

— Eh! mon frère, dit Reinhold riant toujours, on ne songeait nullement à Rosa, tu es un rêveur. Viens, partons enfin pour la ville.

Frédéric se leva et continua sa route, l'esprit tout bouleversé. Pendant que dans l'hôtellerie ils se lavaient et s'époussetaient, Reinhold dit à son compagnon :

— Pour moi, je ne sais chez quel maître aller, je ne connais personne ici, et j'ai pensé que tu ferais bien de m'emmener chez maître Martin, mon cher frère. Peut-être aurais-je la chance d'être reçu dans son atelier.

— Tu m'ôtes un poids bien lourd du cœur, répondit Frédéric, car si tu restes avec moi, j'aurai moins de peine à vaincre mon trouble, mon anxiété.

Les deux jeunes gens se dirigèrent donc promptement vers la demeure du fameux tonnelier, maître Martin. C'était précisément le dimanche où maître Martin donnait son banquet de syndic, et il était midi. Quand Reinhold et Frédéric entrèrent dans la maison, ils entendirent le cliquetis des verres et le bourdonnement confus d'une joyeuse réunion de convives.

— Ah! dit Frédéric avec ennui, nous voici arrivés au mauvais moment.

— Je crois au contraire, répondit Reinhold, que c'est le moment le plus favorable, car, en ce gai festin, maître Martin doit être de bonne humeur et bien disposé à remplir un vœu.

Un instant après, maître Martin, qu'ils avaient fait prévenir, arriva en habit de fête, le nez aussi rouge que les joues. En apercevant Frédéric, il s'écria :

— Tiens, voilà Frédéric. Tu es donc revenu, mon garçon ? Tant mieux. Et tu t'es aussi décidé pour le noble métier de tonnelier. Il est vrai que maître Holzschuer, chaque fois qu'il parle de toi, fait la grimace et assure qu'on a perdu en toi un grand artiste, que tu aurais ciselé des statuettes et des balustrades aussi belles que celles qu'on voit à Saint-Sébald et à la maison Fugger, à Augsbourg. Mais tout cela n'est que sot bavardage; tu as bien fait de prendre le bon chemin. Sois mille fois le bienvenu chez moi !

Là-dessus, maître Martin le prit par les épaules et l'étouffa dans ses bras, comme il avait coutume de faire quand il voulait témoigner à quelqu'un tout son contentement.

Frédéric se sentit renaître à cet accueil amical de maître Martin, son trouble se dissipa, et non seulement il fit sans hésiter sa demande personnelle, mais il recommanda encore Reinhold.

— Eh ! repartit maître Martin, vous ne pouviez venir mieux à propos ; j'ai beaucoup de travail et les ouvriers me font défaut. Je vous accepte donc tous deux de bon cœur. Déposez vos sacs de voyage et entrez. Le banquet touche à sa fin, mais il y a encore de la place pour vous, et Rosa vous servira.

Et maître Martin introduisit les deux apprentis dans la salle du festin. Les maîtres étaient assis autour de la table, et le digne chef de la corporation, Jacobus Paumgartner, occupait le haut bout ; tous les visages étaient enluminés ; on venait de servir le dessert, et un vin généreux perlait dans les grands verres. La conversation en était arrivée à ce point où chacun parle à haute voix du sujet qui l'occupe, et s'imagine être entendu et compris, en riant aux éclats sans savoir pourquoi.

Mais quand maître Martin, tenant l'un et l'autre des jeunes gens par la main, annonça à haute voix que tous deux au moment propice s'étaient présentés chez lui munis de bons certificats, il y eut un silence général, et chacun regarda les nouveaux venus avec une expression de plaisir. Reinhold promenait avec fierté ses regards autour de lui, mais Frédéric baissait les yeux en tournant sa coiffure dans sa main. Maître Martin désigna aux jeunes gens leurs places au bas de la table, mais c'étaient pour eux les places les meilleures, car Rosa vint s'asseoir entre eux et leur servit des mets exquis et des vins délicats. La jolie Rosa, toute gracieuse, toute rayonnante d'attraits, entre ces deux jeunes hommes, au milieu de ces vieux maîtres à barbe grise, c'était un tableau saisissant qui faisait songer à ces petits nuages brillants du matin qui montent dans un ciel sombre, ou bien encore à des fleurs du printemps qui élèvent leurs têtes resplendissantes au-dessus de l'herbe morne et incolore. Frédéric osait à peine respirer, d'émotion et de bonheur. Parfois il jetait un regard à la dérobée sur celle qui occupait toutes ses pensées, puis il baissait les yeux sur son assiette, qu'il semblait hors d'état de vider. Reinhold, par contre, ne quittait pas de vue la ravissante jeune fille et fixait sur elle ses prunelles flamboyantes. Il crut bon de faire le récit de ce qu'il avait observé dans ses lointains voyages, avec un entrain dont Rosa n'avait point d'idée. Elle était tout yeux, tout oreilles, et sans qu'elle en eût conscience, elle sentit, dans le feu de la narration, Reinhold lui saisir la main.

— Mais, s'écria tout à coup Reinhold en s'interrompant, pourquoi donc Frédéric demeure-t-il là immobile et silencieux ? Viens, buvons à la santé de la jolie demoiselle qui nous reçoit avec tant d'hospitalité.

Frédéric saisit d'une main tremblante le grand verre que Reinhold avait rempli jusqu'au bord et, pour faire raison à son ami, le vida d'un trait.

— Puisse notre cher maître vivre longtemps ! dit Reinhold.

Il remplit les verres, et Frédéric dut boire de nouveau ; — alors les fumées du vin montèrent à sa tête, son sang brûlant bouillonna dans ses veines et les fit battre.

— Ah ! j'éprouve un bien-être indicible, murmura-t-il, tandis que la rougeur lui enluminait le visage : ah ! je ne me suis jamais senti aussi bien !

Rosa, qui donnait à ses paroles une toute autre interprétation, lui sourit avec une tendresse ineffable. Alors Frédéric, abandonnant toute timidité, s'écria :

— Chère Rosa, vous ne vous souvenez sans doute plus de moi ?

— Eh ! mon cher Frédéric, répondit Rosa, baissant les yeux, comment aurais-je pu vous oublier en si peu de temps ? Quand vous étiez chez le vieux maître Holzschuer, je n'étais qu'une enfant, mais vous ne dédaigniez point de jouer avec moi et vous aviez toujours quelque chose d'aimable à me dire, quelque jolie histoire à me raconter. J'ai gardé la charmante petite corbeille en filigrane d'argent que vous m'avez donnée pour mes étrennes, et je la conserve comme un bien cher souvenir.

Des larmes brillèrent dans les yeux du jeune homme; enivré de joie, il voulut parler, mais les paroles s'échappèrent de sa poitrine comme un profond soupir :

— O Rosa, chère, chère Rosa !

— J'ai toujours, continua Rosa, souhaité de tout mon cœur vous revoir, mais je n'aurais jamais cru que vous vous fussiez fait tonnelier. Ah ! quand je pense aux belles choses que vous faisiez autrefois chez maître Holzschuer, je me dis que c'est dommage que vous ne soyez pas resté fidèle à votre profession.

— Ah ! Rosa, dit Frédéric, c'est pour vous seule que j'ai été infidèle à mon art préféré.

Frédéric avait à peine laissé échapper cette parole qu'il eût voulu s'abîmer sous terre de honte et de trouble. L'aveu irréfléchi lui était venu sur les lèvres. Rosa, comme si elle eût tout deviné, détourna de lui ses regards, et vainement il chercha à renouer l'entretien. A ce moment, Paumgartner frappa fortement sur la table avec son couteau, pour annoncer à la société que maître Vollrad, un habile maître chanteur, allait entonner une chanson. M. Vollrad se leva, toussa, et chanta une belle romance à la manière de Hans Vogelsang ; tous les cœurs tressaillirent de plaisir, et Frédéric lui-même se remit de son trouble. Quand le chanteur eut épuisé son répertoire, il invita ceux qui étaient à table et qui avaient quelque connaissance du noble art des maîtres chanteurs à chanter à leur tour. Alors Reinhold se leva et dit que s'il lui était permis de s'accompagner de son luth, à la mode d'Italie, il était prêt à faire entendre une chanson sans s'écarter de la méthode allemande. Personne n'y trouvant à redire, il alla chercher son instrument et, après avoir préludé par quelques accords harmonieux, il commença ainsi :

> Où donc est la riche fontaine
> Qui verse le vin généreux ?
> Pour nous sa puissance est certaine,
> Et nos cœurs tressaillent, heureux,
> A son joyeux et doux murmure.
> Elle coule, la source pure,
> Nous enivrant de son flot d'or,
> Suprême et glorieux trésor !
>
> Mais qui pour nous, source divine,
> A jamais sait te conserver ?
> Qui donc a compris et devine
> Comment il te faut réserver
> Pour le gai festin de la table ;
> Par quelle science admirable
> Il faut, faisant appel à l'art,
> En garder à chacun sa part ?
>
> Honneur à qui nous fit la tonne !
> Le vin, c'est l'habile ouvrier,
> Qui nous le prépare et le donne ;
> Honneur au maître tonnelier !
> Quand l'amour dans son âme habite
> Vaillant et bon, il nous invite
> A fêter son plus doux espoir
> En buvant du matin au soir.

La chanson plut à toute l'assemblée, mais surtout à maître Martin, dont les yeux étincelaient de contentement. Sans prendre garde aux longs discours de Vollrad, qui cherchait à démontrer que le chanteur avait suivi la méthode peu en crédit de maître Hans Müller, il se leva de son siège, et portant haut son grand verre :

— Viens ici, s'écria-t-il, tonnelier et maître chanteur, également vaillant, viens ici près de moi, c'est avec maître Martin que tu dois trinquer !

Reinhold obéit. Lorsqu'il revint prendre sa place, il dit tout bas à Frédéric, absorbé dans ses réflexions :

— A ton tour maintenant de chanter ! dis-nous ta chanson d'hier soir.

— Es-tu fou ? répliqua Frédéric en colère.

Reinhold, s'adressant alors aux convives, s'écria tout haut :

— Honorables messieurs et maîtres, voici mon cher frère Frédéric, qui sait de bien plus belles chansons que moi; sa voix est bien plus agréable que la mienne; mais la poussière du voyage lui a séché le gosier. Une autre fois, il vous régalera de chansons qui vous raviront.

Tout le monde s'empressa autour de Frédéric et lui prodigua des louanges comme s'il avait chanté réellement, et il y eut même quelques maîtres qui soutinrent que sa méthode était de beaucoup préférable à celle de Reinhold. Maître Vollrad engagea à ce sujet une longue controverse. Quant à maître Martin, il assistait à la discussion, la tête renversée dans son fauteuil, et battant complaisamment avec bruit la mesure sur sa panse rebondie.

— Ce sont mes ouvriers, mes ouvriers à moi, dis-je, à moi le maître syndic des tonneliers de Nuremberg, Tobias Martin, et voilà mes amis.

Et tous les maîtres l'approuvèrent d'un mouvement de tête et répétèrent en sirotant les dernières gouttes de leurs verres profonds :

— Oui, oui, ce sont les vôtres, les habiles ouvriers de maître Martin.

Enfin, tout le monde alla se livrer au repos. Maître Martin indiqua à chacun de ses nouveaux apprentis, Frédéric et Reinhold, une belle chambre bien claire dans sa maison.

VIII

COMMENT UN TROISIÈME APPRENTI ENTRA CHEZ MAÎTRE MARTIN, ET CE QUI EN ADVINT DANS LA SUITE.

Il y avait déjà quelque temps que Reinhold et Frédéric travaillaient sous la direction de maître Martin. Le syndic était enchanté de leur travail, et certes il n'eût pas songé à s'entourer d'autres ouvriers, mais la besogne allait croissant; l'année avait été excellente pour le vin, et un matin il aborda ses deux apprentis en leur disant qu'à eux seuls ils ne pouvaient suffire aux commandes, et qu'il se voyait obligé de leur adjoindre un tiers. Comme il disait ces paroles, un jeune homme à robuste carrure entra dans l'atelier sans se faire annoncer, et cria d'une voix forte :

— Holà ! n'est-ce pas ici chez maître Martin ?

— Sans aucun doute, répondit le tonnelier, en faisant quelques pas vers lui, aussi vous pouvez vous dispenser de vociférer de la sorte. Ce n'est pas l'habitude de se présenter de cette façon chez les gens.

— Ha ! vous êtes maître Martin, répliqua le jeune homme d'un ton railleur, j'aurais dû m'en douter, rien qu'avoir cette grosse bedaine, ce double menton, ces yeux étincelants, ce nez rougi, bref, tout l'individu dont on m'a fait le portrait. Votre très humble serviteur, maître Martin.

— Enfin, que me voulez-vous ? demanda le tonnelier, passablement irrité de cette allure familière.

— Je suis ouvrier tonnelier, répondit le jeune homme, et je viens vous demander de l'ouvrage, s'il y en a pour moi.

Maître Martin fit un soubresaut.

— C'est étrange, pensa-t-il, juste au moment où j'avais besoin de quelqu'un.

Et son regard dévisageait le jeune homme qui clouait sur lui, hardiment, ses prunelles flamboyantes. Maître Martin, sans rien dire, reconnaissait que le jeune étranger avait la large poitrine, la forte musculature, les poings robustes d'un homme accoutumé au travail.

— Où sont vos certificats ? demanda-t-il.

— Je ne les ai pas sur moi, repartit le jeune homme sans embarras, je vous les donnerai plus tard ; mais je puis vous garantir que je suis un ouvrier laborieux et fidèle. En demandez-vous davantage ?

Et, sans attendre la réponse de maître Martin, il entra dans l'atelier, accrocha son sac de voyage, ôta sa barrette et sa veste, et mit son tablier de cuir.

— Dites-moi ce qu'il y a à faire ?

Maître Martin, un peu stupéfait de cette aisance, hésita une minute :

— Donnez-moi la preuve, dit-il, que vous vous entendez au métier. Voilà une jabloire. Finissez ce tonneau qui est sur l'établi.

L'étranger obéit sans réplique, et il exécuta le travail avec tant de force physique, d'habileté et de promptitude, que tous en restèrent stupéfaits. Avec cela, il ne cessait de rire aux éclats.

— Eh bien ! êtes-vous convaincu maintenant, maître Martin ? ajouta-t-il en jetant un regard dédaigneux sur les erminettes et les doloires ; vous n'avez point, ce me semble, de très bons outils. Voyez-moi ce maillet ? Un jouet d'enfant. Et cette doloire ? C'est avec cela que vos apprentis font leurs débuts, je gage.

Et, tout en parlant, il lançait en l'air avec aisance le gros et lourd maillet que Reinhold et Frédéric soulevaient avec peine et la doloire dont maître Martin connaissait le poids. Ensuite il repoussa plusieurs gros tonneaux, comme il eût fait de balles légères, et ramassant une grande douve qui n'était pas encore ouvrée :

— Voilà de bon bois de chêne, ricana-t-il, cela doit se briser comme verre.

Et il asséna contre la pierre à aiguiser un grand coup avec la douve, qui se fendit par le milieu.

— Un moment, dit maître Martin, à ce jeu vous aurez bientôt mis tout mon atelier en pièces. Autant vous servir de la poutre que voilà au lieu de maillet, et prendre pour doloire l'épée de Roland, qui a trois aunes de long.

— En effet, cela m'irait mieux, dit le jeune homme, le regard flamboyant.

Mais, se ravisant aussitôt, il baissa les yeux et, d'une voix beaucoup plus douce :

— Je croyais, cher maître, dit-il, qu'il vous fallait un aide pour la grosse besogne. J'ai été peut-être un peu prompt à faire valoir ma force corporelle, mais acceptez-moi comme apprenti, et je vous promets de bien faire ce que vous me confierez.

Maître Martin regarda attentivement le jeune homme et dut convenir, à part lui, qu'il n'avait jamais vu figure plus intelligente et plus honnête. Un moment, il crut que cet ouvrier lui rappelait quelque physionomie qui ne lui était pas inconnue ; mais ses souvenirs s'embrouillaient à cet égard. Il finit par accueillir favorablement la demande du jeune homme, sous condition que ce dernier lui remettrait prochainement ses certificats en due forme.

Entre-temps, Frédéric et Reinhold, qui avaient achevé de monter leur tonneau et en posaient les cercles, fredonnaient, suivant leur habi-

Ah ! je vous demande pardon ! Si je vous avais aperçue plus tôt.... (p. 257)

tude. Le nouvel apprenti les arrêta court, se moqua de leur piaulement, et entonna une gaie chanson de chasse avec des taïaut, des hahé ! Il imita les aboiements des chiens, les appels des chasseurs, avec tant d'entrain et d'une voix si sonore que tout l'atelier en fut ébranlé. Maître Martin fut forcé de se boucher les oreilles, et les enfants de la veuve de Valentin, qui passaient par là, se cachèrent de frayeur sous les douves. En ce moment, Rosa, attirée par ces clameurs qui ne ressemblaient en rien à un chant, entra dans l'atelier, et aussitôt l'étranger se tut. Un instant après, il dit d'une voix douce :

— Belle demoiselle, on dirait qu'un rayon de soleil bienfaisant illumine ce réduit depuis que vous y avez fait votre entrée. Ah ! je vous demande pardon ! Si je vous avais aperçue plus tôt, je n'aurais pas offensé vos oreilles délicates par une fanfare de chasse.

Puis, se tournant vers maître Martin et les autres compagnons :

— Cessez, dit-il, ce vacarme d'enfer ; tant que cette noble demoiselle nous honorera de sa présence, les maillets et les chassoirs ne doivent pas se faire entendre. Nous ne devons prêter l'oreille qu'à sa douce voix et attendre la tête baissée qu'il lui plaise de dicter sa volonté à ses humbles serviteurs.

Reinhold et Frédéric échangèrent un regard de stupéfaction. Maître Martin riait aux éclats.

— Il est certain, Conrad (c'était le nom du nouvel ouvrier), dit-il, que jamais original comme vous n'a mis un tablier de cuir. Vous entrez ici comme un géant avec lequel on ne peut lutter, vous beuglez à nous rompre le tympan, et pour comble de folie, vous prenez ma fille Rosa pour une demoiselle noble et lui parlez comme ferait un gentilhomme épris d'elle.

— Je dis, maître Martin, répliqua Conrad, que votre charmante fille est la plus gracieuse demoiselle qu'il y ait sur la terre, et qu'elle honorera le plus noble gentilhomme à qui elle permettra d'être son paladin.

Maître Martin se tenait les côtes, et il eut un formidable éclat de rire, suivi d'une quinte de toux.

— C'est bon, c'est bon, dit-il, presque hors d'état de parler, je vous permets de traiter ma fille en demoiselle de haute noblesse, mais il s'agit avant tout de travailler et de retourner à l'établi.

Conrad baissa les yeux et resta cloué au sol ; puis, se frappant le front, il dit à voix basse :

— Vous avez raison.

Et il fit ce que son maître venait de lui commander.

Rosa s'était assise sur un petit baril dont Reinhold avait soigneusement ôté la poussière et que Frédéric avait roulé à l'entrée de l'atelier. Maître Martin, tout en travaillant, causait et invitait ses apprentis à se faire entendre à l'église, le dimanche suivant. Il engagea Conrad à faire de même ; mais l'étranger lui répondit que pendant qu'ils iraient prendre plaisir à leurs cantiques, il se promettait, lui, de se divertir sur la promenade.

Le dimanche arriva, et maître Martin vit tous ses souhaits s'exaucer. Reinhold et Frédéric firent, l'un après l'autre, admirer leur chant pendant la cérémonie religieuse, et la voix de Frédéric pénétra jusqu'au cœur de Rosa. Le soir, le syndic se rendit avec sa fille à la promenade publique, et Reinhold et Frédéric obtinrent de les accompagner. Rosa marchait entre les deux jeunes gens, les yeux baissés, écoutant ce que Frédéric disait avec enthousiasme du talent des maîtres chanteurs, mais se tournant plus souvent vers Reinhold, qui parlait avec plus d'enjouement et se hasardait même à passer son bras sous celui de la jeune fille. Dans le lointain bourdonnaient les échos des conversations des promeneurs. Lorsqu'ils arrivèrent à la place où avaient lieu les jeux publics, une salve unanime d'applaudissements les accueillit.

— Bravo ! bravo ! A lui le prix ! Il n'a point de rival !

Maître Martin écarta la foule pour se faire un passage, et vit que le héros de ces amusements n'était autre que Conrad, qui avait battu tous ces concurrents à la course, à la lutte et au lancer du javelot.

La nuit était tombée et déjà le crépuscule couvrait le ciel de ses ombres. Maître Martin, sa fille et les deux apprentis avaient pris place près d'une fontaine retombant en cascade. Reinhold parlait de la lointaine Italie, dont il faisait une délicieuse description. Frédéric, sans prononcer un mot, tenait ses regards attachés sur la jolie Rosa. Conrad vint à eux, mais d'un pas hésitant, comme s'il eût craint de se joindre à leur société.

— Arrive donc, Conrad, s'écria maître Martin, tu t'es vaillamment distingué. J'aime ces jeux-là, et je suis charmé de voir un ouvrier y prendre part. Arrive là, auprès de nous, je te le permets.

Maître Martin accompagna cette invitation d'un signe de tête amical.

— Je n'attendais que votre permission, dit brusquement Conrad; j'ai vaincu tous mes adversaires dans les joyeux combats chevaleresques, et si je suis arrivé jusqu'ici, c'est pour demander à cette charmante demoiselle si, pour prix de ma victoire, elle daigne me donner le beau bouquet qu'elle porte à son côté.

Et avant même que maître Martin ou sa fille eût répondu, Conrad tomba aux genoux de Rosa, et fixant sur elle ses yeux noirs et brillants, dit d'une voix suppliante :

— Accordez-moi ce bouquet pour récompense, belle, dit-il, vous ne pouvez repousser ma prière.

Rosa détacha le bouquet et le donna à Conrad.

— Je sais, dit-elle, qu'un brave chevalier comme vous est digne de recevoir cet honneur. Prenez donc cette fleur, quoiqu'elle soit fanée.

Conrad imprima un baiser sur le bouquet qu'elle lui offrait et le piqua à sa barrette.

— Il est fou, dit maître Martin en se levant. Rentrons à la maison, car la nuit s'avance.

Maître Martin prit les devants, Conrad offrit avec grâce le bras à Rosa, et Reinhold et Frédéric, mécontents, marchèrent derrière eux. Ceux qui les rencontraient s'arrêtaient pour les regarder.

— Voyez, disait-on, voilà le riche tonnelier Tobias Martin, avec sa jolie fille et ses beaux ouvriers. Comme ils ont l'air distingué !

. . . .

IX

CONRAD A UNE QUERELLE AVEC MAÎTRE MARTIN.

Une grande animation régnait dans l'atelier de maître Martin. Pour donner satisfaction à tous ses clients, il avait augmenté le nombre de ses apprentis et de ses aides ; on cognait, on martelait, on faisait un tapage qui s'entendait à une lieue à la ronde. Reinhold avait achevé de prendre les mesures de la grande tonne commandée par l'évêque de Bamberg, puis, aidé de Frédéric et de Conrad, il avait fait la bâtisse avec une telle habileté que maître Martin lui-même, transporté de joie, s'écria à plusieurs reprises, en riant de bon cœur :

— Voilà ce que j'appelle un bon travail, ce sera une pièce qui n'aura point eu d'égale, sauf mon chef-d'œuvre de maitrise.

Les trois apprentis chassaient les cercles sur les douves en faisant résonner leurs maillets. Le vieux Valentin ne cessait de racler avec sa plane ; la veuve était assise près de Conrad avec ses deux plus petits enfants sur ses genoux, tandis que les autres jouaient dans l'atelier, criant, causant, se poursuivant, faisant rouler les cerceaux. Il y avait tant d'entrain dans l'atelier que personne n'avait remarqué l'entrée du vieux maitre Jehan Holzschuer.

Maître Martin alla au-devant de lui et s'informa poliment de ce qu'il désirait.

— Eh! répondit Holzschuer, je venais voir mon cher Frédéric, qui travaille avec courage, et puis, mon cher maître Martin, il me manque dans ma cave une bonne tonne que je voulais vous prier de me faire. Celle qu'on achève là est tout juste à ma convenance. Vous devriez me la céder. Quel en est le prix ?

Reinhold fit remarquer que la tonne était destinée à l'évêque de Bamberg, et maître Martin ajouta que le choix du bois et les soins apportés à l'ouvrage auraient dû faire voir tout de suite pour quel haut personnage elle était faite.

— Une fois les vendanges finies, dit le syndic, je vous fabriquerai une bonne petite barrique toute simple, comme il convient à votre cave.

Le vieux Holzschuer, piqué de la fierté de maître Martin, répliqua que ses pièces d'or valaient tout autant que celles de l'évêque de Bamberg, et qu'il trouverait bien ailleurs à donner son argent pour d'aussi bonne besogne.

Maître Martin, outré, eut peine à se contenir ; il n'osa point dire quelque chose de blessant à un vieillard estimé de tous les membres du conseil et de toute la bourgeoisie, mais comme à ce moment Conrad asséhait des coups de maillet qui faisaient tout craquer et trembler, il voulut déverser sur lui sa colère et lui cria d'une voix tonnante :

— Rustre, tu donnes des coups comme un aveugle et un fou ! Tu as donc envie de me briser ce tonneau ?

— Oh ! oh ! répondit Conrad en lançant au maître un regard plein de fierté, oh ! oh ! mon drôle de petit bonhomme, pourquoi pas ?

Et en disant ces mots, il frappa un coup si violent sur le tonneau que le plus fort cercle se détacha en ressautant, et fit dégringoler Reinhold de l'étroit échafaudage. En même temps un son creux indiqua qu'une douve devait également s'être brisée. Fou de rage, maître Martin fit un bond, arracha à Valentin la plane avec laquelle il raclait et s'écria :

— Chien maudit ! en donnant à Conrad un grand coup dans le dos.

A peine Conrad se fut-il senti atteint qu'il se retourna brusquement ; il demeura un moment interdit, puis ses yeux flamboyèrent avec une expression de fureur sauvage. Il grinça des dents et hurla :

— Frappé !

En un clin d'œil il fut au bas de l'échafaudage, saisit une erminette qui était à terre, et en porta à maître Martin un coup qui lui aurait fendu le crâne, si Frédéric n'avait attiré à lui le syndic ; la hache n'atteignit que le bras, et le sang coula aussitôt. Maître Martin, gros et incapable de résister, perdit l'équilibre et alla rouler par-dessus l'établi où travaillait l'apprenti. Tout le monde se jeta sur Conrad, qui brandissait l'erminette sanglante avec une rage frénétique, et rugissait :

— Il faut que tu ailles en enfer ! oui, en enfer !

Avec une vigueur de géant, il repoussa tous ceux qui voulaient le retenir, et s'apprêtait à frapper un second coup qui aurait été sans doute le coup de grâce pour ce pauvre maître Martin, gisant à terre, pantelant, haletant et gémissant, lorsque Rosa, pâle comme la mort, parut à l'entrée de l'atelier.

A peine Conrad eut-il aperçu la jeune fille que son bras s'arrêta en l'air. Il resta immobile comme une statue, puis il jeta l'outil loin de lui, croisa ses bras sur sa poitrine et s'écria d'une voix qui vibrait au fond de tous les cœurs :

— Ah ! juste ciel, qu'ai-je fait là !

Et il s'élança hors de l'atelier. Personne ne songea à le poursuivre.

On releva le pauvre maître Martin avec beaucoup de peine, mais on constata tout de suite que l'erminette n'avait fait qu'entamer la chair du bras et que la blessure n'avait rien de grave. On releva de dessous les copeaux le vieux maître Holzschuer, que Martin avait entraîné dans sa chute. On rassura les enfants, qui ne cessaient de crier et de pleurer. Maître Martin, tout saisi, déclara qu'il ne ferait aucun cas de sa blessure si ce diable de farceur n'avait pas perdu sa belle tonne. On fit venir des chaises à porteurs pour les deux vieillards, car maître Holzschuer était tout moulu de sa chute. Il grommela contre un métier dans lequel on se servait d'instruments de mort et dit à Frédéric que ce qu'il avait de mieux à faire, c'était de revenir au plus tôt à la fonte des statuettes et aux métaux nobles. Frédéric et Reinhold, tout meurtris par le cerceau, gagnèrent tristement la ville à l'approche du crépuscule. Chemin faisant, ils entendirent derrière eux une faible plainte et des soupirs ; ils s'arrêtèrent et virent alors une figure de haute stature. Ils reconnurent Conrad et reculèrent d'effroi.

— Ah ! mes chers compagnons, leur dit-il d'une voix lamentable, n'ayez donc pas peur de moi et ne me prenez point pour un homicide endiablé. Ce n'est pas moi ! ce n'est pas moi ! Je ne pouvais faire autrement ! Je retournerais là-bas avec vous que je recommencerais si c'était encore à faire. Mais non, non ! tout est perdu... Vous ne me reverrez plus... Faites mes adieux à la charmante Rosa, dites-lui que je ne cesserai de porter ses fleurs toute ma vie sur mon cœur, et que si... mais elle entendra bientôt parler de moi... Adieu ! adieu ! mes braves et bons compagnons...

A ces mots, Conrad s'élança en courant à travers champs.

X

REINHOLD QUITTE LA MAISON DE MAÎTRE MARTIN.

La joie qui égayait autrefois l'atelier de maître Martin avait fait place à la tristesse, Reinhold ne pouvait travailler et gardait la chambre. Martin, le bras en écharpe, allait de l'un à l'autre, maugréant et s'emportant contre la maladresse du méchant ouvrier étranger. Rosa et la veuve elle-même, avec ses enfants, fuyaient le théâtre de cette folle action. Frédéric en était réduit à achever seul et non sans difficulté la grande tonne, et sous les coups de ses outils l'atelier rendait des sons creux et sourds, comme la forêt solitaire en hiver, quand on abat les arbres. Aussi le jeune ouvrier, livré à lui-même, était-il devenu sombre. Rosa, qui n'avait plus de parole affectueuse que pour Reinhold, ne songeait plus qu'à rester à la maison, maintenant qu'elle ne pouvait le trouver à l'atelier. Pour Frédéric, c'était une preuve qu'elle lui préférait Reinhold. Le dimanche, quand maître Martin, guéri de sa blessure, invita Frédéric à aller avec lui et Rosa faire le tour de la promenade publique, le jeune homme refusa et se dirigea seul vers le village et le coteau où il avait pour la première fois rencontré Reinhold. Là il se coucha dans l'herbe haute et fleurie, et se livrant à ses pensées, il songea que son étoile d'espérance avait disparu dans une nuit profonde, qu'il était comme un homme trompé par un rêve et tendant les bras vers une vision sans réalité. Alors des larmes ruisselèrent de ses yeux et tombèrent sur les fleurs, qui inclinèrent leur tête fragile, comme si elles eussent pleuré elles-mêmes l'amère souffrance du jeune compagnon. Il n'eût pu dire lui-même comment ses profonds soupirs sortant de sa poitrine oppressée se traduisirent en accents plaintifs :

>Où donc es-tu passée,
>Mon étoile effacée ?
>Tes beaux rayons ont lui
>Pour un autre aujourd'hui.
>Vent du soir, votre haleine,
>Ne fait qu'aigrir ma peine,
>Et dans mon cœur brisé
>Toute joie a cessé.
>En proie à ma souffrance,
>A ma désespérance,
>Arbre mort, sans rameaux,
>Je succombe à mes maux.

>Doux et tendre feuillage
>Qui m'offrez votre ombrage,
>Voûte du ciel d'azur
>Dont l'éclat est si pur,

> Pour moi votre aide est vaine ;
> Ma course est peu lointaine ;
> Je cherche mon tombeau
> Ici sur ce coteau ;
> Dans ma douleur amère,
> C'est le port que j'espère.

Comme il arrive souvent, Frédéric, en s'abandonnant à sa tristesse et en exhalant son tourment, le sentit peu à peu se changer en une douce mélancolie, qui fit briller une dernière lueur d'espoir dans son cœur malheureux.

La chanson qu'il venait de livrer aux vents le fortifia ; il se rappela le récit des deux peintres que lui avait fait Reinhold, et il comprit alors quelle en était la signification. Il était hors de doute que Reinhold n'était venu comme lui à Nuremberg que parce qu'il aimait Rosa ; mais Reinhold ne lui avait-il pas parlé d'une rivalité loyale ne laissant aucune place à la haine dissimulée, à la jalousie mesquine ?

— Oui, s'écria Frédéric tout haut, c'est à toi que je veux me confier, ami sincère, c'est à toi de m'apprendre si tout est perdu pour moi.

L'heure de la matinée était déjà avancée quand Frédéric frappa à la porte de son camarade. Ne recevant pas de réponse, il entra, mais à peine eut-il fait quelques pas qu'il demeura immobile comme une statue ; Rosa, dans tout l'éclat de sa beauté, dans toute sa grâce enchanteresse, était là, devant lui, représentée de grandeur naturelle. Le portrait s'appuyait sur un chevalet, merveilleusement éclairé par les rayons du soleil. L'appui-main jeté sur la table, les couleurs encore humides sur la palette indiquaient qu'on venait de travailler à la toile.

— O Rosa ! Rosa ! Dieu du ciel ! soupira Frédéric.

— Eh bien ! demanda Reinhold qui venait de rentrer derrière lui et lui frappa doucement sur l'épaule, eh bien ! Frédéric, que dis-tu de mon portrait ?

Frédéric le serra dans ses bras.

— O noble et grand artiste, s'écria-t-il, tout s'éclaircit maintenant à mes yeux ! Tu as remporté le prix, que j'ai voulu, pauvre fou, te disputer ! Que puis-je contre toi ? qu'est-ce que mon art auprès du tien ? Ah ! moi aussi, j'avais quelque chose là (et il se frappa le front) ; ne te moque pas de moi, mon cher Reinhold, j'avais pensé qu'il serait beau de modeler le portrait de Rosa et de le couler en argent; mais ce n'était qu'une entreprise naïve et enfantine. Tandis que là... oh!... comme elle te sourit avec bonté! Ah! Reinhold! Reinhold! homme heureux! Oui, tu avais raison, nous avons concouru tous les deux, tu es vainqueur, tu devais triompher; mais je te reste attaché de toute mon âme.

Mais à peine eut-il fait quelques pas, qu'il demeura immobile comme une statue (p. 264).

Pourtant je dois quitter cette maison, ce foyer où je ne puis supporter ma peine, je mourrais si je revoyais Rosa. Pardonne-moi, mon cher et noble ami. Aujourd'hui même, en cet instant, je veux fuir loin d'ici, je veux porter ailleurs, partout où me conduiront mes pas, mon malheur sans espoir.

A ces mots, Frédéric voulut quitter la chambre; mais Reinhold le retint et lui dit avec douceur:

— Tu ne dois pas partir, car tout peut se passer autrement que tu ne le crois. Le moment est venu de te révéler le secret que j'ai gardé jusqu'à ce jour. Je ne suis pas tonnelier, mais peintre, et ce portrait prouve que j'ai le droit de ne pas me compter parmi les artistes médiocres. Dans ma jeunesse, j'ai visité l'Italie, la patrie des arts, et j'ai eu le bonheur d'y être accueilli par des maîtres qui ont alimenté l'étincelle qui brûlait en moi. Je fis de rapides progrès, mes tableaux devinrent célèbres dans toute l'Italie, et le puissant duc de Faenza m'attira à sa cour. A cette époque, je ne voulais pas entendre parler de l'école allemande, et sans en avoir vu les œuvres, je parlais de la sécheresse, de l'incorrection, de la dureté de dessin de votre Albert Durer et de votre Cranach. Un jour, un marchand de tableaux apporta dans la galerie du duc une pieuse figure de madone du vieux Durer. J'éprouvai, en la voyant, une singulière émotion; je cessai dès lors de m'éprendre de la sensualité de l'école italienne, et je résolus sur-le-champ d'aller admirer en Allemagne même, dans ma patrie, les chefs-d'œuvre dont je voulais désormais faire toute mon étude. J'arrivai à Nuremberg et j'y vis Rosa. Il me sembla à ce moment que cette vierge de Durer, qui m'avait si merveilleusement impressionné, était vivante. Je ressentis ce que tu as ressenti toi-même, mon cher Frédéric, et tout mon être fut transfiguré. Je n'avais plus qu'une pensée, voir Rosa, et tout le reste était pour moi sans signification, et mon art lui-même ne conservait d'attrait pour moi que parce qu'il me donnait le moyen de reproduire des centaines de fois l'image de Rosa. Je pensais me rapprocher d'elle, mais toutes mes peines furent inutiles; il n'était pas possible de se présenter chez maître Martin autrement qu'avec franchise, à visage découvert. A la fin, j'allais lui demander ouvertement la main de sa fille, quand j'appris que maître Martin ne voulait la donner qu'à un habile maître tonnelier. Je formai alors le projet aventureux d'aller apprendre à Strasbourg le métier de tonnelier et d'entrer comme tel dans l'atelier de maître Martin. Pour le reste, je m'en remettais à la grâce de Dieu. Tu sais la suite de mon histoire, mais ce que tu ignores, c'est que maître Martin m'a dit, il y a quelques jours, que je deviendrai un excellent tonnelier, et il ne m'a pas caché qu'il s'était aperçu de mon empressement auprès de Rosa, et que, si elle répondait à mes vœux, il m'appellerait volontiers son gendre.

— En pouvait-il être autrement? dit Frédéric, accablé de douleur. Oui, oui, tu épouseras Rosa. Comment pourrais-je, pauvre insensé, prétendre encore à ce bonheur?

— Tu oublies, reprit Reinhold, tu oublies, mon frère, que Rosa n'a pas encore dit elle-même ce qu'elle pensait de la subtile remarque de son père. Sans doute Rosa s'est montrée jusqu'ici pleine de bienveillance pour moi ; mais ce n'est pas de la sorte que se trahit un cœur qui aime. Fais-moi la promesse, mon frère, de garder ton sang-froid pendant trois jours encore et de continuer ton travail à l'atelier. Je serais déjà venu t'y rejoindre, mais depuis que j'ai commencé ce tableau, je me sens pour le vil métier de la tonnellerie une répugnance invincible. Je ne puis plus, sans dégoût, prendre un maillet en main ; advienne que pourra, dans trois jours j'aurai parlé à Rosa, je te dirai franchement ce qu'elle m'aura répondu. Si je suis réellement l'heureux mortel à qui elle veut donner son cœur, tu pourras partir et tu apprendras plus tard que le temps guérit les blessures les plus profondes.

Frédéric promit d'attendre.

Jusqu'au troisième jour convenu, il évita avec soin de rencontrer Rosa. Son cœur palpitait de crainte et d'attente. Il errait tout rêveur dans l'atelier et, à plusieurs reprises, maître Martin lui fit de justes observations sur sa maladresse dont il n'était pas coutumier. D'ailleurs, le maître semblait contrarié ; il parlait fréquemment de vile fourberie, d'ingratitude, sans s'expliquer davantage sur le sens précis qu'il attribuait à ces mots.

Le troisième soir arriva enfin. Frédéric regagnait la ville, quand, à peu de distance de la porte, il aperçut un cavalier. C'était Reinhold. Dès que ce dernier eut remarqué Frédéric, il se porta à sa rencontre.

— Je te cherchais, dit-il.

Et mettant pied à terre, il passa son bras dans la bride de sa monture et invita son ami à faire quelques pas avec lui. Frédéric remarqua que Reinhold portait le même costume qu'il avait le premier jour de leur rencontre. En outre, son cheval était chargé d'une valise. Le peintre était pâle et défait.

— Frère, dit Reinhold d'une voix un peu brusque, je puis te faire connaître maintenant le résultat de ma démarche. Le bonheur ne m'a pas favorisé. Courage donc, mon ami, tu peux cogner tant que tu voudras sur les tonneaux ; je te cède la place ; je viens de prendre congé de la belle Rosa et de son digne père, maître Martin.

— Quoi ! s'écria Frédéric, qui sentit passer dans tous ses membres comme une secousse électrique, tu t'en vas, quand maître Martin ne veut que toi pour gendre et quand Rosa n'aime que toi !

— C'est ta jalousie, mon cher ami, répondit Reinhold, qui t'a fait croire cela. Pour moi, il est évident maintenant que Rosa ne m'aurait pris pour mari que par obéissance à la volonté paternelle ; mais Rosa ne m'aime pas. Ah ! j'aurais pu devenir un bon tonnelier ; les jours de la semaine, raboter des douves et racler des cerceaux avec les apprentis ; le dimanche, aller avec ma brave et digne ménagère à Sainte-Catherine ou à Saint-Sébald, et de là aller à la promenade. Voilà quelle eût été mon existence d'une année à l'autre.

Les deux amis étaient arrivés à un endroit où le chemin que devait prendre Reinhold tournait à gauche.

— Voici l'endroit où nous devons nous séparer, dit Reinhold.

Il serra longtemps avec force son ami contre sa poitrine. Puis il sauta en selle et partit au galop.

Frédéric le suivit des yeux en silence et retourna alors à pas lents à la maison, en proie aux plus vives perplexités.

XI

COMMENT FRÉDÉRIC FUT CHASSÉ DE L'ATELIER DE MAÎTRE MARTIN.

Le lendemain, maître Martin, d'humeur maussade, travaillait au grand tonneau commandé par l'évêque de Bamberg. Frédéric travaillait avec lui, mais le départ de Reinhold l'avait si fortement ému qu'il ne trouvait plus une chanson, plus une parole. A la fin, maître Martin jeta son maillet, croisa les bras, et dit d'une voix émue :

— Voilà donc Reinhold aussi parti ! C'était un grand peintre, et il s'est moqué de nous en faisant ici le tonnelier. J'aurais dû deviner son jeu, lorsqu'il s'est présenté ici ; mais il l'a si bien caché ! Ah ! comme je lui aurais montré vite la porte ! Qui aurait pu s'imaginer que sous tant de franchise et de loyauté apparente se dissimulait tant de mensonge et de tromperie ! Enfin ! il est parti, c'est bon ; mais toi, tu me restes fidèle et tu ne quitteras pas le métier. Qui sait ? peut-être deviendras-tu un bon tonnelier, et alors, si Rosa veut de toi, et... tu me comprends...

Il reprit son maillet et se remit à l'ouvrage. Frédéric ne put concevoir pourquoi les paroles de maître Martin lui déchiraient le cœur. Il sentait en lui une inquiétude indéfinissable. Rosa parut longtemps après à l'atelier, mais Frédéric n'eut pas de peine à s'apercevoir qu'elle avait pleuré.

Et il n'osa lever les yeux sur elle.

Le grand tonneau fut enfin achevé, et alors maître Martin recouvra toute sa gaieté et toute sa bonne humeur.

— Oui, mon fils, dit-il en frappant familièrement Frédéric sur l'épaule, oui, mon fils, c'est chose dite, si tu réussis à te faire aimer de Rosa et si tu fais une belle œuvre de maîtrise, tu seras mon gendre. Et tu pourras alors aussi faire partie de la noble corporation des maîtres-chanteurs et aspirer à de brillantes dignités.

La clientèle de maître Martin s'accrut au point qu'il fut obligé de prendre deux ouvriers, travailleurs laborieux, mais gens grossiers, incultes, gâtés au contact des mauvaises connaissances faites dans leurs longs voyages. Au lieu de joyeux propos, on n'entendait plus dans l'atelier de maître Martin que des facéties triviales ; aux doux chants de Reinhold et de Frédéric avaient succédé des chansons d'une révoltante obscénité. Rosa n'osait plus entrer dans l'atelier, et Frédéric ne la voyait plus que très rarement et par hasard. Et lorsqu'il la regardait tristement et lui disait en soupirant :

— Oh ! chère Rosa ! pourquoi ne me témoignez-vous pas autant d'amitié qu'au temps où Reinhold était ici ! Oh ! si j'osais vous parler !

Elle répondait en baissant les yeux pudiquement :

— Vous avez donc quelque chose à me dire, monsieur Frédéric ?

Et Frédéric ne trouvait plus une parole pour lui répondre, plus une question à lui adresser. Et l'occasion s'échappait comme l'éclair qui naît au couchant et disparait à peine aperçu.

Maître Martin était impatient de voir Frédéric commencer son chef-d'œuvre de maîtrise. Il avait fait lui-même le choix du meilleur chêne, sans veines ni raies, un bois resté depuis cinq ans dans sa réserve. Personne ne devait assister Frédéric dans ce travail, à l'exception du vieux Valentin. Cependant la société des deux ouvriers inspirait à Frédéric de jour en jour une répugnance plus grande pour son métier. Il avait la gorge serrée, chaque fois qu'il songeait à ce chef-d'œuvre qui allait décider de son sort.

Un jour, pendant qu'il travaillait, maître Martin vint à lui et examina les douves qu'il façonnait; à peine y eut-il jeté un coup d'œil que le rouge lui monta au visage:

— Quoi! s'écria-t-il, c'est là, Frédéric, la besogne que tu fais! Est-ce là le travail d'un ouvrier qui a la prétention de devenir maître ou celui d'un apprenti ignorant entré furtivement depuis trois jours dans un atelier? Voyons, à quoi songes-tu, Frédéric? quel diable t'est entré dans le corps? Mon beau bois de chêne! ton chef-d'œuvre! Va, tu n'es qu'un maladroit imbécile.

En proie aux tourments d'enfer qui le dévoraient, Frédéric ne put se maîtriser plus longtemps; il jeta l'erminette loin de lui et s'écria :

— Maître! c'en est fait! Non, dût-il m'en coûter la vie, dussé-je périr dans la plus abjecte misère, non, je ne puis plus m'adonner à ce vil métier, une force irrésistible m'entraîne vers mon art céleste! Ah! j'aime votre Rosa d'un attachement ineffable, comme il n'en est point d'égal sur terre! C'est pour elle seule que j'ai fait cette odieuse besogne! Elle est perdue pour moi, je le sais, et je succomberai bientôt à ma douleur, mais il n'en peut être autrement. Je retourne à mon art sublime, auprès de mon digne et vieux maître Jehan Holzschuer, que j'ai honteusement délaissé.

Maître Martin, les yeux flamboyants comme des cierges ardents, était suffoqué par la colère.

— Quoi! toi aussi!... Encore un mensonge, une imposture... Vil métier... Odieuse besogne... La tonnellerie... Loin de mes yeux, scélérat, loin d'ici!

Et le syndic prit Frédéric par les épaules et le jeta hors de l'atelier. Les ouvriers et les apprentis saluèrent son départ de leurs rires moqueurs. Seul, le vieux Valentin, les mains jointes, l'air pensif, murmura :

— J'avais bien vu que ce brave garçon élevait son esprit au-dessus de nos tonneaux!

La veuve pleura beaucoup, et ses enfants regrettèrent vivement Frédéric, qui jouait avec eux si amicalement et leur avait si souvent donné de bons gâteaux.

XII

CONCLUSION.

Cependant, quelque rancune que maître Martin gardât à Reinhold et à Frédéric, il ne pouvait nier qu'avec eux la joie avait quitté l'atelier. Il ne se passait pas de jour qu'il n'eût des querelles avec ses nouveaux ouvriers. Il devait lui-même s'occuper de tout et ne parvenait plus qu'à grand'peine à faire achever le moindre ouvrage. Aussi le voyait-on souvent soupirer quand la journée était finie :

— Ah! Reinhold! Ah! Frédéric! disait-il, si vous n'aviez pas aussi lâchement abusé de ma confiance, vous seriez restés de bons tonneliers.

Ses soucis étaient si grands qu'il songea sérieusement à se retirer du commerce. Un soir qu'il était dans cette sombre disposition d'esprit, assis chez lui, maître Jacobus Paumgartner entra à l'improviste avec maître Jehan Holzschuer. Le tonnelier se dit qu'il allait être question de Frédéric, et en effet maître Paumgartner amena presque aussitôt la conversation sur le jeune homme, et maître Holzschuer fit de lui l'éloge le plus pompeux, disant que pour lui Frédéric deviendrait en peu de temps non seulement un excellent orfèvre, mais un fondeur de statues qui pourrait marcher sur les traces de Pierre Fischer.

Bref, Paumgartner interpella directement maître Martin et le blâma vertement d'avoir congédié Frédéric comme il l'avait fait, et les deux visiteurs insistèrent sur l'obligation de lui donner Rosa pour femme, s'il devenait réellement un orfèvre et fondeur émérite. Maître Martin les laissa dire jusqu'au bout, puis ôtant son chaperon, il dit en souriant:

— Vous avez, je le vois, bonne opinion, mes chers messieurs, de l'ouvrier qui m'a trompé d'une manière aussi scandaleuse. Je veux bien, par égard pour vous, lui pardonner, mais quant à changer ma résolution et à lui donner Rosa, jamais, jamais.

A ce moment Rosa entra ; elle était pâle comme la mort et avait les yeux rougis par les larmes. Elle posa sans parler des verres et du vin sur la table.

— Eh bien ! reprit alors maître Holzschuer, je devrai donc laisser partir ce pauvre Frédéric qui veut pour toujours fuir sa patrie. Il a fait chez moi une merveilleuse pièce d'orfèvrerie qu'il veut avec votre permission, cher maître, offrir en souvenir à votre fille ; regardez !

Maître Holzschuer fit voir alors une petite coupe d'argent travaillée avec une délicatesse infinie et la remit à maître Martin. Le tonnelier se connaissait en objets d'art. Il prit la coupe, la retourna dans tous les sens, l'examina avec une attention soutenue, et témoigna son approbation par un clignement d'yeux significatif. Et certes il eût été difficile de trouver une œuvre plus artistique. Autour de la coupe couraient, gracieusement entrelacés, des pampres et des roses, et du calice des fleurs épanouies sortaient de ravissantes figures d'anges.

D'autres anges étaient ciselés dans l'intérieur sur le fond doré, de telle sorte que lorsqu'on versait du vin dans la coupe, ils semblaient s'y baigner et y prendre leurs ébats.

— Cet objet, dit maître Martin, est, en effet, d'un travail fort gracieux, et je le garderai volontiers si Frédéric veut que je le lui paie, en bonnes pièces d'or, le double de ce qu'il vaut.

Et maître Martin, tout en parlant, remplit la coupe et la porta à ses lèvres. Au même instant la porte s'ouvrit doucement, et Frédéric, le visage blême, portant sur sa physionomie la trace de sa cruelle souffrance, entra dans la chambre. A peine Rosa l'eut-elle aperçu qu'elle s'écria : « O mon cher Frédéric ! » et elle tomba évanouie dans les bras du jeune homme. Maître Martin posa la coupe sur la table et ouvrit de grands yeux, comme s'il avait vu un spectre. Puis il reprit la coupe et y plongea ses regards. Tout à coup il se leva brusquement de son siège et s'écria :

— Rosa ! Rosa ! Tu aimes donc Frédéric ?

— Ah ! mon père, balbutia la jeune fille, je ne puis te cacher plus longtemps la vérité; mon cœur appartient à Frédéric, et quand tu l'as renvoyé, j'ai cru que j'allais mourir.

— Embrasse donc ta fiancée, Frédéric; oui, oui, ta fiancée, s'écria maître Martin.

Paumgartner et Holzschuer se regardaient stupéfaits; mais maître Martin, tenant toujours la coupe à la main, continua :

— O Seigneur du ciel! Tout n'est-il pas arrivé comme la vieille grand'mère l'avait prédit?

Aveugle et insensé que j'étais! Voilà bien la maisonnette splendide, les anges, le fiancé; eh! eh! mes maîtres, enfin tout est pour le mieux, pour le mieux, le gendre est trouvé!

Si vous avez jamais, lecteur, eu l'esprit hanté par un mauvais rêve, qui vous a fait croire que vous étiez couché au fond d'un tombeau tout noir, et vous a réveillé ensuite tout à coup en plein printemps, en pleine clarté du soleil radieux, si vous avez éprouvé cette émotion, vous comprendrez quelle fut celle de Frédéric.

— O mon cher maître, s'écria-t-il, avez-vous dit la vérité? Vous me donnez Rosa et je puis reprendre mon ancienne profession?

— Oui! oui! répondit maître Martin. Il faut bien qu'il en soit ainsi, puisque c'est la prédiction de la vieille grand'mère. Mais, hélas! ton chef-d'œuvre de tonnellerie restera inachevé.

Frédéric, transfiguré par la joie, eut un sourire :

— Non, mon cher maître, dit-il, si vous le voulez, je finirai mon beau tonneau avec courage, ce sera ma dernière œuvre de tonnellerie, et je retournerai ensuite à mes fourneaux.

— O mon bon et brave enfant, s'écria maître Martin, en versant des larmes de bonheur; oui, achève ton œuvre de maîtrise, et puis ensuite nous ferons la noce.

Frédéric tint parole. Il acheva sa tonne de deux foudres, et tous les maîtres déclarèrent qu'on n'eût pu exécuter une pièce de tonnellerie plus parfaite. Maître Martin en fut ravi et demeura persuadé que le ciel n'aurait pu lui accorder un gendre plus accompli.

Le jour du mariage arriva enfin. Le tonneau de maîtrise de Frédéric, rempli d'excellent vin et couronné de fleurs, était dans le vestibule de la maison. Les maîtres de la corporation, avec leurs femmes, se rendirent chez le syndic, ayant à leur tête Jacobus Paumgartner. Les maitres orfèvres marchaient à leur suite. Au moment où le cortège allait se mettre en mouvement pour se rendre à Saint-Sébald, on entendit un bruit de trompette accompagné de hennissements et de piaffements de chevaux; maître Martin courut à la fenêtre et vit s'arrêter devant sa maison le sire Henri de Spangenberg, en brillant costume d'apparat, suivi d'un jeune homme à cheval, l'épée au côté, la tête coiffée d'une toque ornée de pierreries et de longues plumes. De nombreux serviteurs entouraient ces personnages. Les trompettes firent silence et le vieux seigneur de Spangenberg dit :

— Maître Martin, je ne viens ici ni pour votre cave, ni pour vos coffres remplis d'or, mais pour assister au mariage de votre fille. Voulez-vous me donner entrée chez vous, mon cher maître?

Maître Martin, se souvenant de ce qui s'était passé, se sentit un peu confus. Il s'empressa de descendre et de tenir l'étrier du vieux gentilhomme qui mit pied à terre. Le sire de Spangenberg pénétra dans la maison, suivi du jeune homme qui avait comme lui quitté sa monture. A peine maître Martin eut-il aperçu ce dernier qu'il fit un saut de trois pas en arrière, joignit les mains et s'écria :

— Ah! mon Dieu! Conrad!

— Lui-même! repartit le jeune cavalier en souriant; oui, cher maitre, je suis votre ouvrier Conrad. Pardonnez-moi la blessure que je vous ai faite. J'aurais dû vous assommer, c'est vrai, avouez-le; mais enfin il vaut mieux que la chose se soit passée ainsi.

Maître Martin introduisit le noble personnage dans le vestibule où étaient réunis les invités et le présenta à sa fiancée.

— Vous voudrez bien, n'est-il pas vrai, charmante Rosa, permettre à Conrad d'assister à votre mariage?

Ces paroles, prononcées par le jeune gentilhomme, furent accueillies par Frédéric et Rosa avec un geste de surprise, mais le vieux sire de Spangenberg s'empressa d'ajouter :

— Voici mon fils Conrad, mes chers amis.

Et se tournant vers le syndic, il continua :

— Vous vous rappelez, maître Martin, ce qui a eu lieu, il y a quelque temps, quand je vous demandais ce que vous feriez si mon fils recherchait la main de votre fille. Ma question n'était pas sans dessein : Conrad m'avait en effet supplié de vous demander Rosa. Vous avez repoussé ma demande ; l'étourdi ne s'est pas tenu pour quitte, il s'est introduit chez vous comme ouvrier tonnelier, avec l'intention de plaire à Rosa et de la décider à l'épouser. Vous l'avez guéri, grâce au bon coup que vous lui avez appliqué, et je vous en remercie.

Pour la seconde fois, le cortège se disposait à se mettre en marche, quand on vit paraître un jeune homme costumé à l'italienne en pourpoint de velours noir, avec une magnifique fraise de dentelle et un collier d'or.

— O Reinhold! Reinhold! s'écria Frédéric transporté de joie; et il tomba dans les bras de son ami.

— Notre brave Reinhold est revenu! s'écrièrent maître Martin et Rosa.

— Je t'avais dit, mon cher Frédéric, reprit l'artiste, que tout n'était pas perdu pour toi, et tu vois que j'ai eu raison. J'arrive de loin pour assister à ton mariage, et je t'apporte comme cadeau de noces un tableau que j'ai fait pour toi.

A ces mots, deux domestiques, arrêtés à l'entrée de la maison, écartèrent les assistants et apportèrent une grand toile encadrée d'or et représentant maître Martin avec ses ouvriers, Reinhold, Frédéric et Conrad, travaillant ensemble au grand tonneau, au moment où la jolie Rosa paraissait sur le seuil de l'atelier.

Tous les invités se répandirent en exclamations d'admiration.

— Eh! dit Frédéric, c'est donc là ton chef-d'œuvre de tonnelier ? Le mien est là, dans le vestibule; mais bientôt je redeviendrai orfèvre.

— Je sais tout, répondit Reinhold, et je sais que tu seras heureux. Sois fidèle à ton art, il te permettra mieux que le mien de goûter les douceurs de la vie d'intérieur.

Au repas de noces, M. Paumgartner remplit jusqu'aux bords la coupe de Frédéric et la fit circuler à la ronde. Le vieux sire de Spangenberg et après lui tous les maîtres des corporations la vidèrent tour à tour à la santé de maître Martin et de ses bons et braves compagnons.

LE VOILE NOIR

CONTE ANGLAIS [1].

Un soir d'hiver, vers la fin de l'année 1800, un jeune médecin, établi depuis peu, était assis, dans son petit cabinet de consultation, devant un feu pétillant, prêtant l'oreille au vent qui chassait la pluie contre les vitres et hurlait affreusement dans la cheminée. La nuit était humide et froide ; il avait marché toute la journée dans l'eau et dans la boue, et il se reposait maintenant en robe de chambre et en pantoufles, un peu plus qu'à demi éveillé, roulant mille pensées dans son imagination vagabonde. D'abord il se dit que le vent soufflait bien fort et que la pluie lui aurait cinglé en ce moment le visage, s'il n'avait pas été bien confortablement installé chez lui. Ensuite son esprit se reporta à la visite qu'il faisait chaque année, à Noël, à son lieu de naissance et à ses meilleurs amis ; il songea qu'ils seraient tous bien heureux de le voir et que Mlle Rose serait bien enchantée d'apprendre qu'il avait enfin trouvé un premier client et qu'il pouvait en espérer d'autres. Peut-être consentirait-elle enfin à faire le voyage de Londres avec lui, à l'épouser et à partager ce coin du feu, maintenant si triste, qu'elle égaierait de son sourire et de son babil. Puis il se demanda quand ce premier client, tant attendu, ferait son apparition, ou bien s'il était destiné, par un dessein spécial de la Providence, à ne jamais avoir de client, du tout; et alors il pensa de nouveau à Rose, et il s'endormit, et il rêva d'elle jus-

---

[1] L'auteur de ce conte est le célèbre auteur anglais Charles Dickens, qui naquit en 1812 et mourut en 1870.

Charles Dickens.

qu'à ce que les sons de la voix si douce et si joyeuse de la jeune fille vinssent frapper son oreille et que de sa main si petite et si tendre elle lui touchât l'épaule.

Il y avait, *en effet*, une main sur son épaule, mais elle n'était ni petite, ni tendre, ni douce ; elle appartenait à un gros garçon à tête ronde qui, pour la somme d'un shilling par semaine et la nourriture,

Une femme en noir et voilée se tenait près de la porte (p. 280).

était autorisé, par la paroisse qu'il avait à sa charge, à porter des médicaments et à faire des courses. Et comme il n'y avait ni demande de médicaments, ni besoin de courses, il occupait généralement ses heures de répit, qui étaient en moyenne de quatorze par jour, à absorber des pastilles de menthe, des aliments solides et à dormir.

— Une dame, Monsieur, une dame, dit tout bas le garçon en éveillant son maître d'une secousse.

— Quelle dame ? s'écria le médecin, se levant en sursaut, sans être bien sûr que son rêve eût été une illusion et s'attendant déjà à voir paraître Mlle Rose elle-même. Quelle dame ? Où ?

— Là, Monsieur, repartit le garçon en montrant du doigt la porte vitrée qui conduisait dans le cabinet, et en exprimant sur sa physionomie le trouble que l'apparition tout à fait inusitée d'un client ou d'une cliente devait produire sur ses sens.

Le médecin regarda la porte et fit lui-même un soubresaut en considérant la visiteuse inopinée.

C'était une femme d'assez haute stature, vêtue de deuil et se tenant si près de la porte que son visage était presque collé contre la vitre. Le haut de sa figure était soigneusement enveloppé dans un châle noir, comme si elle eût voulu se cacher; et le bas, des yeux au menton, se dérobait sous un épais voile noir. Elle se tenait droite et raide, et quoique le docteur sentît que les yeux sous le voile étaient fixés sur lui, elle demeurait absolument immobile et ne témoignait par aucun geste qu'elle eût la moindre conscience d'être aperçue par le jeune homme.

— Désirez-vous me consulter ? demanda-t-il avec hésitation en ouvrant la porte. Celle-ci s'ouvrait en dedans, et, par conséquent, le mouvement qu'il fit ne produisit aucun changement dans l'attitude de l'apparition, qui restait exactement à la même place.

Elle inclina légèrement la tête en signe d'assentiment.

— Ayez la bonté d'entrer, Madame, dit le docteur.

L'apparition fit un pas en avant ; puis, se tournant vers le garçon avec un geste d'effroi ou d'horreur, elle sembla hésiter.

— Laisse-nous, Tom, dit le docteur au garçon dont les yeux ronds s'étaient écarquillés autant que possible pendant cette courte entrevue. Tire le rideau et ferme la porte.

Le garçon fit glisser un rideau vert sur la partie vitrée de la porte, se réfugia dans le laboratoire, ferma la porte derrière lui et se mit aussitôt en devoir d'appliquer un de ses grands yeux au trou de la serrure de l'autre côté.

Le docteur approcha une chaise du feu et invita du geste l'inconnue à s'asseoir. L'être mystérieux se dirigea lentement vers la place indiquée. Comme la flamme se reflétait sur la robe noire, le docteur remarqua que ce vêtement était plein de boue et ruisselant d'eau.

— Vous êtes mouillée ? dit-il.

— Oui, répondit l'étrangère tout bas.

— Et vous êtes malade ? ajouta-t-il avec compassion; car la voix qu'il venait d'entendre était celle d'une personne souffrante.

— Oui, repartit-elle, très malade, non de corps, mais d'esprit. Ce n'est pas pour moi, ni de mon propre mouvement, continua l'étrangère, que je suis venue vous voir. Si j'avais quelque souffrance physique, je ne serais pas dehors à cette heure ou par une nuit comme celle-ci ; si j'étais atteinte d'un mal irrémédiable, Dieu sait combien je serais heureuse d'attendre la mort, combien je prierais pour qu'elle arrivât. C'est pour un autre que je viens réclamer votre aide, Monsieur. C'est peut-être une folie de ma part, et je crois vraiment que je suis folle ; mais de nuit en nuit, pendant les longues et terribles heures de veille et de larmes, la même pensée n'a cessé d'obséder mon esprit ; et quoique je voie bien, moi, qu'aucune assistance humaine ne peut lui être utile, que tout est perdu sans espoir, la seule idée de le coucher dans son tombeau sans avoir fait cette tentative me glace le sang dans les veines !

Et un frisson que la feinte ne pouvait produire — le docteur le savait bien — fit tressaillir tout son corps.

Il y avait quelque chose de si profondément navrant, de si sincère et de si sérieux dans son langage et dans son maintien, que ses paroles touchèrent le cœur du jeune homme. Il était novice, et il n'avait pas encore vu assez de ces misères qui passent journellement sous les yeux d'un médecin, pour être devenu relativement insensible aux souffrances humaines.

— Si, dit-il en se levant vivement, la personne dont vous me parlez se trouve dans cet état désespéré, il n'y a pas un instant à perdre, je vous accompagnerai sur-le-champ. Mais pourquoi n'avez-vous pas déjà consulté un médecin ?

— Parce qu'il eût été inutile de le faire plus tôt, parce que c'est peut-être inutile maintenant, dit la femme en se tordant les mains passionnément.

Le docteur fixa un moment ses yeux sur le voile noir, comme s'il eût voulu saisir l'expression des traits que cachait le tissu ; mais celui-ci était si épais qu'il défiait toute curiosité.

— Vous êtes malade vous-même, dit-il avec douceur ; quoique je ne vous connaisse pas, il ne m'est pas difficile de constater que la fièvre qui vous a minée sans que vous l'ayez sentie, la fatigue que vous avez eu évidemment à subir, a épuisé vos forces et vous consume. Portez ceci à vos lèvres, continua-t-il en lui versant un verre d'eau ; remettez-vous quelques minutes, et vous me direz ensuite, avec tout le calme possible, quelle est la maladie du patient et depuis quand il est souffrant. Quand je saurai ce qu'il m'est indispensable de savoir pour rendre ma visite efficace, je serai prêt à vous accompagner.

L'étrangère leva le verre jusqu'à la hauteur de sa bouche sans soulever son voile, le déposa sur la table sans avoir touché au liquide, et éclata en sanglots.

— Je sais, dit-elle en suffoquant, que ce que je vais vous dire ressemble au délire de la fièvre. D'autres me l'ont déjà dit, mais avec moins de bonté que vous. Je ne suis pas jeune, et l'on dit que lorsque la vie touche à sa fin, le peu qui en reste, quelque insignifiant qu'il puisse paraître à autrui, est toujours plus précieux, pour celui qui se meurt, que toutes les années qu'il a vécu auparavant, quand bien même elles n'auraient laissé dans son esprit que le souvenir de vieux amis morts depuis longtemps, de jeunes gens, d'enfants peut-être qui s'en sont allés et qui sont oubliés aussi complètement que si la mort les avait pris aussi. Le cours naturel de ma vie ne peut plus être de longue durée, et elle devrait, par conséquent, m'être chère ; pourtant je mourrais sans un regret, avec bonheur, avec joie, si ce que je vous dis pouvait être inexact ou imaginaire. Demain matin, celui dont je vous parle sera, j'en ai la certitude (et il me serait difficile de penser autrement), sera sans secours ; aucune aide humaine ne pourra peut-être le sauver, et pourtant ce soir, cette nuit, quoiqu'il soit en danger de mort, vous ne pouvez le voir, vous ne pourriez lui être utile.

— Je ne voudrais pas, dit le docteur après une pause assez courte, augmenter votre douleur en faisant la moindre remarque sur ce que vous venez de dire, ou en vous paraissant désireux d'approfondir des faits que vous semblez si préoccupée de cacher ; mais il y a dans votre déclaration une certaine insistance que je ne puis concilier avec les probabilités. Cette personne va mourir, dites-vous, et je ne puis la voir, quand mon assistance pourrait lui être utile ; vous craignez qu'il ne soit trop tard demain, et, pourtant, vous désirez que je la voie alors. Si elle vous est vraiment chère, comme vos paroles paraissent le prouver, pourquoi ne pas essayer de lui sauver la vie avant que les progrès de la maladie aient rendu le remède impraticable ?

— Ah ! mon Dieu ! s'exclama la femme, pleurant amèrement, comment puis-je espérer faire croire à des étrangers ce qui me parait incroyable à moi-même ? Vous ne voulez donc pas le voir ? ajouta-t-elle en se levant brusquement.

— Je n'ai pas dit que je refusais de le voir ? répondit le docteur ; mais je vous préviens que si vous persistez dans cette obstination inconcevable, et si la personne meurt, vous encourrez une terrible responsabilité.

— Oui, la responsabilité sera terrible et le ciel m'en demandera compte, dit l'étrangère d'un ton acerbe. Mais, quelque responsabilité que j'aie à encourir moi-même, je l'accepte et je saurai me défendre.

— Je verrai le patient demain, si vous voulez me laisser l'adresse, dit le médecin. A quelle heure pourrai-je le voir ?

— A neuf heures.

— Encore une question. Est-il chez vous en ce moment ?

— Non !

— Alors, si je vous donnais quelque prescription pour ce qu'il y aurait à faire pendant la nuit, vous ne pourriez la faire exécuter ?

La femme sanglota péniblement.

— Non, dit-elle, je ne le pourrais pas.

Jugeant qu'il y avait peu de chance d'obtenir des renseignements plus précis en prolongeant cet interrogatoire, et désireux de ne pas heurter les sentiments de sa cliente de ne pas aggraver ses souffrances morales qui, réprimées d'abord par un effort puissant de la volonté, étaient maintenant poignantes à voir, le docteur répéta sa promesse de passer chez le mourant dans la matinée du lendemain, à neuf heures. L'étrangère, après lui avoir donné comme adresse une rue obscure du quartier pauvre de Walworth, quitta la maison aussi mystérieusement qu'elle y était entrée.

Il est aisé de concevoir qu'une visite aussi étrange fit une impression extraordinaire sur l'esprit du jeune médecin, et qu'il se livra à toutes sortes de conjectures, mais sans grand résultat, sur les circonstances probables de ce cas singulier. Comme la plupart des gens, il avait souvent entendu parler de faits inexplicables, de pressentiments qu'ont certaines personnes du jour, de l'heure et même de la minute exacte de leur mort. Un moment il eut la pensée qu'il pouvait être question d'un fait analogue ; mais alors il se rappela que tous les exemples de ce genre qu'il eût jamais connus se rapportaient à des personnes qui avaient été en quelque sorte averties de leur propre mort. Or, la femme qu'il venait de voir avait parlé d'un autre qu'elle : d'un homme ; et il était impossible de supposer qu'un simple rêve ou un caprice de son imagination, ou une hallucination, l'eût portée à parler de la fin prochaine de cet homme avec la terrible conviction qu'elle avait exprimée. Il ne se pouvait pas que l'homme eût été assassiné dans la matinée et que la femme, d'abord complice volontaire du crime, et forcée par un serment de garder le secret, eût hésité, et ensuite, pour empêcher la mort de la victime, se fût enfin décidée à appeler l'assistance tardive d'un médecin ! De tels faits aussi monstrueux, accomplis avec autant de férocité et de calcul sauvage à deux milles à peine du centre de Londres, étaient inadmissibles en pleine civilisation. Aussi en vint-il à croire simplement que la femme avait le cerveau dérangé, et comme il n'y avait pas d'autre moyen de résoudre la difficulté d'une manière plausible, il s'arrêta bientôt à l'idée fixe qu'il avait eu affaire à une folle.

Walworth, dans sa partie la plus éloignée de la ville, est un endroit misérable et assez solitaire, même de nos jours ; au commencement de ce siècle, ce n'était guère moins qu'un désert habité par une poignée de gens d'un caractère douteux, que leur indigence empêchait de vivre dans une localité meilleure, ou à qui leurs desseins et leur genre de vie faisaient préférer l'isolement. Presque toutes les maisons que l'on y voit maintenant des deux côtés de la route n'existaient pas alors, et celles que l'on y trouvait éparpillées, espacées à des distances irrégulières, offraient l'aspect le plus grossier et le plus repoussant que l'on puisse se figurer.

La vue des chemins et des ruelles infectes qu'il eut à traverser le lendemain était peu faite pour rassurer l'esprit du docteur ou pour chasser les idées pleines d'appréhensions qu'avait fait naître en lui l'étrange désir de l'inconnue. En quittant la grand'route, il s'engagea dans une espèce de marécage par des sentiers étroits, qu'interrompait de temps à autre quelque hutte délabrée, tombant en ruines, abandonnée ou négligée. Un arbre rabougri, une mare d'eau stagnante dont la bourbe avait été agitée par la pluie de la veille, faisaient par endroits diversion au tableau ; de loin en loin, un misérable coin de jardin, où quelques mauvaises planches tant bien que mal clouées ensemble figuraient une tonnelle, et de vieilles palissades plus ou moins heureusement raccommodées avec des échalas dérobés dans les haies voisines, attestaient l'extrême indigence des habitants et leur peu de scrupule à s'approprier le bien d'autrui pour l'affecter à leur propre usage. Parfois une femme à l'air crasseux se montrait à la porte de sa maison abjecte, vidant le contenu de quelque ustensile de cuisine dans le ruisseau, ou agonisant d'injures une petite fille aux souliers éculés qui avait réussi à s'écarter de quelques pas sous le poids d'un enfant jaunâtre presque aussi gros qu'elle ; mais c'était tout, à peu de chose près, et à mesure qu'il avançait de son mieux, en perçant le brouillard froid qui pesait sur lui, le docteur n'avait devant les yeux que le même horizon sombre et sinistre.

Après avoir pataugé dans la boue et les immondices, après avoir fait beaucoup de questions sur la situation exacte de l'endroit qu'on lui avait désigné, et avoir obtenu en retour autant de réponses contradictoires et peu satisfaisantes, le jeune homme arriva enfin devant la maison qui lui avait été donnée comme but de son itinéraire. C'était une petite construction basse, n'ayant qu'un étage, et d'un aspect aussi désolé, aussi peu rassurant que toutes celles qu'il avait vues sur son passage. Un vieux rideau jaune se voyait aux fenêtres d'en haut, et les volets d'en bas étaient fermés sans être attachés. La maison était complètement isolée, et comme elle occupait l'angle d'une étroite ruelle, il n'y avait aucune autre habitation en vue.

Le docteur hésita quelques minutes et dépassa la maison de quelques pas, avant de pouvoir se décider à en soulever le marteau. Il est probable que le plus téméraire de mes lecteurs en eût fait autant. La police de Londres était bien différente alors de ce qu'elle est aujourd'hui ; les faubourgs étaient tout à fait isolés à cette époque où la rage de construire et le progrès, ainsi que les améliorations de la vie matérielle, n'avaient pas encore commencé à rattacher ces points extrêmes de la capitale à son centre et à ses environs immédiats ; Walworth était dans ces temps, comme beaucoup de ces endroits, et peut-être plus qu'aucun d'eux, le refuge et le repaire de tout ce qu'il y avait de plus dépravé et de plus dangereux parmi la population. Les rues, même dans les quartiers les plus animés de Londres, étaient peu éclairées, et les faubourgs, comme Walworth, étaient entièrement abandonnés à la sauvegarde de la lune et des étoiles. Il y avait par conséquent peu de chance de mettre la main sur les malfaiteurs, sinon dans les cas de flagrant délit, ou de suivre leurs traces jusqu'à leur gîte ; leurs méfaits se multipliaient naturellement en raison directe de leur audace, et la certitude qu'ils avaient d'être relativement en parfaite sécurité s'accroissait par l'expérience qu'ils en faisaient quotidiennement. Il convient d'ailleurs de se rappeler que le jeune médecin avait passé quelque temps dans les hôpitaux de la capitale, et que si les exploits de Burke et de Bishop n'avaient pas encore acquis leur horrible notoriété, ses observations personnelles pouvaient lui avoir fait concevoir combien il était facile de commettre les atrocités auxquelles le premier de ces scélérats a donné son nom. Quoi qu'il en soit et quelles que fussent les réflexions qui le faisaient hésiter, il hésitait. Mais, comme il était jeune, sans préjugés et brave, son hésitation ne dura qu'un instant ; il rebroussa vivement chemin et frappa doucement à la porte.

Immédiatement après, il entendit une espèce de chuchotement, comme si quelqu'un au bout d'un corridor causait, tout bas et à la dérobée, avec une autre personne arrêtée sur le palier au-dessus. A ce bruit succéda celui d'une paire de bottes tombant lourdement sur le sol. La chaîne qui barrait la porte fut détachée, la porte s'ouvrit, et un homme de haute taille, à mine rébarbative, aux cheveux noirs, au visage aussi pâle, aussi hagard, — comme le raconta plus tard le docteur, — qu'aucun des cadavres qu'il eût jamais vus, se présenta devant lui.

— Entrez, Monsieur, dit-on tout bas.

Le docteur obéit, et l'homme ayant refermé la porte avec la

chaîne, le conduisit dans une petite pièce du fond au bout du corridor.

— Suis-je arrivé à temps ? demanda le jeune homme.

— Trop tôt!

Le docteur pivota sur lui-même avec un geste d'étonnement où perçait le trouble qu'il ne pouvait réprimer.

— Si vous voulez entrer ici, dit l'homme, à qui l'émotion du visiteur n'avait pas échappé, si vous voulez entrer ici, vous n'aurez que cinq minutes à attendre, je vous le promets.

Le docteur pénétra dans la chambre. L'homme ferma la porte et le laissa seul.

C'était une petite chambre froide, sans autre ameublement qu'une table en bois blanc et deux chaises. Une poignée de charbon que ne protégeait aucun garde-feu brûlait dans la grille et rendait plus sensible le contact de l'humidité qui ruisselait du haut des murs et tombait en longs sillages, pareils à ceux d'une limace.

La fenêtre, dont les carreaux étaient cassés et rapiécés en maints endroits, donnait sur un petit carré de terrain entouré de murailles basses et presque entièrement submergé. On n'entendait aucun bruit, ni à l'intérieur de la maison, ni au dehors. Le jeune homme s'assit devant le feu, attendant le résultat de sa première visite médicale.

Il n'y avait pas dix minutes qu'il était dans cette position, lorsque le roulement d'une voiture frappa son oreille. La voiture s'arrêta; la porte de la rue s'ouvrit. Il y eut un échange de paroles toutes basses, accompagnées d'un glissement de pas sourds dans le corridor et dans l'escalier, comme si deux ou trois hommes se fussent occupés à porter quelque corps pesant dans la chambre d'en haut. Le craquement des marches, quelques secondes plus tard, annonça que les porteurs, quels qu'ils fussent, avaient accompli leur tâche, quelle qu'elle pût être, et qu'ils quittaient la maison. La porte se referma et le silence se rétablit.

Cinq autres minutes s'écoulèrent. Le docteur était décidé à explorer la maison, pour se mettre en quête de quelqu'un à qui il pût faire part de sa visite, lorsque la porte de la chambre s'ouvrit, et l'inconnue qu'il avait vue la veille, et qui était vêtue exactement de la même manière, avec le même voile noir qu'auparavant, lui fit signe d'approcher. Sa taille extraordinairement grande, jointe à l'obstination de son mutisme, fit croire un moment au jeune médecin qu'il avait affaire à un homme déguisé en femme. Mais les sanglots passionnés qui s'échappaient de dessous le voile et l'attitude convulsée de toute la personne lui prouvèrent aussitôt l'absurdité d'une pareille supposition : il s'empressa de suivre l'étrangère.

La femme le conduisit jusqu'au premier étage et, arrivée sur le palier, elle s'arrêta devant la porte et le laissa entrer le premier. La chambre était meublée misérablement et ne contenait qu'un vieux coffre en bois blanc, une couple de chaises, un lit sans rideaux garni d'une couverture rapiécée. La lumière indécise tamisant à travers le rideau de fenêtre qu'il avait déjà vu du dehors, rendait les objets si indistincts et leur donnait des tons si uniformes que le docteur ne remarqua pas d'abord ce qui frappa tout à coup ses yeux quand la femme, passant devant lui avec un mouvement éperdu, alla se jeter à genoux au pied du lit.

Sur cette couchette était étendue, enveloppée dans un morceau de toile et recouverte d'un drap, une forme humaine, raide et en apparence inanimée. La tête et le visage, qui étaient ceux d'un homme, se voyaient à découvert ; un bandeau passait sur le haut du crâne, sur les joues, et était attaché sous le menton.

Les yeux étaient fermés. Le bras gauche reposait lourdement en travers du lit, et la femme tenait la main inerte.

Le docteur repoussa doucement la femme et prit la main.

— Mon Dieu ! s'écria-t-il en la laissant retomber involontairement. Cet homme est mort !

La femme se releva et joignit les mains.

— Oh ! ne dites pas cela, s'écria-t-elle, avec un transport presque frénétique. Je ne puis pas, je ne veux pas vous croire. Il y a eu des hommes que l'on a rappelés à la vie, quand des gens inhabiles les avaient donnés pour morts ; des hommes sont morts qui auraient pu être sauvés si l'on avait employé des moyens efficaces. Oh ! ne le laissez point étendu là, Monsieur, sans avoir fait un effort pour le sauver. Il doit lui rester un dernier souffle de vie. Essayez, Monsieur, essayez, pour l'amour du ciel !

Et tandis qu'elle parlait, elle frictionnait vivement, passionnément le front, la poitrine de l'homme inanimé ; elle battait à grands coups, avec une espèce de sauvagerie, la paume de ses mains glaciales qui, lorsqu'elle cessa de les tenir, retombèrent inertes et lourdes sur la couverture.

— C'est inutile, brave femme, dit le docteur doucement, en retirant sa main qu'il avait posée sur le cœur de l'homme... Arrêtez... tirez ce rideau...

— Pourquoi ? dit la femme, se levant en sursaut.

— Tirez ce rideau, vous dis-je, reprit le docteur, avec un tremblement dans la voix.

— J'ai fait exprès la nuit dans cette chambre, dit-elle en se jetant devant lui pour l'empêcher d'exécuter son dessein. Oh! Monsieur, ayez pitié de moi! S'il n'y a plus de remède, s'il est vraiment mort, ne l'exposez pas à d'autres yeux que les miens.

— Cet homme n'est pas mort de mort naturelle, dit le médecin. Je veux voir le corps.

Et d'un mouvement si soudain que la femme se douta à peine qu'il se fût dégagé de son étreinte, il arracha le rideau, de manière à laisser pénétrer la pleine lumière du jour dans la pièce, et alla reprendre sa place devant le lit.

— Il s'est commis ici un acte de violence, dit-il en montrant le cadavre et en fixant ses yeux sur le visage de l'inconnue qui, dans le paroxysme du désespoir, avait jeté son chapeau avec son voile et clouait maintenant ses regards sur lui.

Elle avait les traits d'une femme de cinquante ans, qui avait dû être belle. Les chagrins et les larmes avaient laissé sur son visage des traces que le temps seul n'y eût point imprimées. Son teint était d'une pâleur mortelle, sa lèvre s'agitait nerveusement en se contractant, ses yeux avaient un éclat indicible, qui prouvait que ses facultés physiques et intellectuelles s'étaient écrasées sous l'accablement de toutes les misères.

— Il s'est commis ici un acte de violence, répéta le docteur, sans cesser de plonger dans les prunelles de la femme son regard scrutateur.

— Oui! répondit la femme.

— Cet homme a été assassiné!

— Oui, dit la femme avec exaltation, j'en appelle à Dieu! Assassiné lâchement, impitoyablement, inhumainement assassiné!

— Par qui? s'écria le docteur, saisissant la femme par le bras.

— Regardez les traces que l'assassin a laissées sur le corps, répondit la femme.

Le docteur jeta les yeux sur le lit et se pencha sur le cadavre qu'éclai-

Il s'est commis ici un acte de violence, dit le médecin (p. 289).

rait en ce moment un large faisceau de lumière. Le cou était tuméfié et portait la marque livide d'une corde qui en avait fait le tour. La vérité jaillit soudain dans le cerveau du docteur.

— C'est l'homme qu'on a pendu ce matin! s'exclama-t-il en se reculant avec un frisson d'horreur.

— Oui, répondit la femme d'un ton froid et presque indifférent.

— Qui est-il? interrogea le docteur.

— *Mon fils!* repartit la femme; et elle tomba inanimée à ses pieds.

Elle disait vrai. Son complice avait été acquitté faute de preuves, et lui, il avait été condamné à mort et exécuté. Rappeler ici les détails de cette affaire, dont la date est si éloignée, serait inutile et ne ferait qu'attrister mes lecteurs. L'histoire lugubre et sanglante était d'ailleurs de celles qu'on lit si souvent dans les journaux. La mère était une pauvre veuve, sans amis, sans ressources, qui s'était privée de tout pour élever l'orphelin. Celui-ci était resté insensible à toutes les prières. Oublieux des sacrifices et des souffrances qu'elle avait subis pour lui, des incessantes tortures d'esprit, des peines de toute nature qu'elle avait acceptées pour lui et rien que pour lui, de la faim qu'elle avait endurée, il s'était livré à tous les vices et à tous les crimes. Et le résultat de cette conduite était là sous les yeux du docteur : le fils mort de la main du bourreau et la mère courbée sous la honte et irrémédiablement folle.

L'HÉRITAGE DU MORE (1)

A l'intérieur de la forteresse de l'Alhambra, en face du palais royal, à Grenade, se trouve une vaste esplanade ouverte appelée la Place de Citernes (la *Plaza de los Algibes*), nom qu'elle doit aux réservoirs d'eau établis sous terre, cachés à la vue, et existant en cet endroit depuis l'époque des Mores. Dans un coin de cette esplanade se voit un puits moresque creusé dans le roc à vif, et dont l'eau est aussi froide que la glace et aussi transparente que le cristal. Les puits faits par les Mores sont encore aujourd'hui en renom, car on n'ignore point les peines que l'on se donnait alors pour arriver jusqu'aux sources les plus pures et les plus douces. L'un de ces puits, celui dont il est question ici, est fameux dans tout Grenade. On y voit les porteurs d'eau, les uns tenant en équilibre de grandes cruches sur leurs épaules, les autres poussant devant eux des ânes chargés de vaisseaux en terre, monter et descendre, de l'aube à la nuit noire, les pentes des avenues boisées de l'Alhambra.

Les fontaines et les puits, dès les temps éloignés dont parle l'Ecriture, ont toujours été, sous les climats chauds, des lieux de rendez-vous préférés où l'on se livre volontiers aux commérages. Autour du puits dont il question dans ce récit, il y a eu, de temps immémorial, une sorte de club perpétuel composé des invalides, des vieilles femmes, et d'autres badauds et badaudes, formant la population désœuvrée de la for-

(1) Ce joli conte est dû à Washington Irving, le célèbre auteur américain, né à New-York en 1783 et mort en 1859.

Washington Irving.

Washington Irving.

teresse, qui y prennent place sur des bancs de pierre, sous un auvent recouvrant le puits pour servir d'abri contre le soleil au collecteur du péage. Les conversations et les cancans y vont bon train. On n'y laisse approcher aucun porteur d'eau sans l'interroger sur les nouvelles de la ville et sans faire de longs commentaires sur tout ce qu'il a vu et entendu dire. Il ne se passe pas une heure de la journée que des commères en humeur de flânerie, des servantes sans besogne ne viennent y baguenauder, la cruche sur la tête, pour entendre l'incessant babil de ces maîtres bavards.

Parmi les porteurs d'eau qui venaient autrefois s'approvisionner à ce puits, il y avait un petit bonhomme aux épaules trapues, au dos solide, aux jambes arquées, que l'on appelait Pedro Gil, et par abréviation Pérégil. Comme tous ceux qui exerçaient le même métier que lui à Grenade, il était Gallégo, c'est-à-dire natif de Galicie. La nature semble avoir formé des races d'hommes, comme elle a créé des races d'animaux tout exprès pour les professions qu'ils ont à remplir. C'est ainsi qu'en France tous les cordonniers sont Savoyards, tous les portiers d'hôtel Suisses, et qu'au temps où les vertugadins et les coiffures poudrées étaient de mode en Angleterre, il n'y avait qu'un Irlandais coureur de marais pour imprimer le balancement à la chaise à porteur. De même en Espagne, les porteurs d'eau et les portefaix en général sont tous petits, trapus et originaires de Galicie. Aussi ne dit-on point : « Faites venir un homme de peine » ; mais : « Appelez un Gallégo. »

Pour en revenir à mes moutons, Pérégil le Gallégo avait débuté avec une grande cruche de terre qu'il portait tout bonnement sur l'épaule ; par degrés sa situation s'était agrandie dans le monde, et il s'était trouvé en mesure de s'acheter un auxiliaire appartenant à une classe correspondante d'êtres animés, en d'autres termes, un gros âne tout velu. De chaque côté de son aide de camp aux longues oreilles, dans une espèce de panier, étaient suspendues ses cruches d'eau recouvertes de feuilles de vigne pour les protéger contre le soleil.

Il n'y avait pas dans tout Grenade de porteur d'eau plus industrieux et plus joyeux que Pérégil. Les rues résonnaient de ses gais accents lorsqu'il trottinait derrière son aliboron, en chantant de cette voix qu'on peut appeler ensoleillée et qui s'entend dans toutes les villes espagnoles : *Quien quiere agua, agua mas fria que la nieve?* (Qui veut de l'eau, de l'eau plus froide que la neige?) Qui veut de l'eau du puits de l'Alhambra froid comme la glace et limpide comme le cristal? Quand il servait à un client un verre de son liquide pétillant, c'était toujours avec un mot plaisant qui provoquait un sourire ; et lorsque par hasard il avait affaire à une belle dame ou à une jeune demoiselle dont la joue ou le menton avait une gracieuse fossette, il ne manquait pas de lui adresser un compliment plein de galanterie sur sa beauté.

Aussi Pérégil le Gallégo était-il cité dans tout Grenade pour le plus poli, le plus aimable, le plus gai et le plus heureux des mortels. Pourtant ce n'est pas toujours celui qui chante le plus haut et qui raille le plus qui a le cœur le plus léger. Sous toute cette apparence de jovialité, le brave Pérégil avait ses soucis et ses peines. Il avait à entretenir une grande famille d'enfants en haillons, affamés et bruyants comme une nichée de jeunes hirondelles, qui l'accablaient de leurs demandes de pain chaque fois qu'il rentrait le soir de ses corvées du jour. Il avait, à vrai dire, une compagne, mais elle ne lui était d'aucune aide. Elle était jadis une reine de beauté dans son village, et tout son village vantait son habileté à danser le boléro et à faire sonner les castagnettes ; elle avait, depuis son mariage, gardé ses penchants d'autrefois, dépensant en toilettes toute la recette amassée à force de labeur par le bon Pérégil, et mettant à contribution jusqu'au baudet même pour faire des parties de plaisir les dimanches et les jours de fête, et ces innombrables jours de repos qui en Espagne sont presque plus nombreux que ceux de la semaine. Avec tout cela elle était musarde, plus souvent couchée que debout et jacassant comme pas une pie : bref, négligeant sa maison, sa famille, délaissant tout pour rôder en traînant la semelle chez les commères, ses voisines.

Fort heureusement, celui qui mesure le vent à brebis tondue sait accommoder le joug du mariage au cou qui doit le porter. Pérégil endurait le gaspillage de sa femme et les cris de ses enfants avec autant de résignation que son âne en mettait à transporter les cruches d'eau ; et quoiqu'il lui arrivât quelquefois de hocher la tête lorsqu'il était seul, jamais il ne se serait risqué à mettre en doute les vertus ménagères de sa souillon de moitié.

Il aimait ses enfants comme le hibou chérit ses petits, et il était fier de voir en eux se multiplier et se perpétuer sa propre image, car ils étaient tous trapus, solides et bancroches comme lui. Son plus grand plaisir, quand il avait un peu de répit et une poignée de maravédis à dépenser, était d'emmener toute la bande, les uns dans ses bras, les autres accrochés à ses habits, les plus grands trottant derrière ses talons, et de leur laisser prendre leurs ébats et faire leurs cabrioles dans les vergers de la Véga, pendant que sa femme dansait avec ses amies dans les Angosturas du Darro.

C'était par une belle soirée d'été, à une heure déjà avancée. La plupart des portefaix et porteurs d'eau avaient achevé leur rude besogne de la journée. Il avait fait excessivement chaud. La nuit était délicieuse, une de ces nuits qu'éclaire la lune et qui invitent les habitants de ces climats méridionaux à s'indemniser de la chaleur et de l'inaction forcée de la journée, en se promenant en plein air et en jouissant de la fraîcheur de la température le plus longtemps possible. Les acheteurs d'eau étaient encore dehors. Pérégil, en bon petit père peinant à la tâche, songeait à ses enfants affamés.

— Encore un voyage au puits, se disait-il, pour pouvoir acheter un puchero du dimanche à mes plus petits.

Tout en parlant, il trottinait vaillamment dans l'avenue de l'Alhambra, chantonnant comme il en avait l'habitude et de temps à autre administrant un bon coup de bâton au baudet, autant pour battre la mesure sur le dos de la pauvre bête que pour la régaler ; car les rations de coups tiennent lieu en Espagne de rations d'herbe pour les bêtes de charge.

Arrivé au puits, Pérégil le trouva désert. Il n'y vit qu'un étranger en costume moresque, assis seul au clair de lune sur le banc de pierre. Pérégil fit d'abord une pause et considéra l'inconnu avec un air de surprise, mêlée de crainte ; mais le More lui fit signe faiblement d'approcher.

— Je suis las et malade, dit-il, aide-moi à regagner la ville et je te paierai le double de ce que tu gagnerais à remplir tes cruches d'eau.

Le bon cœur du petit porteur d'eau fut touché de compassion à cet appel de l'étranger.

— Dieu me garde, dit-il, de demander un pourboire ou un salaire pour un simple acte d'humanité.

Il aida donc le More à s'asseoir sur son âne et partit lentement pour Grenade, car le pauvre musulman était si faible qu'il dut le tenir des deux mains pour l'empêcher de tomber.

Lorsqu'ils atteignirent la ville, le porteur d'eau lui demanda où il devait le conduire.

Pérégil ramena le More à Grenade.

— Hélas ! dit le More d'une voix expirante, je n'ai ni feu ni lieu, je suis étranger ici. Laisse-moi passer la nuit sous ton toit, et tu seras largement récompensé.

Le bon Pérégil se voyait donc d'une manière tout inattendue cet infidèle sur les bras ; mais il était trop humain pour refuser l'hospitalité à un de ses semblables dans un cas aussi désespéré : il mena le More chez lui. Les enfants qui accouraient, suivant leur habitude, la bouche ouverte en entendant le pas de l'âne, rentrèrent dans la maison avec effarement quand ils virent l'étranger coiffé d'un turban et allèrent se cacher derrière les jupons de leur mère. Celle-ci s'avança hardiment, comme une poule alarmée s'élance devant ses poussins à l'approche d'un chien errant.

— Qu'est-ce à dire ? Un mécréant ? Un païen ? s'écria-t-elle. Est-ce là tout ce que tu nous amènes à cette heure indue, pour appeler sur nous les regards de l'Inquisition?

— Un peu de calme, ma femme, repartit le Gallégo. Voici un étranger malade, sans amis, sans asile. Aurais-tu le courage de le repousser pour le faire succomber dans la rue ?

La femme allait maugréer de plus belle, car, bien que son gîte ressemblât à une tanière, elle n'en tenait pas moins à « la réputation de sa maison » ; mais, cette fois, le petit porteur d'eau voulut en faire à sa tête et se refusa positivement à se courber sous le joug. Il aida le pauvre musulman à mettre pied à terre, et étendit une natte et une peau de mouton pour lui sur le sol à l'endroit le plus frais de la maison, car il n'avait dans sa pauvreté pas d'autre lit à lui offrir.

Quelques instants après, le More fut saisi de violentes convulsions qui défièrent toute la science médicale du Gallégo. Les yeux du malade exprimaient sa bonté. Dans un moment de calme, il l'appela près de lui et lui parlant à voix basse :

— Je sens, dit-il, que ma fin approche. Si je meurs, je te lègue cette boite en récompense de ta charité.

En disant ces paroles, il ouvrit son burnous et fit voir une petite boite en bois de sandal qu'il avait attachée à sa ceinture.

— Dieu veuille, mon ami, répondit le brave petit Gallégo, que vous puissiez vivre encore de longues années pour jouir vous-même de votre trésor, quel qu'il soit !

Le More secoua la tête ; il mit la main sur la boite et voulut entrer dans quelques explications ; mais il fut saisi de nouvelles convulsions plus violentes, et au bout de peu de temps il expira.

La femme du porteur d'eau était comme une folle.

— Voilà ce que tu gagnes, dit-elle, avec ta manie de te mettre dans l'embarras pour obliger les autres. Qu'allons-nous devenir si l'on trouve ce cadavre chez nous ? Nous serons mis en prison et traités de meurtriers, et si nous en réchappons, les alguazils et les hommes de loi nous ruineront.

Le pauvre Pérégil n'était pas moins perplexe, et il se repentait presque d'avoir fait une bonne action. A la fin il lui vint une idée.

— Il ne fait pas encore jour, dit-il, je vais porter le corps du More hors de la ville et l'enterrer dans le sable au bord du Xénil. Personne n'a vu cet étranger entrer chez nous et personne ne saura rien de sa mort.

Aussitôt dit, aussitôt fait. La femme lui vint en aide. Ils roulèrent le corps du pauvre musulman dans la natte sur laquelle il venait d'expirer, le couchèrent en travers sur le baudet, et Pérégil se mit en route pour la rivière.

Par malheur pour lui, le porteur d'eau avait pour voisin d'en face un barbier nommé Pédrillo Perdrugo, qui était bien le plus indiscret, le plus bavard et le plus méchamment malicieux de toute la tribu des faiseurs de cancans. Il avait la mine d'un blaireau, des jambes d'araignée, l'allure insinuante. Le fameux barbier de Séville n'aurait pu l'égaler dans son penchant à se mêler des affaires d'autrui, et ce qu'il savait, il ne le gardait pas plus qu'un crible. On disait qu'il ne dormait que d'un œil et ne se couvrait qu'une oreille, de manière à pouvoir, même pendant son sommeil, voir et entendre tout ce qui se passait. Ce qu'il y avait de sûr, c'est qu'il était une espèce de chronique vivante pour les questionneurs de Grenade et qu'il avait plus de clients que tout le reste de la confrérie.

Or, ce barbier mêle-tout avait entendu Pérégil arriver chez lui la nuit à une heure inaccoutumée, et les exclamations de la femme du Gallégo et de ses enfants avaient éveillé sa curiosité. Une minute après, sa tête passait par la lucarne qui lui servait d'observatoire, et il vit son voisin aider un homme vêtu du costume moresque à entrer chez lui. Cet événement était si extraordinaire que Pédrillo Perdrugo n'en dormit pas de toute la nuit. Toutes les cinq minutes il apparaissait à son poste, surveillant les lumières qui filtraient à travers les fentes de la porte de son voisin : avant le jour il aperçut Pérégil sortant mystérieusement de chez lui avec son âne portant une charge inusitée.

Le barbier inquisiteur avait la fièvre ; il endossa prestement ses habits et, se glissant silencieusement hors de sa maison, il suivit prudemment à distance le porteur d'eau jusqu'à ce qu'il le vit creuser un trou dans le sable au bord du Xénil et y enfouir quelque chose qui avait tout l'air d'un cadavre.

Le barbier se hâta de rentrer, et ne fit que tourner dans sa boutique, mettant tout sens dessus dessous jusqu'au lever du soleil. Alors il prit son plat à barbe sous le bras et gagna à pas précipités la demeure de son client quotidien l'alcade.

L'alcade venait de se lever. Pédrillo Perdrugo attendit qu'il se fût assis dans un fauteuil, lui attacha la serviette au cou, lui passa le plat à barbe sous le menton et commença à lui adoucir les poils avec les doigts et la savonnette.

— Etranges aventures! dit Perdrugo qui cumulait les rôles de raseur et de nouvelliste. Etranges aventures! vol, assassinat, inhumation clandestine, le tout en une nuit!

— Hein! quoi! qu'est-ce que vous dites? cria l'alcade.

— Je dis, répliqua le barbier, en frottant la boule de savon sur le nez et la bouche du personnage — car le barbier espagnol dédaigne l'emploi du blaireau — je dis que Pérégil le Gallégo a volé et assassiné un More musulman et l'a enterré cette nuit. *Maldita sea la noche.*

— Mais d'où savez-vous cela? demanda l'alcade.

— Un peu de patience, señor, et vous saurez tout, répondit Pédrillo en lui pinçant le nez tandis qu'il promenait un rasoir sur sa joue.

Il raconta alors tout ce qu'il avait vu, en poursuivant ses deux besognes simultanément, c'est-à-dire en rasant, lavant et essuyant avec une serviette sèche le menton de son client, pendant qu'il expliquait comment le musulman avait été volé, assassiné, enterré.

Or, il se faisait que cet alcade était le grippe-sou le plus envieux et le plus ladre de tout Grenade. On ne pouvait nier, à vrai dire, qu'il ne fit grand cas de la justice, puisqu'il la vendait au poids de l'or. Il se dit tout de suite que s'il s'agissait, dans l'espèce, d'un vol suivi de meurtre, il devait y avoir une riche dépouille en jeu; le tout était de savoir comment elle passerait aux mains de la loi, car il importait de mettre d'une part le grappin sur le coupable et de fournir du gibier à la potence, puis d'autre part de se saisir du butin et d'enrichir le juge, ce qui, dans l'opinion de l'alcade, était le but suprême de la justice. Pour donner suite à cette pensée, il manda en sa présence son plus fidèle alguazil, un grand efflanqué de limier famélique, vêtu suivant l'usage de l'ancien costume espagnol : chapeau de castor à larges bords relevés, fraise prétentieuse, petite cape noir s'accrochant aux épaules, justaucorps et haut-de-chausse couleur de rouille, faisant ressortir sa charpente mince et osseuse. L'homme avait dans la main une baguette blanche, insigne redoutable de son emploi. Tel était le chien de chasse, remar-

Inutile de nier ton crime ; je sais tout.

quable pour la finesse de son flair, que l'alcade lança sur la piste du pauvre porteur d'eau, et telle fut la promptitude du sbire à exécuter les ordres de son maître qu'avant même que l'infortuné Pérégil fût revenu chez lui, il fut appréhendé au corps et traîné avec son âne devant le magistrat.

L'alcade laissa peser sur lui son regard le plus terrible.

— Ecoute, bandit ! cria-t-il d'une voix qui fit tressaillir le petit Gallégo en entre-choquant ses genoux, écoute, bandit ! inutile de nier ton crime : je sais tout. Le forfait que tu as commis mérite la potence, mais je suis miséricordieux et prêt à entendre ta défense. L'homme que tu as assassiné chez toi était un More, un infidèle, un ennemi de notre foi. C'est sans doute par excès de zèle religieux que tu l'as massacré. Je serai donc indulgent : restitue le bien que tu lui as pris, et nous passerons l'éponge sur l'affaire.

Le pauvre porteur d'eau invoqua tous les saints pour attester son innocence ; mais, hélas ! aucun d'eux ne comparut, et quand même ils auraient fait acte de présence, l'alcade était homme à récuser tout le calendrier. Le porteur d'eau raconta toute l'histoire du More mourant avec la naive franchise de la vérité; mais il se disculpa vainement.

— Oses-tu soutenir, demanda le juge, que ce musulman n'avait ni or, ni bijoux, et que ce n'était point là l'objet de ta cupidité ?

— Sur mon salut, répliqua le porteur d'eau, il n'avait que cette petite boite en bois de sandal qu'il m'a léguée pour prix de mes services.

— Une boite de sandal ! une boite de sandal ! s'exclama l'alcade, les yeux pétillants à l'idée de joyaux précieux. Et où est-elle cette boite ? Où l'as-tu cachée ?

— S'il plait à votre seigneurie de la faire prendre, répondit le porteur d'eau en tremblant, elle est dans l'un des bâts de mon âne, et je vous l'offre volontiers.

A peine avait-il achevé ces paroles, que le vigilant alguazil s'éclipsa pour reparaître l'instant d'après avec la mystérieuse boite de bois de sandal. L'alcade l'ouvrit avec impatience d'une main tressaillante. Tous trois se penchèrent pour admirer le trésor qu'elle devait recéler ; mais, à leur grand désappointement, ils ne virent qu'un petit rouleau de parchemin couvert de caractères arabes, et un bout de chandelle.

Quand il n'y a rien à gagner à la condamnation d'un inculpé, la justice, même en Espagne, incline à se montrer impartiale. L'alcade, remis de son dépit en trouvant que l'affaire ne lui laissait, en fin de compte, pas de profit, écouta cette fois avec calme les explications du porteur d'eau, corroborées par le témoignage de sa femme... Convaincu de son innocence, il le renvoya des fins de la poursuite et poussa même la bienveillance jusqu'à lui laisser emporter l'héritage du More, la boite en bois de sandal, et tout ce qu'elle contenait, disant que c'était la légitime récompense de son humanité ; mais il garda l'âne pour solde des frais et dépens.

Voilà donc le malheureux petit Gallégo réduit une fois de plus à porter lui-même son eau et à grimper sur la pente raide qui conduit au puits de l'Alhambra avec une grande cruche en terre sur l'épaule.

Tandis qu'il gravissait la colline en ruisselant de sueur sous le soleil accablant de midi, il s'écriait, n'ayant plus rien cette fois de sa bonne humeur accoutumée :

— Chien d'alcade ! Voler ainsi un pauvre homme comme moi, lui dérober ses moyens d'existence et le meilleur ami qu'il eût au monde !

A ce souvenir du fidèle compagnon de ses travaux, toute la tendresse de son bon naturel se réveillait.

— Ah ! baudet de mon cœur ! s'exclama-t-il en déposant son fardeau sur une borne, tandis qu'il essuyait la sueur de son front ; ah ! baudet de mon cœur ! Je suis sûr que tu penses à ton vieux maître ! Je suis sûr que tu regrettes les cruches, pauvre bête !

Pour comble d'afflictions, sa femme le reçut, au retour, avec des jérémiades et des rebuffades. Elle était bien sûre de ce qui arriverait, elle l'avait averti de ne pas céder à ces beaux élans généreux d'hospitalité qui avaient attiré sur lui tous ces malheurs ; et en femme qui s'y entend, elle profita de l'occasion pour faire valoir sa supériorité de tact et d'intelligence. Quand les enfants manquaient de pain ou avaient besoin d'un vêtement neuf, elle leur répondait en ricanant :

— Allez donc trouver votre père ; il est l'héritier du roi de l'Alhambra ; dites-lui d'ouvrir sa fameuse boîte du More.

Jamais mortel ne fut plus cruellement puni d'avoir fait une bonne action. Le pauvre Pérégil était froissé dans l'âme, mais il n'en continuait pas moins à supporter sans murmure les railleries de sa moitié. A la fin cependant, un soir, après une chaude journée de labeur, elle le taquina d'une manière si inusitée qu'il n'y tint plus. Il ne se hasarda point à lui riposter, mais son œil se fixa sur la boîte de bois de sandal qui reposait sur une tablette, le couvercle soulevé comme si elle faisait la grimace à ceux qui l'oubliaient là. Il la saisit et la jeta violemment sur le carreau :

— Maudit soit le jour, s'écria-t-il, où j'ai jeté un regard sur toi et où j'ai abrité ici ton maître !

La boîte s'ouvrit tout à fait en tombant, et le parchemin roula à terre.

Pérégil le considéra quelque temps en silence. A la fin, rassemblant ses idées :

— Qui sait? pensa-t-il, peut-être cet écrit a-t-il quelque importance, puisque le More semble l'avoir gardé avec tant de soin?

Il le ramassa donc et le cacha sous son vêtement.

Le lendemain matin, en vendant de l'eau dans les rues, il s'arrêta à la porte d'un More, natif de Tanger, qui vendait de la bijouterie et de la parfumerie dans le Zacatin, et lui demanda de lui expliquer le contenu de son rouleau.

Le More lut attentivement le parchemin, puis caressa sa barbe et sourit.

— Ce manuscrit, dit-il, est une formule d'incantation pour recouvrer un trésor caché, qui est sous le pouvoir d'un enchanteur. Cette formule a, prétend-on, une vertu telle que les serrures et les verrous les plus solides ne pourraient lui résister

— Bah! s'écria le petit Gallégo, à quoi cela peut-il me servir? Je ne suis pas magicien et je n'entends rien aux trésors cachés.

En disant ces paroles, il hissa sa cruche sur son épaule, laissa le rouleau dans les mains du More et poursuivit sa route accoutumée.

Mais le même soir, comme il se reposait au crépuscule près du puits de l'Alhambra, il trouva un grand nombre de commères assemblées en cet endroit. Leurs conversations, comme d'ordinaire à cette heure où les ombres commencent à envahir la nature, roulaient sur les vieilles légendes, les traditions du temps jadis et les faits surnaturels. Comme ils étaient tous, tant qu'ils étaient là, aussi pauvres que des rats d'église, ils prenaient un plaisir tout particulier à ressasser les histoires populaires des trésors enchantés abandonnés par les Mores en divers endroits de l'Alhambra. Tous s'accordaient d'ailleurs à croire qu'il y avait de grandes richesses enfouies sous la tour des sept étages.

Ces récits firent une impression extraordinaire sur l'esprit de Pérégil et le plongèrent dans de profondes méditations, où il s'abîmait encore quand il s'en alla seul en descendant l'avenue déjà ténébreuse.

— S'il était vrai pourtant, dit-il, qu'il y eût un trésor dans cette tour, et si le rouleau que j'ai laissé au More pouvait me mettre en possession de quelque richesse.....

Cette pensée le transportait tellement qu'il faillit laisser tomber sa cruche.

Cette nuit-là, il remua et rumina tout le temps, et put à peine fermer l'œil, tant les idées se pressaient en foule dans son cerveau et l'obsédaient.

De bonne heure, il courut à la boutique du More et lui dit ce qu'il avait roulé dans son esprit.

— Vous savez lire l'arabe, dit-il ; si nous allions tous deux à la tour essayer l'effet du charme, qu'en pensez-vous ? Supposez que notre expérience échoue, nous ne nous en trouverons pas plus mal ; mais si nous réussissons, nous partagerons ensemble le trésor que nous aurons découvert.

— Un moment, répliqua le musulman ; cet écrit ne suffit point par lui-même pour opérer l'incantation. Il faut qu'on le lise à minuit, à la lumière d'une chandelle composée et préparée avec de singuliers ingrédients que je ne pourrais me procurer. Sans la chandelle, le rouleau ne nous sert à rien.

— Paix! s'écria le petit Gallégo. J'ai la chandelle dont tu parles. Attends-moi là, je la rapporte en un clin d'œil.

Tout en parlant, il courut chez lui et revint bientôt avec le bout de chandelle de cire jaune qu'il avait trouvée dans la boite de sandal.

Le More tâta la chandelle et la flaira.

— Nous avons ici un composé de parfums rares et précieux, dit-il, et de cire jaune. C'est bien le genre de chandelle spécifié dans le rouleau. Tant qu'elle brûle, les murailles les plus épaisses, les cavernes les plus secrètes s'ouvrent d'elles-mêmes. Mais malheur à celui qui s'attarde jusqu'à ce qu'elle soit éteinte : il restera enfermé à jamais avec le trésor.

Il fut donc convenu entre eux qu'ils essaieraient le pouvoir du charme la nuit suivante. A une heure avancée, quand il n'y avait plus dehors que les chauves-souris et les hiboux, ils gravirent la colline boisée de l'Alhambra et s'approchèrent de la terrible tour, abritée sous les arbres et rendue formidable par tant de récits légendaires. A la lueur d'une lanterne, ils se frayèrent un chemin à travers les broussailles, bronchant sur les pierres tombées, se heurtant aux ronces, et arrivèrent enfin devant une porte. La mort dans l'âme, ils descendirent plusieurs marches d'un escalier creusé dans le roc. Cet escalier conduisait à une chambre vide, humide et sinistre, d'où partait une autre série de degrés menant à une voûte plus profonde. Ils descendirent ainsi quatre escaliers successifs, donnant accès à autant de voûtes de plus en plus basses. Sous la quatrième, on marchait de plain-pied. La tradition rapportait, à vrai dire, qu'il y avait encore trois souterrains au-dessous, mais il était, disait-on, impossible d'y pénétrer parce qu'ils étaient enchantés. L'atmosphère de cette dernière voûte était humide et glacée, et les émanations y étaient si denses, que la lumière y projetait à peine quelques faibles rayons. Ils s'arrêtèrent quelque temps pour reprendre haleine, jusqu'à ce qu'ils eussent entendu, à l'horloge de la tour, sonner minuit. Alors ils allumèrent la chandelle de cire, qui répandit en brûlant une odeur de myrrhe, d'encens et de styrax.

Le More se mit ensuite à lire d'une voix rapide. Il avait à peine fini qu'on entendit un bruit de tonnerre souterrain. La terre s'ébranla, le sol s'ouvrit violemment et mit à découvert un escalier. Tremblants d'effroi, ils descendirent, à la lueur de la lanterne, et se trouvèrent bientôt dans une autre voûte, couverte d'inscriptions arabes. Au centre se voyait un grand coffre, fermé par sept bandes d'acier; à chaque bout du coffre était assis un More enchanté, revêtu de son armure, mais immobile comme une statue et soumis au pouvoir de l'enchanteur. Devant le coffre se trouvaient plusieurs cruches remplies d'or, d'argent et de pierres précieuses. Ils y enfoncèrent tous deux leurs bras jusqu'au coude et en retirèrent à chaque fois des poignées de grandes pièces jaunes de monnaie d'or moresque, des bracelets et des ornements du même métal, des colliers de perles d'Orient s'enroulant sur leurs doigts. Ils en remplirent leurs poches, non sans trembler, non sans jeter un coup d'œil craintif sur les Mores enchantés, qui, sombres et immobiles, les fixaient du regard sans cligner les yeux.

A la fin, saisis de panique, comme ils s'imaginaient entendre quelque bruit, ils s'élancèrent tous deux en même temps vers l'escalier, tombèrent l'un par-dessus l'autre, gagnèrent la pièce au-dessus, et là, épuisés de fatigue, hors d'haleine, éteignirent la chandelle de cire. Au même instant, les dalles qui couvraient le sol se refermèrent avec le fracas du tonnerre.

Muets de terreur, ils n'osèrent s'arrêter que lorsqu'ils furent sortis de la tour et virent briller les étoiles à travers le feuillage des arbres. Alors ils s'assirent sur l'herbe et firent deux parts égales de leur butin. Cependant, ils étaient bien décidés à ne pas se borner à écumer les cruches, mais à y revenir la nuit d'après et à les vider jusqu'au fond. Pour être sûrs de leur bonne foi réciproque, ils se partagèrent aussi les talismans, l'un gardant le rouleau, l'autre la chandelle. Cela fait, ils s'en retournèrent à Grenade, le cœur léger et les poches bien garnies.

Comme ils dévalaient de la colline, le More, aussi rusé que prudent, glissa une parole de bon conseil dans l'oreille du naïf petit porteur d'eau.

— Ami Pérégil, dit-il, tout ceci doit rester profondément secret jusqu'à ce que nous nous soyons emparés de tout le trésor et l'ayons déposé en lieu sûr. S'il en arrivait rien qu'une syllabe aux oreilles de l'alcade, nous serions perdus.

— Assurément, répliqua le Gallégo, rien n'est plus vrai.

— Ami Pérégil, reprit le More, vous êtes un homme discret et je sus absolument sûr que vous pouvez garder un secret ; mais vous avez une femme.

— Elle n'en saura pas un mot, répondit le petit porteur d'eau résolument.

— Soit, dit le More, je compte sur votre discrétion et sur votre promesse.

Et, de fait, il ne pouvait y avoir de promesse plus positive et plus sincère. Mais, hélas! quel est l'homme qui peut cacher un secret à sa femme ? Sans aucun doute, ce n'était pas Pérégil le Gallégo, qui était le mari le plus aimant et le plus accommodant. En rentrant chez lui, il trouva sa femme qui boudait dans un coin.

— Voilà qui va bien, dit-elle en l'apercevant, tu te décides à la fin à rentrer. S'il est permis de rôder ainsi en pleine nuit! Je m'étonne de ne pas te voir nous ramener un autre More.

Puis, fondant en larmes, elle se tordit les mains et se frappa la poitrine.

— Pauvre femme que je suis! s'exclama-t-elle, que vais-je devenir ! Ma maison pillée par les hommes de loi et par les alguazils; mon mari un propre à rien qui n'apporte plus de pain chez lui pour sa famille et va flâner nuit et jour avec des Mores infidèles. O mes enfants! mes enfants! quel sort vous attend ! nous serons bientôt réduits à mendier dans les rues.

Le brave Pérégil était tellement touché de la désolation de sa femme qu'il ne put s'empêcher d'éclater lui-même en sanglots. Il avait le cœur aussi plein que la poche et il ne pouvait se maîtriser. A la fin, il plongea la main dans cette dernière et il en tira trois ou quatre grandes pièces d'or qu'il glissa dans le corsage de sa femme. Celle-ci resta abasourdie, ne comprenant rien à cette pluie d'or. Mais avant qu'elle fût revenue de sa surprise, le petit Gallégo avait fait briller à ses yeux une chaîne d'or qu'il balança au-dessus de sa tête, en bondissant de joie, et en ouvrant la bouche d'une oreille à l'autre.

— Sainte Vierge, protégez-moi! s'exclama la femme. Qu'as-tu fait, Pérégil ? J'espère bien que tu n'as pas commis un vol et un assassinat ?

Le soupçon était à peine entré dans la cervelle de la pauvre femme qu'il devint pour elle une certitude. Elle vit la prison et la potence à l'horizon, et un petit Gallégo bancal se balançant au gibet. Accablée sous les horreurs évoquées dans son imagination, elle eut une violente attaque de nerfs.

Que restait-il à faire au pauvre homme ? Pour calmer sa femme et chasser les visions qui la hantaient, il n'avait pas d'autre moyen que de lui raconter toute l'histoire de sa bonne fortune. Il ne le fit toutefois qu'après lui avoir fait faire le serment solennel de ne confier à personne son secret.

Il serait impossible de dépeindre la joie de la femme du Gallégo. Elle jeta ses deux bras au cou de son mari et l'étrangla presque dans son transport.

— Eh bien, femme, fit le petit homme en laissant déborder son contentement, que dis-tu maintenant de l'héritage du More ? Désormais tu ne m'en voudras plus d'avoir prêté secours à un de mes semblables en péril.

Le brave Gallégo regagna sa peau de mouton et sa natte et dormit d'un sommeil aussi profond que s'il avait eu un lit de duvet. Mais il n'en fut pas de même de sa femme. Elle vida tout le contenu des poches de son mari sur la natte et passa toute la nuit à compter et à recompter les pièces d'or arabes, à essayer les colliers et les boucles d'oreilles, à se représenter le rôle qu'elle allait jouer dans le monde, lorsqu'il lui serait permis de jouir de ses richesses.

Le lendemain matin, le brave Pérégil prit une grande pièce d'or qu'il porta à la boutique d'un bijoutier du Zacatin. Il lui proposa de l'acheter, disant qu'il l'avait trouvée dans les ruines de l'Alhambra. Le bijoutier vit que la pièce portait une inscription arabe et qu'elle était du meilleur aloi. Il n'en offrit toutefois que le tiers de la valeur, et le porteur d'eau se montra satisfait du marché. Pérégil acheta aussi des habits neufs pour son petit troupeau, et toutes sortes de jouets, avec d'amples et excellentes provisions de bouche, puis il revint à la maison, fit danser les enfants autour de lui, sauta lui-même comme un cabri, en répétant qu'il était le plus heureux des pères.

La femme du porteur d'eau tint sa promesse et garda le secret avec une fidélité surprenante. Pendant un jour et demi, on la vit aller et venir avec des airs de mystère, le cœur gonflé à éclater, mais se contenant quand même, bien qu'elle fût entourée de commères. Il est vrai qu'elle ne put s'empêcher de faire quelques minauderies, en s'excusant de se montrer en haillons, et en ajoutant qu'elle allait se faire faire une basquine neuve toute garnie de dentelles d'or et de jais, avec une mantille neuve en dentelles. Elle laissa glisser quelques mots sur l'intention qu'avait son mari de quitter son métier de porteur d'eau, qui ne valait rien pour sa santé. Au fait, elle pensait se retirer à la campagne tout l'été, afin de laisser les enfants profiter du bon air de la montagne en cette saison où dans la ville il n'y a âme qui vive.

Les voisins se regardaient les uns les autres avec de grands yeux. Ils crurent que la pauvre femme avait perdu la raison. Son allure, ses airs, ses projets de luxe étaient l'objet de tous les commentaires, et c'était à qui de ses amis en ferait des gorges chaudes dès qu'elle eut le dos tourné.

Cependant, si elle s'était retenue au dehors, elle se rattrapa une fois rentrée chez elle. Aussitôt elle s'attacha au cou un magnifique collier de perles d'Orient, aux bras des bracelets moresques, sur la tête une aigrette en diamants. Elle faisait les cent pas dans sa chambre, se drapant fièrement dans ses vêtements crasseux et déguenillés, et s'arrêtant de temps à autre pour se mirer dans un bout de glace cassée. Enfin, cédant à un mouvement de naïve vanité, elle ne put résister au désir de se montrer un instant à la fenêtre pour jouir de l'effet produit sur les passants par ses bijoux.

Comme si la fatalité s'en fût mêlée, le barbier indiscret Pédrillo Perdrugo était en ce moment assis dans sa boutique. Son regard toujours vigilant saisit les feux des diamants. En un clin d'œil il fut à sa lucarne pour épier la moitié d'ordinaire dépenaillée du porteur d'eau, qui se promenait maintenant chez elle aussi splendidement parée qu'une beauté orientale. Il n'eut pas plus tôt fait un inventaire exact de ses ornements qu'il courut à toutes jambes chez l'alcade. Quelques instants après, l'alguazil famélique était de nouveau en quête, et avant la fin du jour, l'infortuné Pérégil se voyait derechef traîner devant le juge.

— Qu'est-ce à dire, coquin ? s'écria le magistrat d'une voix furieuse. Tu m'avais affirmé que l'infidèle qui est mort chez toi n'avait laissé qu'une boîte vide, et voilà que j'apprends que ta femme se carre et se pavane en haillons, couverte de perles et de diamants des pieds à la tête. Misérable que tu es ! prépare-toi à rendre gorge, à me remettre les dépouilles de ta malheureuse victime et à te balancer au gibet qui se lasse de t'attendre !

Le porteur d'eau terrifié tomba à genoux et fit le récit complet de la manière merveilleuse dont il avait acquis son trésor. L'alcade, l'alguazil et le barbier curieux écoutaient avidement ce conte arabe du trésor enchanté. L'alguazil fut dépêché pour amener le More qui avait assisté à l'incantation. Le musulman entra à moitié affolé de se trouver dans les griffes des harpies de la loi. Lorsqu'il vit le porteur d'eau l'oreille basse, l'air penaud et décontenancé, il comprit d'un seul coup toute l'affaire.

— Misérable animal, dit-il en passant à côté de lui, ne t'avais-je pas mis en garde contre ta femme ?

La version du More coïncidait exactement avec celle de son compère ;

mais l'alcade affecta de se montrer rebelle à en accepter l'authenticité, et se répandit en menaces d'emprisonnement et de sévères recherches.

— Doucement, mon bon señor alcade, dit le musulman qui avait eu le temps de recouvrer sa présence d'esprit et son astuce ordinaire ; ne gâtons pas les faveurs de la fortune en nous les disputant. Personne, hormis nous, ne sait rien de tout ceci. Gardons-en le secret. Il y a dans le souterrain assez de richesses pour nous tous. Promettez-nous d'en faire l'honnête partage, et nous vous en mettrons en possession avec nous ; refusez, et le souterrain restera fermé à jamais.

L'alcade délibéra, en aparté avec l'alguazil. Celui-ci était un vieux renard.

— Promettez tout ce qu'ils veulent, dit-il, en attendant que vous ayez le trésor sous la main. Il vous sera facile alors de saisir le tout, et si le More et son complice osent murmurer, menacez-les du bûcher comme infidèles et sorciers.

L'alcade goûta l'avis. Son front se rasséréna, et se tournant vers le More :

— C'est une histoire étrange, fit-il. Je ne dis pas qu'elle n'est pas vraie, mais je veux en avoir la preuve de mes yeux. La nuit prochaine, tu répéteras ton incantation en ma présence. S'il y a vraiment un trésor, nous le partagerons entre nous en amis, et il n'en sera plus question ; si, au contraire, vous m'avez trompé, n'espérez aucune merci de ma part. En attendant, vous restez, l'un et l'autre, mes prisonniers.

Le More et le porteur d'eau acceptèrent avec joie ces conditions, car ils étaient sûrs que l'événement prouverait la vérité de leurs paroles.

Vers minuit, l'alcade sortit secrètement, escorté de l'alguazil et du barbier factotum, tous trois armés jusqu'aux dents. Ils conduisirent le More et le porteur d'eau en les faisant marcher comme des captifs. Ils avaient avec eux l'âne du Gallégo pour porter le trésor attendu. Ils arrivèrent à la tour sans que personne les eût remarqués, et ils attachèrent le baudet à un figuier ; puis ils descendirent jusqu'au quatrième souterrain de la tour.

Là, on déroula le parchemin, on alluma la chandelle de cire jaune, et le More lut la formule d'incantation. La terre trembla comme la première fois : les dalles s'ouvrirent avec le fracas du tonnerre, et laissèrent voir un escalier étroit. L'alcade, l'alguazil et le barbier étaient pétrifiés de stupeur et n'avaient pas le courage de descendre. Le More et le porteur d'eau entrèrent dans le souterrain ouvert à leurs pieds et virent les Mores assis comme auparavant en silence et immobiles. Ils emportèrent deux des grandes cruches remplies de monnaie d'or et de pierres précieuses. Le porteur d'eau les porta l'une après l'autre sur ses épaules ; mais quoiqu'il eût le dos et les reins solides et fût accoutumé aux fardeaux, il fléchissait sous leur poids, et quand il les eut attachés de chaque côté de l'âne, il trouva que la bête en avait toute sa charge.

— Contentons-nous de ceci, dit le More, nous avons là tout ce que nous pouvons emporter de richesses sans être vu et sans éveiller les soupçons ; et il y en a certes assez pour nous enrichir autant que nous pouvons le souhaiter.

— Il y a donc d'autres trésors dans le souterrain ? demanda l'alcade.

— Il y a le plus grand de tous, dit le More, un coffre immense garni de bandes d'acier et rempli de perles et de pierres précieuses.

— Je veux ce coffre à tout prix, s'écria l'avide alcade.

— Moi, je ne descends plus à aucun prix, dit le More résolument ; je me contente de ma part, elle suffit à un homme raisonnable, le reste n'est plus que du superflu.

— Et moi, dit le porteur d'eau, je ne monterai plus rien ; je ne veux pas écraser mon pauvre baudet.

Ordres, menaces, prières, tout fut inutile. Alors l'alcade s'adressa à ses deux acolytes.

— Aidez-moi, dit-il, à porter ce coffre, et nous partagerons son contenu entre nous trois.

En disant ces paroles, il descendit les marches, suivi de l'alguazil et du barbier, hésitants et tremblants.

Le More ne les vit pas plus tôt dans le souterrain qu'il éteignit la chandelle jaune ; les dalles se refermèrent avec leur fracas accoutumé et les trois personnages restèrent ensevelis dessous.

Alors le musulman gravit les marches de l'escalier et ne s'arrêta que lorsqu'il fut sous le ciel bleu. Le petit porteur d'eau le suivait d'aussi près que le lui permettaient ses petites jambes.

— Qu'as-tu fait ? s'écria Pérégil, dès qu'il put reprendre haleine. L'alcade et les deux autres sont enfermés dans le souterrain.

— Allah le veut ! dit le More dévotement.

— Et n'iras-tu point les délivrer ? demanda le Gallégo.

— Allah le défend ! répliqua le More en caressant sa barbe. Il est écrit dans le livre du destin qu'ils resteront enchantés jusqu'à ce que quelque futur aventurier vienne rompre le charme. Que la volonté d'Allah soit faite !

Il dit et lança le bout de chandelle dans les buissons de la vallée.

Il n'y avait plus de remède. Le More et le porteur d'eau se mirent en marche vers la ville avec l'âne chargé de trésors. Le bon Pérégil ne put s'empêcher de combler de caresses et de baisers son compagnon de labeur aux longues oreilles, qui lui était rendu et échappait comme lui aux griffes de la justice. Il eût été difficile de dire si le naïf petit bonhomme était plus heureux d'avoir le trésor ou de rentrer en possession de son aliboron.

Les deux camarades de bonne fortune partagèrent loyalement leur butin. Seulement le More, qui avait peu de goût sur les gros objets, s'arrangea de manière à avoir dans son tas le plus de perles et de pierres précieuses, en laissant le porteur d'eau prendre de magnifiques bijoux d'or qui pesaient quatre et cinq fois plus. Et le brave petit Pérégil était ravi de ce mode d'arrangement. Ils eurent bien soin, cette fois, de se garer des curieux et des alcades, et s'empressèrent d'emporter leurs richesses à l'étranger. Le More retourna en Afrique dans sa ville natale de Tanger, et le Gallégo avec sa femme, ses enfants et son âne, prit la route du Portugal. Là, grâce aux conseils de sa femme, il devint un personnage important, car elle apprit au petit homme à porter comme il faut un pourpoint et des hauts-de-chausse, une plume au chapeau, une épée au côté, et lui fit quitter son nom vulgaire de Pérégil pour prendre le titre plus sonore de Don Pedro Gil. Leurs enfants menèrent une vie prospère et joyeuse, mais restèrent petits et bancals ; quant à la senora Gil, couverte de dentelles, de rubans, de broderies de la tête aux pieds, les doigts chargés de bagues étincelantes, elle donna le ton, elle fut l'arbitre de la mode, de la parure, du gaspillage et du faux goût.

De l'alcade et de ses acolytes il n'en a plus été question. Ils restèrent ensevelis sous la grande tour des sept souterrains et ils y sont très probablement encore. Partout où il y aura en Espagne disette de barbiers curieux, d'alguazils escrocs, d'alcades corrompus, on se mettra peut-être en quête d'eux; mais s'ils doivent attendre jusque-là pour leur délivrance, ils courent grand risque de voir se prolonger leur ensorcellement jusqu'au jugement dernier.

Fin.

TABLE DES MATIÈRES

	Pages.
Avant-propos.	7

ORIENT.

Le Prince prédestiné, conte égyptien.	11
Nala et Damajanti, conte indien.	23
Roustem et Sohrab, conte persan.	58
Chaled et Djéidah, conte arabe.	91

OCCIDENT.

La petite Fée des Contes et Légendes, conte roumain.	109
Le Porte-Drapeau, récit d'un volontaire.	123
L'Enfant perdu, conte hongrois.	155
Le Florin, conte serbe.	165
Conradin, récit historique de l'Italie.	173
Masaniello, récit historique de l'Italie.	183
Jean Prends-Garde, conte espagnol.	189
Mie-au-Berceau, conte néerlandais.	200
La Tourbière, conte scandinave.	213
Maître Martin le Tonnelier, conte allemand.	220
Le Voile noir, conte anglais.	276
L'Héritage du More.	292

TABLE DES GRAVURES

	Pages.
Un conteur public en Orient.	4
Alors elle le tua à grands coups de pique.	16
Elle plongea sa pique dans la gueule du monstre.	18
Ils reconnurent l'animal.	20
Nala s'engagea seul dans les allées du parc.	25
Aux regards ébahis de Nala s'offrit un spectacle merveilleux.	28
Et la rose qu'elle tenait dans sa main tomba.	35
Viens, quitte ce jeu maudit.	37
Nala et le serpent.	43
Roustem tue un dragon-serpent.	59
Gurdafrid évita le kamound.	70
Roustem, se jetant sur les Touraniens, en fit un effroyable carnage.	81
Mort de Sohrab.	87
Sahir se dirigea vers la tribu de Sâd.	92
Djéidah avait appris à dompter un cheval.	97
Chaled.	101
La capture des lions.	104
Carmen Sylva (la reine de Roumanie).	111
La Fée des contes et légendes.	119
Le comte Tolstoï.	125
S'avançait, sur un grand cheval pommelé, un bel officier.	132
Passage du gué par le général et son escorte.	144
Un autre étend les deux bras pour saisir deux poules.	147
Quatre hommes transportent le porte-drapeau.	153
La dame avait enlacé son fils d'une étreinte passionnée.	160
Un groupe d'enfants se pressaient autour de la monture.	166
Allons, approchez, troupe de porcs.	168
Entrevue de Masaniello et du vice-roi.	185
Donnez-moi l'autre conseil et prenez l'argent qui reste.	193

TABLE DES GRAVURES.

	Pages.
Le berceau était à moitié renversé.	204
Cette découverte inattendue produisit dans la pauvre famille la plus vive émotion.	208
Comme un aigle, il fondit sur les enfants.	215
Oh ! si vous ne dédaignez pas d'entrer dans ma pauvre demeure, mon cher et digne maître.	225
Eh ! mon ami, c'est une belle œuvre que vous faites là.	240
Ah ! je vous demande pardon ! Si je vous avais aperçue plus tôt.	255
Mais à peine eut-il fait quelques pas, qu'il demeura immobile comme une statue.	265
Charles Dickens.	277
Une femme en noir et voilée se tenait près de la porte.	279
Il s'est commis ici un acte de violence.	290
Washington Irving.	293
Pérégil ramena le More à Grenade.	298
Inutile de nier ton crime ; je sais tout.	302

POITIERS. — TYPOGRAPHIE OUDIN.

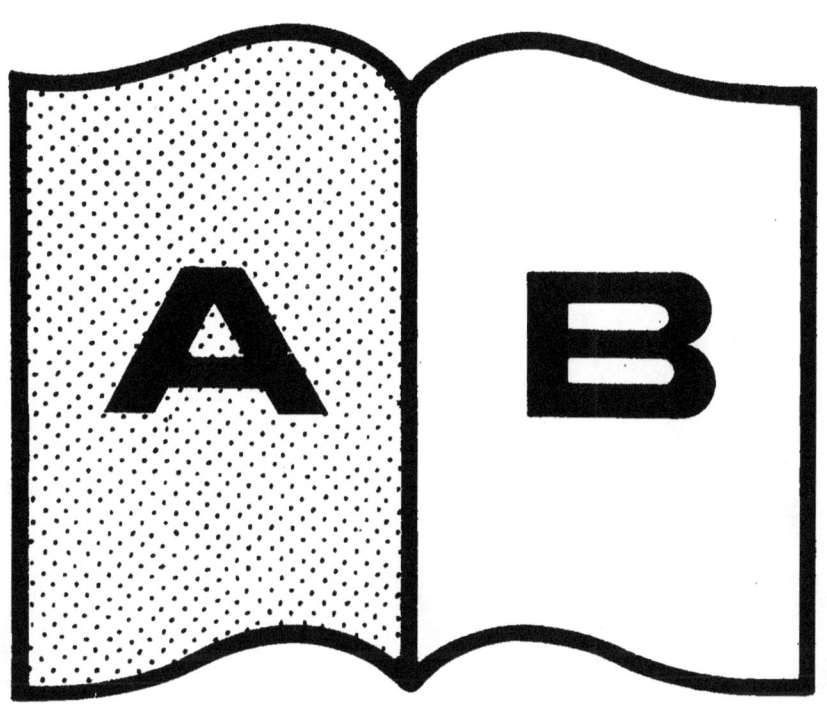

Contraste insuffisant

NF Z 43-120-14

www.ingramcontent.com/pod-product-compliance
Lightning Source LLC
Chambersburg PA
CBHW060322170426
43202CB00014B/2640